21世纪网络与新媒体专业系列教材

新媒体产品设计与项目管理

程　栋◎主　编
余　君◎副主编

清华大学出版社
北京

内容简介

本书是对应教育部 2018 年发布的《普通高等学校本科专业类教学质量国家标准》，依据其中网络与新媒体专业的课程要求所编撰的教材，比较全面地从理论和实践相结合的角度讲述新媒体产品设计与项目管理活动中所必备的理论知识与技能。本书首先从宏观、横向的层面对新媒体产品设计与项目管理活动所涉及的相关概念、特征、类型、流程以及主体的素养进行了鸟瞰式阐述，然后从新媒体产品设计与项目管理活动的纵向流程，动态地介绍新媒体产品中用户需求挖掘、市场调研、产品创意、硬/软件产品的设计与开发、产品运营与迭代等各环节的工作任务以及完成这些任务所需要的知识与方法。本书的特色体现在三个方面：一是概念严谨而有所创新；二是突出硬件而破新闻传播学科之"圈"；三是凸显智媒而应时代之势。

本书不仅可以作为高校新闻传播类，特别是网络与新媒体专业或者艺术设计类专业学生的教学用书，也可以作为有志于设计和开发新媒体产品的行业人士的参考书。

本书封面贴有清华大学出版社防伪标签，无标签者不得销售。
版权所有，侵权必究。举报：010-62782989，beiqinquan@tup.tsinghua.edu.cn。

图书在版编目（CIP）数据

新媒体产品设计与项目管理 / 程栋主编. —北京：清华大学出版社，2023.8（2024.7重印）
21 世纪网络与新媒体专业系列教材
ISBN 978-7-302-64414-9

Ⅰ. ①新… Ⅱ. ①程… Ⅲ. ①传播媒介—运营管理—高等学校—教材 Ⅳ. ①G206.2

中国国家版本馆 CIP 数据核字（2023）第 154702 号

责任编辑：邓　婷
封面设计：刘　超
版式设计：文森时代
责任校对：马军令
责任印制：刘　菲

出版发行：清华大学出版社
　　网　　址：https://www.tup.com.cn，https://www.wqxuetang.com
　　地　　址：北京清华大学学研大厦 A 座　　邮　编：100084
　　社 总 机：010-83470000　　邮　购：010-62786544
　　投稿与读者服务：010-62776969，c-service@tup.tsinghua.edu.cn
　　质量反馈：010-62772015，zhiliang@tup.tsinghua.edu.cn
印 装 者：三河市天利华印刷装订有限公司
经　　销：全国新华书店
开　　本：185mm×260mm　　印　张：16.75　　字　数：393 千字
版　　次：2023 年 8 月第 1 版　　印　次：2024 年 7 月第 2 次印刷
定　　价：69.80 元

产品编号：087029-01

丛书指导委员会

学术界专家

曹　鹏　北京印刷学院教授、中国人工智能学会常委、中国人工智能学会智能传媒专委会名誉主任

辜晓进　深圳大学传播学院教授、博导，新闻学科带头人，原《深圳日报》总编辑

何积丰　中国科学院院士、西京学院首席科学家、国家可信嵌入式系统工程技术研究中心首席科学家、华东师范大学软件学院原院长

韩　隽　西北大学新闻学院教授、博导，新媒体研究院执行院长，教育部新闻传播学教学指导委员会委员

胡正荣　中国社会科学院新闻与传播研究所所长，中国社会科学院大学新闻传播学院院长、教授、博导，第六届、第七届国务院学位委员会新闻传播学学科评议组召集人，教育部高等学校新闻传播学类专业教学指导委员会主任委员（2013—2017 年），中国传媒大学原校长，中国教育电视台总编辑等

匡文波　中国人民大学新闻学院教授、博导

李本乾　上海交通大学媒体与设计学院院长、教授、博导，享受国务院特殊津贴专家，2021 年度国家社科基金重大项目首席专家

李明德　西安交通大学新媒体学院原院长、教授、博导

彭增军　美国圣克劳德州立大学（St.Cloud State University）大众传播系终身教授

沈　浩　中国传媒大学新闻学院教授、博导，大数据挖掘与社会计算实验室主任

沈　阳　清华大学新闻与传播学院教授、博导

吴　飞　浙江大学公共外交与战略传播研究中心主任、浙江大学宁波理工传媒学院院长、浙江大学传媒与国际文化学院原院长

韦　路　浙江大学传媒与国际文化学院院长、教授、博导，教育部"青年长江学者"

喻国明　教育部"长江学者"特聘教授、北京师范大学新闻传播学院教授、中国新闻史学会传媒经济与管理研究委员会会长

张　昆　中央民族大学新闻与传播学院院长、博导，华中科技大学新闻与信息传播学院原院长、武汉大学新闻学院院长

新媒体专家

冯国震　新闻资讯公众号"冯站长之家"创始人兼 CEO

贾明华　迈外迪高级产品经理、《硬件产品经理手册：手把手构建智能硬件产品》作者

李　鹏　四川日报报业集团党委副书记、总编辑
郎清平　北京清博大数据科技有限公司CEO
刘　飞　新媒体产品专家、原滴滴快捷出行司机产品经理
毛小明　公众号"新媒体大学"创始人
商艳青　新华智云媒体大脑（新华社&阿里巴巴）副总裁
吴晨光　一点资讯公司副总裁、总编辑，搜狐网前总编辑
甄　妙　玖媒新营销创始人、圈子新媒体CEO

丛书序　Preface

新媒体：连接未来的桥梁

人类的历史从某种意义上来说，是一部连接的历史。数千年来，人类用时间和智慧创造了一个个物质相连的奇迹：古代中国人用砖石连接了长城、古代埃及人用石块堆砌了金字塔、尼尔·奥尔登·阿姆斯特朗用阿波罗11号飞船连接了地球与月亮……凡此种种人类改造自然的过程，无不是在改造物与物的连接方式。而20世纪末，随着互联网的诞生，各种新媒体如雨后春笋，应运而生；特别是进入21世纪后，随着人工智能技术的加持和物联网的兴起，出现了新媒体的升级换代产品——智媒体，更多、更新的连接方式不断涌现：腾讯用微信、QQ建立了人和人的连接，阿里用淘宝、天猫建立了人和交易的连接，百度用搜索框建立了信息和信息、信息和人的连接，越来越多的实体、个人、设备连接在一起，互联网、物联网乃至智联网将连接一切。可以说，短短几十年的网络史是人与信息、信息与信息、人与物、物与物升级迭代的连接史！

而连接这一切的，唯新媒体矣！

这套"21世纪网络与新媒体专业系列教材"丛书总序言的主题是对连接的礼赞。因为，连接是以网络为代表的新媒体的功能，也是它的精髓。新媒体改变了人类的过去，也将改变人类的未来。我们编撰这套丛书的目的正是探寻新媒体连接的秘密，帮助网络与新媒体专业的学生和广大新媒体从业人士更好地连接世界！特别是帮助他们在如今新媒体连接万物的智能化浪潮中立于潮头、激流勇进，走向成功的未来！

新媒体连接的魅力在2020年新型冠状病毒感染疫情（以下简称"新冠疫情"）中得到了淋漓尽致的诠释。2020年，这个蓝色星球的上空笼罩着新冠疫情的阴霾，给每个人的生活都造成了不小的影响：聚集传染限制了人们自由活动的脚步，想走就走的旅行成为奢望；戴口罩给面对面的近距离交流造成了阻碍，想说的话不能尽情地说出来。值得庆幸的是，有一个地方可以让我们用眼睛代替脚步自在纵横，无时无刻，无远弗届；有一种交流工具能让我们不戴口罩地畅所欲言。这个地方就是互联网，这种交流的工具就是新媒体。

新媒体连接了外界的信息，也连接了人们赖以生活的物理世界。人们紧盯着计算机、iPad的屏幕，不断地滑动着手机页面，从客户端、公众号了解新冠疫情的最新动态，观看抢建方舱医院的直播画面，用支付宝、微信扫码出行，用美团、饿了么点外卖……新冠疫情阻碍了人类在现实世界的连接，却充分发挥了新媒体的连接功能。人类的大爱在新媒体的连接下得到了弘扬，社会的秩序在新媒体的连接下得到了维护，新媒体的连接功能在这个特殊时期发挥了巨大的作用。

"人类在连接中创造财富，社会在连接中实现进步。"①连接是人类社会的标记，也是人类文明的动力。而人与信息的连接是人类连接外部世界最重要的方式，而新媒体则是人类连接世界的过程中最重要的工具。

作为传递信息的载体，媒体是人连接外界万事万物的中介。正如麦克卢汉所说的，媒介是人体的延伸。人类可以凭借媒体更好地感知和获取信息。从某种意义上来说，是媒体的进步推动了人类文明的发展，而媒体的进步和科学技术的发展是密不可分的，因此，有人说："人类科技发展史本质上也是一部信息革命史。人类诞生至今大概经历了 5 次认知革命，分别是语言革命、文字革命、印刷革命、通信革命及信息革命，每一次认知革命都让人类的认知能力出现飞跃，新的科学理论及科学技术不断涌现，从而更好地认识世界和改造世界。"②在这一次次的认知革命中可以看到，媒体在不断进化，从而一步步强健着、延伸着人类感官。

从苏美尔人用来刻写楔形文字的石头和泥板到马丁·库帕站在纽约街头用来拨打电话的世界上第一个"大哥大"、从商代先民刻写文字的甲骨到 1987 年钱天白教授向世界发送第一封越洋电子邮件的电子邮箱、从古人打结记事用的绳子到 2020 年我国科学家用 76 个光子构建的量子计算机"九章"，媒体的变化在不断地刷新人类连接世界的方式。

如今，一种新的智能化连接方式正在改变世界。

20 世纪末，互联网的出现推动了人与人、人与信息、人与服务的连接，而近年来，人工智能、大数据、区块链、脑机结合等诸多技术突飞猛进，特别是随着 5G 技术的成熟和商业化应用，不仅增加了媒体的种类，也拓宽了媒体连接的范围。智能写作机器人、智能无人机、智能主播等在传媒业崭露头角，今日头条、淘宝等新媒体的智能算法推荐层出不穷，人民日报、新华社等主流媒体的智能化新闻生产与编辑屡见不鲜，艺术领域出现了绘画、音乐的智能化创作，智能音箱、智能眼镜、智能头盔、智能手环、智能脚环等智能设备逐渐成为普通人的标配，万物互联的智能化传播必将成为媒体发展的新业态。人与人、人与物、物与物的智能化连接已成必然趋势。万物皆媒、万媒皆智，一个泛在的智媒体时代已经来临。

每每面对汹涌而来的社会变化，学者们似乎都喜欢用浪潮的意象来形容。对于这次人工智能与媒体连接引起的社会变化，美国在线（American Online，AOL）创始人史蒂夫·凯斯称其为互联网第三次浪潮："第一次浪潮，以美国在线、计算机服务和天才网为代表的企业搭建了互联网框架，为消费者与互联网的连接奠定了基础；第二次浪潮中涌现了亚马逊、脸书、谷歌、推特等商业和社交媒体公司，将消费者和他们的生活转移到在线世界；第三次浪潮，不仅是物联网，而且是万物互联。物联网利用互联网植入各种设备、材料、流程、通信和信息交换，从而增强了所有事物的智能性和可利用性。万物互联则是互联网渗透至所有公司、政府和社会中，包罗万象，最终形成一个合作共赢的世界。"③

为了适应这一智能化潮流的需要、探讨新媒体传播的客观规律和应用技能，我们面向

---

① 杨珑颖，孙健. 连接的力量[M]. 北京：北京理工大学出版社，2016：5.
② 张江健. 智能化浪潮：正在爆发的第四次工业革命[M]. 北京：化学工业出版社，2017：248，792.
③ 史蒂夫·凯斯. 互联网第三次浪潮[M]. 靳婷婷，译. 北京：中信出版社，2017：自序.

全国高校网络与新媒体专业学生和新媒体从业人士编纂了这套"21世纪网络与新媒体专业系列教材"丛书。

这套丛书具有以下两个突出的特色。

第一，在新媒体理论体系的建构上，首次将新媒体分为物质新媒体与信息新媒体两大类型。这种区分的创新在于：一是从概念外延的底层逻辑改变了以往新媒体分类难以自洽的境况；二是适应前述万物皆媒的智能化传播趋势，将物质新媒体纳入网络与新媒体专业教学与研究的范畴。

第二，人工智能技术的参与改变了新媒体传播活动中信息采集、制作、分发和反馈各个环节的传统样态，因此，探寻万物智能化传播的规律、讲授智媒体传播的知识与技巧是这套丛书的重点内容。

我们编撰这套丛书的目的在于为读者搭建一座连接未来的桥梁。诚然，我们也深感由于书中内容的疏漏与舛误使得这座桥梁并不是那么坚固、通畅，也许只是在通向未来的"泸定桥"上铺垫了一块小小的木板！亲爱的读者，愿你抓紧铁索、踩牢木板，走向新媒体的彼岸！

程　栋

于古城西安西京学院寓所

本书编委会

主　编
　　　　程　栋
副主编
　　　　余　君
编　委
　　　　陈兵枝　谢　芮　尹晓雪　余　馨

序　Preface

牛刀小试："破圈"跨界的有益尝试

　　我们所处的时代是一个需要新媒体产品的时代,也是一个创造新媒体产品的时代。创造新媒体产品不仅需要业界的潜心探索与实践,更需要学界的理论概括与导引。西京学院程栋教授及其团队所编纂的《新媒体产品设计与项目管理》正是顺应这一时代,从理论和实践的结合上所开发的服务于新媒体产品创造的教材。欣蒙程栋教授抬爱,叮嘱我为此书作序,使我得以先睹书稿为快,掩卷之余,颇有感悟,故而絮叨一二,以荐读者。

21世纪为新媒体产品的成长提供了沃土

　　任何新生事物的诞生与成长无不依赖于环境对它的眷顾与滋养,新媒体产品这一新生事物也概莫能外。20世纪末、21世纪初,互联网的兴起为新媒体产品铺就了破土而出的温床。循着成长的年轮,我们可以看见,技术革命作为近年来影响和推动新媒体产品发展变化最重要的原生性动力,像历史的刻刀一样,在不断地向外拓展和镌刻着传播与媒体的边界。人们在媒介稀缺年代被禁锢和压抑的那些对信息多元化的渴求与需要被极大地释放出来,为了满足人们的这种需要,各种新媒体产品被开发了出来:从Web 1.0到Web 3.0,从小灵通、大哥大到智能手机,从2G、3G到5G、6G,从智能脚环到VR头显,从支付宝、微信支付、比特币到数字人民币,我们可以看到品种繁多、琳琅满目的新媒体产品。许多炙手可热乃至全民追捧的新媒体产品,如人民网、新华网之类的新闻网站,新浪、百度之类的门户网站,脸书、推特、微信、QQ之类的社交软件,抖音、快手之类的视频平台等多样化新媒体产品在兴起之初即势头强劲,至今仍然畅行其市、如日中天。特别是自2020年以来,全球新型冠状病毒肺炎疫情的暴发极度地压缩了人类生存和活动的物理空间,人们居家办公得益于钉钉、ZOOM、腾讯会议、学堂在线(雨课堂)、智慧树等在线新媒体产品;人们外出时,电子健康码、防疫码、行程卡等新媒体产品又成为人们须臾不离的必备产品。从许多老年人因为不会使用手机之类的新媒体产品而难以乘车出行、进店购物就足以看出,如今新媒体产品之于民众何其重要。可以说,社会的发展和民众的需要激发了新媒体产品的市场潜力,使其蓬勃生长。

新媒体产品是未来社会"媒介化"的落脚石

　　对于未来社会,许多学者都做过令人振奋或令人沮丧的描述,但无论哪一种描述,都绕不过社会"媒介化"这一趋势。当代移动通信和网络技术的进步使分隔于全球各个不同地理空间、不同时区的人类个体和群体高度互联、高频互动,社会生活的方方面面、世界的万事万物正在加速进入全面"媒介化"。媒介在社会生活中扮演着越来越重要的角色,万事万物已然完全由媒介所"浸透"(permeated),以至于媒介再也不能被视为一种中立性要素,而是成为文化和其他社会制度的重要成分。社会的"媒介化"在本质上就是以媒介的逻辑重构社会生活的各个领域。进而言之,社会与媒介之间的广泛互动使它们各自无不焕发出新的样态。一方面,社会生活的"媒介化"使社会日趋演变为新的社会形态;另一方面,新媒体与支持它的社会环境互相维持、促进并以自身逻辑使社会向有利于自身延续、传承的方向改变,媒介的版图在多维空间不断扩张。特别是近年来,在大数据、云计算、人工智能、物联网、区块链等多种数字化信息技术的加持下,不仅万物互联逐渐成为现实,万物皆媒也成为可以预期的事实。这个联结人与人、人与物、物与物的数字化网络将媒介分布并整合到多个对象和场景中。运行其上的数以千万、亿万计的新媒介作为一种新的建构社会的力量,下沉为整个社会的底层"操作系统",像空气一样弥漫于整个世界。然而,这种新的媒介无不需要产品的形式来加以呈现。从这个意义上来说,一个个新媒体产品就成了社会"媒介化"的一个个落脚石。就像智能手机作为 21 世纪之初最重要的新媒体,它不是某种抽象的存在,而是由苹果、华为、小米、三星等诸多厂商(包括那些曾经辉煌一时的诺基亚、摩托罗拉公司)所生产的各种类型手机产品来具体地展示于世人的。因而,未来的"媒介化"社会并非空洞的、虚幻的,而是由一个个具体的媒介产品所构筑的巨型新媒体产品超市。在这个"超市"的"货架"上,不应该只有苹果、华为、小米等生产的新媒体硬件产品,也不应只有微信、荔枝、LIN、Facebook、Twitter 之类的新媒体软件产品,而是需要更多的"小苹果""小荔枝""微小米""微小信"之类的新媒体产品,这正是程栋教授及其团队所期待的,期待这一教材的读者创造出更多、更好的新媒体产品,用自己的聪明才智为未来的"媒介化"社会夯实坚固的落脚点。

智能化是新媒体产品的"灵魂"

当今,媒体走向智能化是必然趋势。我们已经看到的事实是,近年来人工智能技术在新闻传播领域的全面渗透是一个现象级变化,而未来传媒业的发展也必定与人工智能技术的引入和应用关联在一起。人工智能技术不仅形塑了整个传媒业的业态面貌,也在微观上重塑了传媒产业的业务链。而作为社会"媒介化"的落脚点,新媒体产品的智能化必然是题中应有之义。正如某些学者所指出的那样,媒体融合在走向智能化的高级阶段时,必须抓住智能化的媒体应用、智能化的媒体产品和智能化的媒体生态这三个关键点[①]。从技术的层面来讲,智能化的原动力来自技术的进步,迅猛发展的大数据、云计算、人工智能、物联网、区块链、虚拟现实等传媒技术,加之 5G、6G 技术的逐步应用,为媒体智能化提供了强有力的支持。机器写稿、算法推送、媒体机器人、人机智慧协同将成为时代的潮流,同时人会成为智能媒体的一部分,可谓万物皆媒、人人皆媒、万媒皆智。可以预见,未来互联网发展和竞争的高地就是在广域网络空间中的人与人、人与物、物与物的连接中实现价值匹配与功能整合的高度智能化。这是社会生产方式和运作方式以及"游戏规则"的深刻改变,也是以人工智能技术为代表的下一轮次的互联网发展给我们带来的新风口。而智能化的核心是"物"的智能化,这个物就是新媒体产品。人们在工作和学习的诸多场景中遇到的人与人、人与物、物与物信息传播的痛点问题就需要新媒体产品为之提供解决方

---

① 胡正荣. 智能化:未来媒体的发展方向[J]. 现代传播(中国传媒大学学报),2017,39(6):1-4.

案。然而，无论创新者提供何种新媒体产品的解决方案，忽视或无视其智能化都是不可行的。因此，从这个意义上说，智能化是新媒体产品的"灵魂"。程栋教授及其团队所编写的这本教材正是秉持了这一理念，将教材重点放在智能媒体产品上，不得不说这是一个明睿之举。

新媒体产品课程是新闻传播类学科"破圈"的"声呐"

从理性的角度来讲，任何学科要立于学术之林，必须有自己相对独立的学科范畴和疆界，新闻传播学科也是如此。然而，学科的发展不是孤立的，人为的封闭与"内卷"都是有害的。因为以往的规律告诉我们，创新往往在学科交叉的边缘地带发生，其中，理性固然很重要，但更多的情形则是许多非理性因素在起作用。非理性因素不仅是新的社会互动与社会重构中最为重要的因素，甚至是决定性因素，也是新闻传播类实现"破圈"、实现圈层与圈层之间的沟通互动乃至形成共识和行为上的协同的利器。新闻传播学科的转型发展需要非理性的因素去生发、去涌现、去跨界融合、去交叉创新，如此才能使该学科焕发生机。正如前文所说的，人工智能、物联网等各种自然科学领域的新技术的加入就像鲶鱼搅动了传媒行业的"江湖"，使新闻传播学科不得不面对学科交叉的崭新命题。原来那种推敲咀嚼新闻"五要素"的文科式思维被0和1生成的算法思维所侵扰，使得新闻传播学科"有意送春归，无计留春住"——春，就是逐渐沦肌浃髓侵入新闻传播领域的前沿技术，想要划牢自己的疆域，拒绝接纳其他学科的渗透显然是徒劳的。要想迎来新闻传播学科之春，必然走向"破圈"跨界的交叉创新之路，设计留住春天、迎接春天。然而，如果依然沿用以往所谓的理论体系和课程结构去禁锢学科的范畴与疆界，是不会"破圈"而出的。所以，学科的交叉、人员的协同是新闻传播学学科发展的潮流所向，只有通过跨学科的协同与整合，新闻传播学才能够产生巨大的传播生产力、技术生产力和社会生产力。具体到本教材而言，在以往传统的新闻传播学相关专业，并没有产品甚至是新媒体产品的有关课程。稍前，教育部大学本科质量标准给网络与新媒体专业设置了"新媒体产品设计与项目管理"课程，这就是一种"破圈"创新之举。而程栋教授及其团队所编写的教材在此方面做得更为深入。按照传播的学科划分，硬件产品自然不属于新闻传播学科已有的范畴。我曾在《传媒经济学教程》一书中提出，传媒产品或服务是媒介组织所生产的、受众所接收到的信息内容与物质载体的统一体，即载有内容信息的纸张、电磁波、胶片、磁带、光盘、网络服务等最终劳动产品。但程栋教授及其团队将新媒体硬件产品也纳入自己的课程内容体系，此举不仅充分表达了他们对学科交叉融合的创新理念，也满足了当今万物皆媒对新闻传播学科课程内容创新的必然要求。我相信，程栋教授及其团队对教材内容的创新犹如投置于大海的声呐，担负着新闻传播学科"破圈"跨界的使命，我热切地期待这一教材的出版，在新闻传播学界和业界的读者大海中得到携带着宝藏之音的回响。

谨以为序。

喻国明
于浩思家园

前言 Foreward

由书名可知，本书的主要内容是新媒体产品设计与项目管理，那么，什么是新媒体产品？其实，我们每天都在与新媒体产品打交道，最常见的就是手机上的App。不是吗？当你肚子饿了，打开"饿了么""美团"之类的外卖App，就可享受美食；当你开车上路，打开"高德""百度"等地图App，它就可以引导你到达目的地。

除了手机App这类新媒体产品，我们每天还会接触另一类新媒体产品，那就是信息内容新媒体产品，它们是由新闻事实加工而成的文章和音频、视频作品，如第三十一届中国新闻奖一等奖创意互动类获奖作品《一张照片背后的这七年》就是用H5的形式，结合40张照片、12个故事、1个短视频，展现了湖南湘西十八洞村十几位普通村民7年的生活变迁。本教材将这种信息内容新媒体产品定义为"以信息的形式提供的、满足人们个性化智能交互传播需要的数字信息产品"。

然而，新媒体产品又不只局限于信息内容新媒体产品。信息内容新媒体产品是广义的新媒体产品的一种。本教材所说的**广义的新媒体产品，包括信息内容新媒体产品和信息载体新媒体产品。而狭义的新媒体产品，仅指信息载体新媒体产品**。需要指出的是，在教育部于2018年发布的《普通高等学校本科专业类教学质量国家标准》（以下简称《标准》）规定了网络与新媒体专业需开设"数字多媒体作品创作""融合新闻作品创作"等信息内容新媒体产品相关课程，为了避免教学内容的重复，本教材将重点放在狭义的新媒体产品——信息载体新媒体产品之上，本教材所讲的新媒体产品设计和项目管理仅指狭义的新媒体产品。

如今的新媒体内容，无论是秉承传统的图片、文字，还是如日中天的视频、音频，抑或是时尚的虚拟现实技术（virtual reality，VR）、增强现实技术（augmented reality，AR），它们的载体从物质形式来说已经从原来的电视、报刊之类的传统载体迁移到智能手机、智能手表、智能音箱、智能服装、智能家电、智能汽车之类的新的传播载体；再往前看，即便是我们现在以为的新的物质载体形式也会在不久的将来被另一些新的物质载体取代，从清华大学数字学生"华智冰"到清博元宇宙平台虚拟数字人"女娲"、从固态硬盘数字载体到DNA物质数字存储……我们看到了信息载体的变化给人类带来的奇妙前景：从以物作为载体到以人作为载体、从以实体作为载体到以虚体作为载体。

这里需要强调的是，以虚体作为载体的新媒体产品亦即软件新媒体产品。以信息的形式存在的传播信息的载体是新媒体的一种，"是寄生在某一硬件物质载体上的软件程序信息，这些程序信息又作为载体，承载传送新闻、电子商务、行业知识、人际交流等各种信息"[①]，这是笔者在《智能时代新媒体概论》中首次提出的新的观点。本教材延续了这一

---

① 程栋. 智能时代新媒体概论[M]. 北京：清华大学出版社，2019：16.

观点，将以信息的形式存在的传播信息的载体形成的新媒体产品称为软件新媒体产品，这也是本教材与其他教材的不同之处。在现实生活中可以看到，从 QQ 到微信、从快手到抖音……各种拥有不同用途的软件充斥在手机、平板、电脑之类的终端硬件设备上。用户所需要的信息内容并不会简单地在物质载体的单一层面上呈现，它们必须借助一定的软件才能获取。用户千差万别的个性化需求形成了功能特异、种类繁多的软件，使它们形成了一种庞大的新媒体产品类型。它们与硬件产品联合起共同完成新媒体内容的传播使命。

可见，连接不仅是互联网的基因，也是未来社会的"骨髓"。软件与硬件相连、人与物相连、物与物相连、物理世界与虚拟元宇宙相连！

如今，我们已经站在 2023 年的大地上，更多想象得出的或者难以想象的载体或许即将问世，谁也不知道会孕育出什么新媒体产品。作为一个有志于从事新媒体事业的网络与新媒体专业的学生或者作为开发新媒体产品的企业、个人，怎样才能抓住人工智能、区块链、元宇宙等新技术赋能为新媒体产品带来的机遇，设计、制作出更多、更好的硬件新媒体或软件新媒体产品呢？本人及本教材的编纂者们正是为了解决这一问题才打造了这本具有创意的《新媒体产品设计与项目管理》教材。

基于我们的努力，本教材形成了如下特色。

其一，范畴明确。从词汇学的角度来看，"新媒体产品设计与项目管理"是一个偏正短语，至少可以有两种解释：第一种是以"新媒体"作为偏的部分、以"产品设计与项目管理"作为正的部分，那么本教材的内容就应当包括"新媒体产品设计"和"新媒体项目管理"；第二种是以"新媒体产品"作为偏的部分、以"设计与项目管理"作为正的部分，则本教材的内容应该包括"新媒体产品设计"和"新媒体产品项目管理"。两种解释都包含了"新媒体产品设计"，而"新媒体项目管理"和"新媒体产品项目管理"这两项内容是不同的，新媒体项目是大的范畴，虽然它包含了新媒体产品项目，但其他新媒体项目不是本课程应当讲授的内容。因此，本教材内容围绕"新媒体产品项目"这一中心，讲授新媒体产品设计、制作、运营和迭代各环节管理活动所需要的各种知识和技能。

其二，突出硬件。本教材独树一帜，提出了硬件新媒体产品的概念，将这一类型纳入新媒体产品设计与项目管理的研究范畴。综观对新媒体产品外延的界定，学者们大多持两种观点："第一种认为新媒体产品就是在新媒体上承载的内容，也就是人们每天都能接触到并消费的内容产品，如微信公众号推文、抖音上的短视频等；另一种则认为新媒体产品指的是设计制作的新媒体本身，即平时所说的技术服务类产品，如新兴操作系统、媒体采编播云平台系统等"，也可称为"基于数字技术、网络技术及其他现代信息技术或通信技术的向市场提供，能引起人们注意、获取、使用或消费并能满足使用者欲望或需求的无形载体。"[①]本教材提出了广义的新媒体产品的概念，即"能满足人们个性化智能交互传播需要的数字信息产品"，它包含了上述两种观点的新媒体产品外延，即新媒体内容产品和软件新媒体产品。与上述两种观点中仅提到"无形载体"不同，本教材将有形的信息载体产品称作硬件新媒体产品，这一观点在众多书籍资料中并未查到先例。进一步说，之所以将硬件新媒体产品纳入本教材的内容体系，是为了适应如今新媒体时代产品软、硬融合的发

---

① 龙思思. 新媒体产品设计与项目管理[M]. 北京：中国人民大学出版社，2021：43.

展趋势。展望未来，万物互联、万物皆媒，一个泛媒体的时代正信步进来。可以预见，VR眼镜、智能手环、智能冰箱、智能汽车、智能皮肤等众多的传播信息的物质载体有望成为新的硬件新媒体产品进入人类的生活，因此，网络与新媒体专业培养的新媒体人才绝对不能只是写文章、拍视频方面的高手，更应当是能够开发和掌握硬件新媒体产品的行家。

其三，凸显智媒。近几年来，我国媒体融合在政策的牵引力、技术的推动力和资金的驱动力"三驾马车"的合力之下取得了突破性进展，正在实现由全媒体、融媒体向智媒体的转型升级。新媒体产品的发展方向毫无疑问将是智能新媒体产品。无论是硬件新媒体产品还是软件新媒体产品，智能化都是其设计与开发需要考虑的必选项。因而，本教材在讲述新媒体产品设计与开发的相关章节时，重点突出智能新媒体产品的内容，以便适应新媒体产品智能化的发展趋势。

尽管如此，本教材也有一些力不能及的地方。一方面，由于"新媒体产品设计与项目管理"是一门新设课程，对它的研究尚处于探索阶段，本教材也难以一蹴而就、臻于佳境；另一方面，本教材是团队协作的成果，我们虽然做了大量的协同调整，然而在内容把握和行文风格上难免存在差异，读者在阅读体验上可能无法一以贯之。这些不足之处有待大方之家和广大读者指正，以便再版时进一步改进和完善。

本教材由程栋设计体例结构和大纲，并对全书进行修改和统稿。本书具体编写分工如下：西京学院的程栋编写第一章，西京学院的余君编写第二章、第七章和第九章，绥化学院的陈兵枝编写第三章，西京学院的尹晓雪编写第四章和第六章，西京学院的余馨编写第五章，西京学院的谢芮编写第八章和第十章。在此，我感谢同人们，有了他们的合作，有了他们的构思谋篇，有了他们的字斟句酌，有了他们的辛苦劳动，才能使得本书完稿付梓，与读者见面。

此外，我还要感谢著名新闻传播学、媒介经济学专家喻国明教授惠赐序言，为本教材平添光彩；感谢新媒体行业产品专家贾明华、刘飞给本书的指点；感谢西京学院传媒学院院长张西静副教授、副院长邓海生教授和网络与新媒体教研室主任沈忠杰副教授，他们为本教材学院项目确立、团队组建和内容撰写等工作多次研究部署，运筹帷幄，给本书的出版提供了精神上和组织上的保障。

总之，在同人的共同努力下，在众多朋友的帮助下，这本《新媒体产品设计与项目管理》教材带着我们的热切期望捧送到了您的面前，捧送到了网络与新媒体专业学生以及其他新媒体产品开发者们的面前！但愿我们的努力为您在开发新媒体产品时提供一些帮助，但愿我们的努力为繁荣中国的新媒体产品做出一点微薄的贡献！

程　栋

2023 年 5 月 9 日于西京学院

目录 Contents

第一章 新媒体产品概述 1

第一节 新媒体的概念与类型 1
一、新媒体的概念 1
二、新媒体的类型 4

第二节 新媒体产品的概念 5
一、产品：新媒体产品的属概念 5
二、新媒体产品的相关概念 6
三、新媒体产品的定义 11

第三节 新媒体产品的类型 16
一、新媒体物质载体产品（新媒体硬件产品） 17
二、新媒体信息载体产品（新媒体软件产品） 21
三、内容新媒体产品 28

案例借鉴 31
认知测试 31
问题拓探 31
实践任务 31

第二章 新媒体产品设计与项目管理概览 32

第一节 新媒体产品设计与项目管理概述 32
一、产品设计的含义 32
二、项目管理的含义 33
三、新媒体产品设计与项目管理的含义 33

第二节 新媒体产品设计与项目管理的特殊性 34
一、新媒体硬件产品设计与项目管理的特殊性 34
二、新媒体软件产品设计与项目管理的特殊性 35
三、新媒体产品变现方式的特殊性 36

第三节 新媒体产品设计与项目管理的宏观流程 38
一、新媒体硬件产品设计与项目管理流程 38
二、新媒体软件产品设计与项目管理流程 39

案例借鉴 40
认知测试 40
问题拓探 40

实践任务 41

第三章　新媒体产品设计与项目管理主体 42

第一节　新媒体产品经理概况 43
　　一、新媒体产品经理的含义 43
　　二、新媒体产品经理的类型 44

第二节　新媒体产品经理的思维模式 51
　　一、粉丝思维 52
　　二、痛点思维 53
　　三、跨界思维 54
　　四、迭代思维 55
　　五、大数据思维 55

　　案例借鉴 57
　　认知测试 57
　　问题拓探 57
　　实践任务 57

第四章　新媒体用户需求与产品需求 58

第一节　新媒体产品用户 59
　　一、从客户到用户 59
　　二、新媒体产品用户的分类 60
　　三、新媒体产品用户的特征 63
　　四、新媒体产品用户行为分析 66

第二节　新媒体产品用户需求 70
　　一、用户需求概述 70
　　二、用户需求挖掘与分析 80
　　三、用户画像 90

第三节　新媒体产品需求 95
　　一、产品需求概述 95
　　二、产品需求挖掘与分析 96

第四节　用户需求与产品需求的关系 99
　　一、用户需求与产品需求的共性 99
　　二、用户需求与产品需求的区别 99
　　三、用户需求如何转化为产品需求 100

　　案例借鉴 102
　　认知测试 102
　　问题拓探 102

实践任务 103

第五章　新媒体产品市场调研 104

第一节　新媒体产品市场调研概述 104
一、新媒体产品市场调研的含义 104
二、新媒体产品市场调研的类型 106

第二节　新媒体产品市场调研常用方法 108
一、问卷调研法 108
二、焦点小组座谈会 111
三、深层访谈法 113

第三节　新媒体产品调研常用报告 114
一、市场分析报告 114
二、竞品分析报告 116
三、产品体验报告 116

案例借鉴 117
认知测试 117
问题拓探 117
实践任务 118

第六章　新媒体产品创意 119

第一节　创意概述 119
一、新媒体产品创意思维形式 119
二、新媒体产品创意原则 123
三、新媒体产品常用创意思维方法 128

第二节　新媒体产品创意案例 135
一、新媒体硬件产品创意案例 135
二、新媒体软件产品创意案例 137

案例借鉴 139
认知测试 139
问题拓探 139
实践任务 140

第七章　新媒体智能硬件产品设计与开发 141

第一节　新媒体智能硬件产品的设计 142
一、新媒体智能硬件产品的设计要素 142
二、新媒体智能硬件产品的设计流程 144
三、新媒体智能硬件产品的开发逻辑 147

第二节　新媒体硬件产品设计与开发工具 151
　　　　一、新媒体硬件产品设计与开发常用工具 151
　　　　二、新媒体硬件产品设计与开发各个阶段的常用工具 154
　　　　三、案例：智能音箱 156
　　案例借鉴 157
　　认知测试 157
　　问题拓探 157
　　实践任务 158

第八章　新媒体软件产品的设计与开发 159
　　第一节　新媒体软件产品设计 160
　　　　一、新媒体软件新产品设计 160
　　　　二、新媒体软件产品新增功能设计 172
　　第二节　新媒体软件产品开发 176
　　　　一、产品开发子项目管理 176
　　　　二、产品内部测试 178
　　　　三、产品上线准备 180
　　第三节　新媒体软件产品开发设计工具 181
　　　　一、思维导图常用工具 181
　　　　二、流程图常用工具 184
　　　　三、原型制作常用工具 186
　　案例借鉴 188
　　认知测试 189
　　问题拓探 189
　　实践任务 189

第九章　新媒体产品运营 190
　　第一节　新媒体产品运营概述 190
　　　　一、新媒体产品运营的含义 190
　　　　二、新媒体产品运营与新媒体运营的区别 191
　　　　三、新媒体产品运营岗位介绍 192
　　第二节　新媒体产品运营策略 194
　　　　一、启动阶段运营策略 194
　　　　二、增长阶段运营策略 195
　　　　三、稳定阶段运营策略 196
　　　　四、衰落阶段运营策略 198
　　第三节　新媒体产品运营手段 199

  一、用户运营 199
  二、活动运营 201
  三、内容运营 204
 案例借鉴 209
 认知测试 209
 问题拓探 210
 实践任务 210

第十章 新媒体产品项目迭代管理 211
 第一节 新媒体产品迭代概述 211
  一、产品迭代的含义 211
  二、新媒体产品迭代方式 213
  三、新媒体产品迭代版本 217
 第二节 新媒体产品迭代原则 220
  一、用户需求驱动 220
  二、合理的迭代频率 222
  三、用数据驱动产品迭代 224
 第三节 新媒体产品迭代管理 227
  一、版本规划阶段 227
  二、需求评审阶段 227
  三、工期评估阶段 228
  四、开发测试阶段 228
  五、验收阶段 229
  六、发布阶段 229
 第四节 新媒体产品迭代案例 229
  一、案例1：微信的版本迭代与变迁 229
  二、案例2：小米的成功与MIUI版本迭代之道 234
 案例借鉴 237
 认知测试 237
 问题拓探 237
 实践任务 237

参考文献 238

第一章

新媒体产品概述

> **问题导航**
>
> 概念是科学研究的起点。科学地认识和界定事物的概念是总结事物客观规律的前提。没有明确、清晰的概念,任何深厚、富赡的学科内容都将失去立足的基础,针对本课程的学习也是如此。什么是"新媒体产品"?"新媒体项目"与"新媒体产品项目"是一个概念还是两个概念?"新媒体产品设计与项目管理"是指"新媒体产品设计和新媒体项目管理"还是"新媒体产品设计和新媒体产品项目管理"?这些问题涉及诸多概念,因而也成为本章学习的重点和难点。

有学者指出,"任何研究都开始于一个问题或题目,对于一个问题的思考,会导致确定一些能够捕捉这一研究现象的概念"[①]。如何进行"新媒体产品设计与项目管理"是本书所要研究解决的主要问题。研究这一问题,首先要解决的便是厘清"新媒体产品"这一概念,然而,要厘清这一概念,首先要厘清什么是新媒体。

第一节 新媒体的概念与类型

一、新媒体的概念

"新媒体"是当今社会十分流行的词语,但是,它具体是指什么?业界和学界给它下

---

① 伯克,布里曼,廖福挺. 社会科学研究方法百科全书:第 1 卷[M]. 沈崇麟,赵锋,高勇,译. 重庆:重庆大学出版社, 2017:198.

过许多定义，笔者在 2019 年编写的《智能时代新媒体概论》一书中将学者们的定义归纳为 9 种：相对论、凡数字论、互联网（或网络）论、传播机构论、规模论、多维论、载体工具论、传播论和排除论。笔者对这些定义进行了分析，取长补短，从如下两个层次对新媒体的概念做出了界定。

"广义：新媒体是指传受之间新的传播信息的载体；

"狭义：新媒体是指 21 世纪以来交互式传播信息的个性化、智能化数字载体。"[①]

这一概念的创新之处主要是整合了学者们对新媒体的定义，既从广义的角度考虑到新媒体在历史长河中变动不居的相对意义，又从狭义的角度强调了新媒体在特定时段的含义，特别是狭义的新媒体定义借鉴了工具书的定义方法。例如，夏征农主编的《大辞海·管理学卷》对"新文学"的解释是："新文学"泛指"五四"时期产生的内容和形式都与传统文学相对立的文学，思想倾向上追求民主与科学，吸取西方先进思想、批判中国传统社会制度与伦理道德，对民众带有启蒙的任务；形式上反对文言文，提倡与群众口语接近的白话文。"五四"新文学作者开创了现代意义上的小说、诗歌、话剧等文艺样式，代表作品有鲁迅的小说集《呐喊》和《彷徨》，郭沫若的诗集《女神》等。

上述词条对"新文学"的定义采用了"'五四'时期"这一时间上的限制条件。与此同理，笔者的定义中也有"21 世纪以来"的限制条件，这样就使新媒体的概念在某一历史时段有了特定的内涵。

不过，自 2019 年《智能时代新媒体概论》出版之后，又有一些与新媒体相关的著作问世。这里有必要对相关学者的观点加以介绍和分析，以便取长补短，对笔者的概念进行修正。择其要者，笔者选择以下三种观点加以辨析。

（1）周艳等人认为，"新媒体指的是在数字传播技术的支持下，人们为了达到所有人对所有人的沟通信息的目的，发明和创造出来的承载信息的各种载体的总称。"[②]

（2）乔付军等人认为，"新媒体是一个宽泛的概念，是利用数字技术、网络技术，通过互联网、宽带局域网、无线通信网、卫星等渠道以及计算机、手机、数字电视机等终端向用户提供信息和娱乐服务的传播形态。"[③]

（3）李卫东认为，"新媒体可从'终端'视角、'应用'视角和'体系'视角界定。从终端视角看，新媒体其实是数字电视、智能电视、计算机、智能手机等新媒体终端的简称；从应用视角看，新媒体'其实就是由网络提供的一个个具体的应用（App）组成的'；从体系视角看，新媒体其实是'新型媒介体系'的简称，这一体系包括终端、应用、模式等。"[④]

周艳等人所要表达的真正意思是将新媒体视为"承载信息的载体"，这和笔者所阐述的新媒体的概念是一致的，但其用"总称"作为新媒体的属概念是不妥的。因为新媒体是事物，如手机、音箱、微信、微博、抖音等是承载信息的各种载体，载体就是它们的"总称"。

---

① 程栋. 智能时代新媒体概论[M]. 北京：清华大学出版社，2019：14.
② 周艳，吴殿义，吴凤颖. 新媒体概论[M]. 北京：高等教育出版社，2020：3.
③ 乔付军，王虹垒，程淦. 新媒体概论[M]. 北京：人民邮电出版社，2020：10.
④ 李卫东. 智能新媒体[M]. 北京：人民邮电出版社，2021：2-3.

从逻辑学上讲，载体是对这一概念所有外延的抽象概括，包括它外延指称的各种具体对象。况且"在数字传播技术的支持下，人们为了达到所有人对所有人的沟通信息的目的，发明和创造出来的承载信息"这一表述就是新媒体概念的种差。种差就是新媒体这种事物与同属载体的其他各种载体的区别，新媒体是载体这一类属中的这一种，而不是"各种"。

乔付军等人使用的属概念是"传播形态"，也有不妥之处。因为形态是指事物在一定条件下的外在表现形式，是事物的形状、姿态，而新媒体是一种事物，用"形态"作为属概念会将定义引向新媒体的外在特征，不能指向其本质内涵。

李卫东的新媒体概念则采取了兼收并蓄的开放姿态，将新媒体界定为一个媒介体系。但是，不足的是其概念中并没有运用下定义的逻辑方法，在找寻新媒体这一事物的本质的基础上加以定义，只是对新媒体概念的外延，如数字电视、智能电视、计算机、智能手机和应用（App）等进行了罗列，显然没有切中概念的真谛。

因此，本教材仍然采用笔者在《智能时代新媒体概论》中对新媒体的定义。之所以如此定义，是因为这一概念的阐释抓住了新媒体的载体性、全时性、交互性、数据化、智能化、个性化等性质（对这些性质的阐述，可以参阅《智能时代新媒体概论》一书）。

不过，笔者经过三年的进一步学习和探讨，加上收集读者反馈并和学者们进行交流沟通，对新媒体这一概念又有了一些新的发现和认识。

第一，新媒体仍然是人们语用实践中常用的概念。在《智能时代新媒体概论》一书中，笔者曾利用百度指数和中国知网论文就人们对"媒体""媒介""新媒体""新媒介"的语用实践进行了分析，发现人们使用"媒体"和"新媒体"这两个词语的频率远高于"媒介"和"新媒介"，因此依据语言学约定俗成的规则，采用"媒体""新媒体"作为《智能时代新媒体概论》教材的基本概念。在编写本教材时，由于时间又过了三年，语言可能在不断发展变化，为了进一步验证以上结论是否正确，笔者又用"新媒体"和"新媒介"作为搜索词，在中国知网论文标题中，以三年为一个时间段，考察了学者们的语用实践情况，发现使用"新媒体"一词的频率高于"新媒介"的趋势更为明显（见图1-1）。可见，使用"新媒体"一词来作为本教材的基本概念是有一定的语言学理据的。

第二，狭义的新媒体概念有特定的历史范畴。从笔者所阐述的广义的新媒体概念来看，任何时代都有自己的"传受之间新的传播信息的载体"，一个时代的新的载体肯定有自身不同于其他时代的特征，报纸是19世纪的新媒体，广播是20世纪初的新媒体，电视是20世纪50年代的新媒体，但是互联网出现以后，它们都不再是新媒体了。同样地，我们现在所说的狭义的新媒体——"21世纪以来交互式传播信息的个性化、智能化数字载体"也只能属于某个历史阶段，虽然当今的新媒体如日中天，但终究会被其他新媒体所取代而成为传统媒体。近几年已经出现了"全媒体""融媒体""智媒体"等概念，虽然它们仍然是新媒体，但有学者认为"人工智能经过几十年的发展在新媒体时代呈现爆发式增长态势，AI（artificial intelligence，人工智能）赋能媒体产业引起颠覆性变革，也成为未来媒体发展新常态。人工智能技术重新定义了媒体，拓展了媒体的内涵，使媒体走向智媒体"[①]，特

---

① 解学芳，张佳琪. AI赋能：人工智能与媒体产业链重构[J]. 出版广角，2020（11）：26-29.

别是"5G 时代即将到来,媒体的发展将从融媒体走向智媒体"①。人工智能技术的迅猛发展将人类社会推向一个万物皆媒、万媒皆智的媒体化时代,智媒体将占据媒体的中心位,成为传播舞台上的主角。而这仅仅是历史长河中短暂的一瞬,以后呢?漫长的未来社会可能出现各具特征的新媒体,它们也许会有自己的专有名词:超级机器媒体?生物媒体?等等,不可胜数。"新媒体"一词或许像 20 世纪初的"新文学"一样,只会被放到历史的博物架上供人们赏鉴而已。

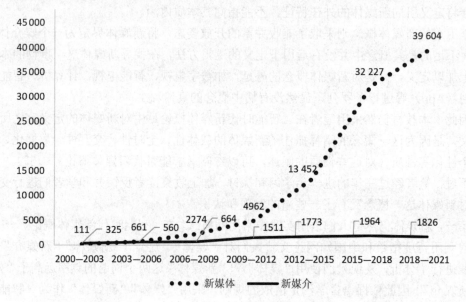

图 1-1　中国知网 21 世纪论文标题含"新媒体"与"新媒介"的数量趋势

二、新媒体的类型

事物的类型反映了一个概念的外延,划定了它与其他事物的边界。新媒体有物质新媒体与信息新媒体两大类型。这一划分,有别于其他学者的观点。之所以做这样的划分,是因为现代科学研究表明,我们生存的宇宙是由物质、能量和信息三大基本元素构成的,那么新媒体作为传播信息的载体,只能有两种形式:信息形式的信息载体与物质形式的信息载体。信息形式的信息载体构成了信息新媒体,物质形式的信息载体构成了物质新媒体。

在《现代汉语词典》中,"载体"有两个义项:① 科学技术上指某些能传递能量或运载其他物质的物质;② 泛指能够承载其他事物的事物。这就是说,称作"载体"的事物应当具有承载或传递别的事物的属性。例如,汽车、火车、飞机等交通工具是运载人与物品的物质载体;输电设备,如导线等则是传递能量的载体。而新媒体与传递能量或运载其他物质的载体不同,是传送信息的载体。传统媒体,如报纸、广播、电视等也是传送信息的载体,与新媒体是同属不同种的信息载体,都具有承载与传递信息的功能。但是,新媒体作为信息载体,具有一定的特殊性,这种特殊性体现在新媒体是由多层次的信息载体系

---

① 赵立敏,贾文山. 媒体融合背景下文化产业转型升级的路径[J]. 出版广角,2019(10):17-20.

统组成的。从构成信息载体的基本元素来看，新媒体可以分成两大类。

（一）物质新媒体

几千年来，"大致经历了'零载体'、天然载体、人工载体、纸型载体、缩微载体、音像载体、封装型电子载体和网络载体八个循序渐进的发展阶段。在千万年的演进历程中，新的载体不断涌现，旧的载体纷纷被淘汰，主流载体与各种辅助载体的地位不断发生改变"[①]。进入 21 世纪，网络和移动通信技术的发展促使新的物质形态的信息载体不断涌现。特别是近几年来，物联网、人工智能等技术的强势介入使传播信息的载体日趋泛化，万物皆媒、万媒皆智，以物质作为传播信息载体的新媒体的范畴迅猛拓展，除了趋于普及的桌面电脑、平板电脑和如日中天的手机，智能手环、智能腕表、智能脚环、智能眼镜等智能化可穿戴设备也逐渐进入寻常百姓家，成了普通人的"标配"。智能交通、智能医疗、智能家居等智能化物质硬件设备，由于增加了传播信息的功能，因此进入新媒体的家族。

（二）信息新媒体

"信息作为信息的载体"这种观点虽然在新闻传播学界鲜有学者论及，但是笔者认为它应当成为新闻传播学领域的一个新命题。笔者在《智能时代新媒体概论》一书中首次从理论上探讨了这一问题，认为人们在大量的语言实践中已经有了把一种信息当作另外一种信息的载体的用法。例如，人们经常说微信、微博是新媒体，那么作为信息传播载体的微信、微博是物质吗？很显然，它们不是物质，也不是物质载体，是运行在电脑或手机这些物质载体上的两个程序，而程序是由计算机语言编写的信息。没有微信、微博之类的程序信息，微信、微博上面的内容信息是无法传播的。因此，计算机软件程序是信息形态的信息载体，是"寄生"在某一硬件物质载体上的程序信息，这些程序信息又作为载体传播新闻、电子商务、行业知识、人际交流等各种信息。在这一意义上，与李四达所持有的观点相同："数字媒体是一种智能数字产品所呈现的软件形式。例如，基于手机的微信、App、朋友圈、公众号、微博、轻博客、手游、网站、网络视频、动画、微电影、虚拟体验……当然，可穿戴智能产品，如手环、智能手表、智能眼镜等负载的软件也属于数字媒体。"[②]他说的软件是数字媒体，也是我们说的新媒体，是新的信息类的信息载体。

第二节 新媒体产品的概念

一、产品：新媒体产品的属概念

事物的属概念反映了这一事物的归属，说明了它具有与同属其他事物所共有的宏观属性。因此，要掌握新媒体产品的概念，首先要弄清它的属概念，即产品的概念。本教材对

[①] 方卿. 论信息载体演进的基本规律[J]. 图书情报工作，2002（1）：17-21+28.
[②] 李四达. 数字媒体艺术概论[M]. 3 版. 北京：清华大学出版社，2015：7.

产品的概念做如下定义：**产品是人们通过劳动提供的能满足社会和他人需要的事物。**

产品具有社会性、有用性和劳动性。这些性质反映了产品这一概念的内涵，是其区别同属其他事物特殊的本质属性。社会性强调了产品是生产主体为社会提供的事物，不是生产主体为自己生产的事物。产品提供给社会的通道主要有两条：一条是市场通道，另一条是公共服务通道；进入市场的产品形成了商品，进入公共服务领域的产品形成了公共产品。这二者都是为了满足他人的需要，而不是生产主体自己的需要。生产主体自产自用的事物，因没有进入这两条通道，不能被称为产品。有用性旨在说明产品是能满足人类需要的有价值的事物。但是，有价值的事物不一定都是产品，因为许多大自然赋予人类的事物也是有价值的，但不能把它们叫作产品。这就关系到产品的另一个性质：劳动性。劳动性重在指出产品是人类的劳动成果。只有凝结着人类劳动的事物才是产品，它对人类具有使用价值。按照马克思主义政治经济学的原理，具有使用价值的产品进入市场，通过交换产生了价值，变成了商品；而凝结了人的劳动成果的事物进入了公共服务领域，为他人所用，形成了公共产品。

新媒体产品这一概念也具有产品的宏观属性，这一属性规定了新媒体产品必然是人们通过劳动提供的能满足社会和他人需要的事物。这也是下面我们给新媒体产品下定义时所需要考虑的。

二、新媒体产品的相关概念

提起新媒体产品，需要提到与之相关的一些概念，如信息产品、数字产品、网络产品等。只有了解这些概念的含义，把握它们所指称事物的特征，才能将新媒体产品与它们区别开来，对新媒体产品的概念有更准确的认识。

（一）信息产品

学者们对信息产品的定义有很多，这里不一一详述，只吸收其合理成分，将信息产品定义为：广义的信息产品是指以信息形式呈现的劳动成果及其载体形成的产品；狭义的信息产品是指以信息形式呈现劳动成果的产品。

1. 信息产品是与认识论信息相关的产品

以上定义中所说的"信息形式"是指认识论意义的信息。说到信息，它的定义也非常多，其中钟义信教授的定义比较科学。他认为信息是一个在不同约束条件下含义不同的概念，不同的约束条件形成了不同层次的信息概念。不设置任何约束条件所得出的是最高层次的本体论信息定义，这一层次的信息是脱离人的感知而存在的，是事物本身"所呈现（所表述）的运动状态及其变化方式"。这里的"事物""泛指一切可能的研究对象，包括外部世界的物质客体，也包括主观世界的精神现象"；如果设置了认知主体这一约束条件，则可得出"主体关于某事物的认识论信息"。它"是指主体所表述的该事物的运动状态及其变化方式，包括运动状态及其变化的外在形式、内在含义和效用价值"[①]。我们所说的与

---

① 钟义信. 信息科学原理[M]. 北京：北京邮电大学出版社，2013：66-67.

信息产品相关的信息，就是认识论意义的信息，并非本体论信息。因为信息产品是以信息形式呈现的劳动成果，而劳动的前提是主体要进行感知事物的认识活动。因此，事物的运动状态和状态变化方式会在主体感知的作用下成为认识论层次的信息。而后经过主体的加工劳动，将认识论层次的信息外化，依托特定的载体呈现出来，形成信息产品。例如，古代名画《清明上河图》可以称得上一件信息产品，它所呈现的宋代都市市井生活的信息是进入作者认识论层次的信息。那个被作者感知过的宋代都城的运动状态和状态变化方式则作为本体论层次的信息被永远埋在历史的尘埃中，不为后人所知。即使在当下，人们在微信、微博、抖音等新媒体平台上看到的图文和音频、视频产品，也是认识论层次的信息。

2．认识论层次的信息产品是满足人们信息需求的产品

人的需求虽然千变万化，但从构成宇宙的三大元素来看，无非对物质、信息、能量的需求。粮食、服装、房屋、家具、汽车等衣食住行方面的物质产品可以满足人们对物质和能量的需求，信息产品不是用于满足人们在物质和能量上的需求，而是满足人们的信息需求。例如，人们需要手机这一信息产品是因为手机的使用价值在于传播信息，能满足人们的信息需求，而不是需要手机硬件的物质及其能量。

3．信息产品是人们的劳动成果

信息产品和信息有关，但信息不等同于信息产品，信息产品与信息是两个不同的概念。一方面，信息对于需要它的主体而言，存在着有价值和无价值之分，有价值的信息可以通过人的劳动成为信息产品，那些无价值的或者没有被利用的信息不会形成信息产品。另一方面，有价值的信息也不会自然而然地成为信息产品。只有人们通过自己的劳动创造了使用价值，信息才会成为信息产品。这种劳动成果包括信息内容成果和承载信息内容的载体成果。"信息产品是从事信息生产劳动的成果，信息产品包括有形信息物品和信息服务两种，前者是物质物品和负载于某种介质上的信息符号，后者则是无形的，即信息服务"[①]。所以，"信息产品是以信息为核心资源和生产要素的、以知识形态存在的人类劳动成果，利用其使用价值满足人类认识活动和实践需要的一种产品"，"是具有一定科学知识和工作经验的信息人员对科技成果或知识进行劳动加工而形成的劳动产品"[②]。例如，作家要创作小说产品，他在亲身经历中感受到很多直接的生活素材信息，也从他人那里采访、收集到许多间接的材料信息，其中有价值的信息经过"披阅十载、增删五次"之类的加工劳动进入作品，成了小说这种信息产品，那些无价值的、负价值的或者暂时不能被利用的信息则未进入信息产品，仍然留存在作家的"原料库"里。

4．信息产品有三种特殊的存在形式

（1）以信息的形式存在的产品。这一形式的产品"从本质上而言，是指包含了某种信息内容的产品"[③]或者说信息内容本身即产品。以这一形式存在的产品有两大类：一是传统的非数字化信息产品，二是以数字比特形式存在的信息产品。前者如纸质图书、报刊，上面刊登的文章、著作本身是内容信息，是作者为满足人们的信息需求创造的劳动成果，

---

① 余世英. 电子商务经济学[M]. 武汉：武汉大学出版社，2011：45.
② 张帆，刘新梅. 网络产品、信息产品、知识产品和数字产品的特征比较分析[J]. 科技管理研究，2007（8）：250-253.
③ 侯治平. 有限理性视角下网络信息产品消费者购买行为研究[D]. 南京：南京大学，2014：14-15.

所以是一种信息产品。不过，这种信息不是数字格式的，不能被称为数字信息产品，而网络上推出的图书、报刊产品就是数字化信息产品。例如，2017年，为纪念中国人民解放军建军90周年，人民日报客户端借助人脸识别、融合成像等技术制作了互动H5《快看呐！这是我的军装照》；2018年，为展示改革开放40年来的各项成就，新华社新媒体中心以MV和歌曲的形式，配合大量航拍画面，推出新媒体产品《四十年》，这些都是以信息内容作为产品的。这些产品以数字化技术将要表达的信息内容数字化，创作了数字信息产品。

（2）以物质形式的信息载体存在的信息产品，如手机、计算机、可穿戴智能设备等。

（3）以信息形式的信息载体存在的信息产品。这一形式的产品身兼两任，不仅自身是一种信息，而且要承载其他的信息，如手机、计算机、可穿戴智能设备上运行的App、软件产品等。这些软件、App的本质是一种应用程序，而应用程序则是运用各种编程语言符号编制的有秩序信息，从而实现传递其他信息的功能。例如，手机上的微信是一个App，它本身是编程信息，而只有安装了这个App，人们才能利用它传递各种聊天信息，所以它是一种以信息形式的信息载体存在的信息产品。

（二）数字产品

通过前文对信息产品的介绍可知，信息产品有数字化和非数字化两种形态，而数字化信息产品也可简称为数字产品（digital products）。笔者认为，数字产品有广义和狭义之分。

广义的数字产品是指以数字信息形式呈现的劳动成果及其载体形成的信息产品或者"依数字技术生产，用数字格式进行表示、存储、传输、服务的产品"[①]，既包括数字信息内容产品，又包括承载这些数字信息内容的载体产品。

狭义的数字产品是指呈现劳动成果的数字信息的载体产品。

例如，智能手机就是一种常用的数字产品。从广义上说它是数字产品，不仅指它是信息载体产品，也指其承载的信息内容产品，二者合起来称为数字产品，包括两类：一是信息载体产品，即以手机硬件和手机程序作为信息载体，呈现劳动成果的数字信息载体产品，手机硬件是以物质形式存在的硬件信息载体，各种手机应用程序是以数字信息形式存在的软件信息载体，这二者合起来又构成了狭义的数字产品，因而说广义的数字产品包含狭义的数字产品；二是手机上以数字信息的形式存在的内容产品，如手机上安装的微信、抖音之类的App上传播的各种内容作品。两类合起来，才称作广义的数字产品。

不过，有学者将广义的数字产品称为数字化产品，把以信息的形式存在的内容产品称为数字产品，有意识地将数字产品与数字化产品的概念区别开来，认为"数字产品是将产品的信息属性以及产品的数字化特点相结合的概念，它是指被数字化的信息产品。由于许多产品包含数字化格式，因此便有了'数字化产品'的称谓。例如，以数字格式分布和使用的数据库、软件、音频制品、股票指数、电子邮件以及基于数字技术的数码相机、数字电视机、数码摄像机、MP3播放器等电子产品。然而，数字化产品并不等同于数字产品，数字化产品的定义主要强调的是产品是否包含数字化格式，而不管它是否具有信息属性。数字产品的定义除了强调产品被数字化，还强调它的信息属性。因此，数字化产品中只有

---

① 佟平. 国家信息化与信息化工具[M]. 西安：西安电子科技大学出版社，2017：100.

一部分是数字产品，还有一部分不是数字产品，如软件、音频制品等既是数字化产品，也是数字产品；数码相机、数字电视机等是数字化产品，但不是数字产品"①。

我们不做这样的区分，一个原因是用广义和狭义来定义数字产品更为简捷明了，另一个原因是在人们的语用实践中，数字产业中所说的数字产品就是前文中我们讲的广义的数字产品概念。例如，2020年5月21日，中国信息通信研究院在"数字中国产业发展在线论坛"上发布的《2020数字中国产业发展报告》提到，信息通信产业作为重要的数字产业，出现了创新资源精准供给模式的五种类型，其中，"比较典型的垂直型创新孵化项目一般出现在硬件领域或者某尖端技术领域"，"消费电子设备（如电视、音箱等），由于传统产品天花板效应凸显，同时新兴产品尚未形成规模效应，出口增速不足3%；但细分新兴领域发展势头良好，包含VR设备在内的视频游戏设备2018年全球出口额较2017年增长近6%，以苹果AirPods为代表的TWS耳机市场迎来爆发式增长"；"2019《财富》榜单的ICT（信息通信技术）企业中，互联网服务企业收入占比首次突破15%，2015—2019年增长超11个百分点，占比仅次于电信、电子两大业务领域，软件服务领域也实现了稳步提升。从企业业务看，以云计算、内容服务为代表的新兴服务业务成为ICT企业布局与转型的重点，如微软以大力布局云计算和企业级服务为锚点完成战略转型升级，苹果也逐渐将重心转向软件服务以及数字内容业务"②。这里说的数字产业所形成的数字产品既有电视、音箱、耳机、VR设备等所谓的数字化产品，也有软件服务和数字内容产品。如果按照区分前述数字化产品和数字产品的观点，电视、音箱、耳机、VR设备等数字化产品不是数字产品，那么数字产业或数字经济报告中不应当包括这些产品。显然，报告使用的是我们所说的广义的数字产品的概念。可见，我们对数字产品概念的界定也有了语言实践的支持。

数字产品与信息产品既有联系也有区别。数字产品是信息产品的一种，信息产品包含非数字化信息产品和数字化信息产品，前者如纸质图书，而后者如电子图书。信息产品是数字产品的属概念，数字产品与信息产品同属事物具有共同的本质属性。与同属的信息产品一样，数字产品所表现的都是认识论信息，是满足人们信息需求的劳动成果；承载和传递这些劳动成果的也是某种信息载体。数字产品与信息产品也有不同的本质属性，即数字产品所承载和传递的信息不是模拟信息，而数字信息是用0和1二进制数字格式表示的信息，是被数字化的信息。例如，网络上的电子图书和线下书店的纸质图书虽然都是信息产品，但是前者是数字产品，后者则不是。

数字产品也有三种不同的形式：一是以物质形式的信息载体存在的数字信息产品，如智能手机、计算机、数码相机、数字电视机、数码摄像机、MP3播放器等；二是以信息形式的信息载体存在的信息产品，如数据库、软件、App等；三是"以信息的形式存在"的数字产品。

由于"以信息的形式存在"的数字产品的信息内容是以数字形式比特存在的，它的设计、生产、流动和消费都是一系列比特在结构上的排列与组合，所以其生产和使用不存在

---

① 余世英. 电子商务经济学[M]. 武汉：武汉大学出版社，2011：46.
② 人民网. 2020数字中国产业发展报告：信息通信产业引领全球经济创新发展[EB/OL]. （2020-05-22）[2022-12-08]. http://finance.people.com.cn/n1/2020/0522/c1004-31719612.html.

物理上的限制。此类产品可分为两大类：第一类是借助各种不同类型的介质（如文字、声音和图像）而数字化的信息内容产品，如网络上的书籍、报刊、地图、照片、音乐唱片、电影电视、音频、视频等。第二类是基于符号和概念的象征性产品，如二维码、入场券、信用卡、有价证券、数字货币等，2020年新冠病毒肺炎疫情暴发后广泛使用的健康码就属于此类。健康码是一种可以搭载在智能手机客户端（如微信或支付宝）上的小程序，个人可以实名认证并填报健康状况。平台端通过与手机漫游轨迹、密切接触人员等相关数据比对，可以对个人自主填报的信息进行校验，精准、动态地管理人员信息。人们可以凭借健康码作为身份识别系统，在适用地区"亮码通行"。

（三）网络产品

网络产品也称互联网产品。因为互联网有两种含义也有两种写法：一种是首字母大写的专有名词"Internet"，中文译名为因特网，又叫作国际互联网，简称互联网。它是目前全球最大的计算机互联网，是由美国的阿帕网（ARPANET）发展演变而来的，覆盖面广、规模巨大，为全世界大多数国家和地区所使用，几乎成为一种全球性公共设施；另一种是作为普通名词使用的，以小写字母开头的"internet"，它泛指由多个计算机网络相互连接而组成的一个大型网络。这样的网络系统可以统称为"互联网"。除了"Internet"，世界上还有其他的互联网，如欧洲的"欧盟网"（Euronet）、"欧洲学术与研究网"（european academic and research network，EARN）、"欧洲信息网"（european information network，EIN），在美国还有"国际学术网"（beacouse it's time network，BITNET），世界范围的还有"飞多网"（全球性 BBS 系统）等。这就是说，因特网和这些同样由计算机相互连接而组成的大型网络系统都是"互联网"，因特网只是互联网中最大的一个。本书所说的网络产品或互联网产品中的"网络"或"互联网"指的是后者，即英语单词以小写字母开头的一般意义的互联网。

关于什么是网络产品，人们的说法不太一致。有人认为，广义的网络产品是指"所有通过网络进行生产、销售的产品"，狭义的网络产品则是指"支持网络存在和发展的网络设备以及通过网络产生、发展和销售的软件和服务"[1]。也有人认为，"'网络产品'的含义经常是指虚拟的数字产品或信息产品，而非实物的网络基础设施产品"[2]。还有人认为，"互联网产品是指在互联网环境中运行的用于为用户提供价值、解决问题的物品，其形态最常见的表现为 PC 网站、客户端和移动 App（应用）。互联网产品离开互联网是无法存在并产生价值的，用户离开互联网也无法接收互联网产品提供的价值"[3]。

笔者认为，将网络产品定义为"通过'网络销售'的产品"不妥。因为网络销售的产品有两种：一种是不依赖网络而存在，只是通过网络进行销售的线下实物产品，如汽车、家电、食品、服装等；另外一种则是依赖网络而存在、失去网络则无法实现功能的产品，如网站、客户端和移动 App（应用）、路由器、交换机、服务器等。前者虽然可以通过网

---

[1] 张帆，刘新梅. 网络产品、信息产品、知识产品和数字产品的特征比较分析[J]. 科技管理研究，2007（8）：250-253.
[2] 麻元元. 电子商务经济学[M]. 北京：北京理工大学出版社，2016：53.
[3] 苏海海. 互联网产品设计[M]. 北京：中国铁道出版社，2018：62.

络进行销售,但销售的不是与计算机网络相关的产品;而后者则是网络产品,它依赖计算机网络而存在,没有网络则会失去功能甚至不复存在。显然,网络产品是与计算机网络有关的产品。因此,我们将从事计算机网络以及相关产品生产与销售的企业称为网络企业,而将相关的行业称为网络产业,相应地,这些行业的产品就被称作网络产品。网络产品包括以信息形式呈现的网络信息产品,还包括存储、传输这些信息产品的网络硬件设备,对此我们仍从广义和狭义两个层次来定义:广义的网络产品指的是在网络上以信息形式呈现的劳动成果及其载体形成的产品;狭义的网络产品是指在网络上以信息形式存在的产品。

网络产品可以大致分为三类:信息处理类、信息传输类、混合类(既有信息处理类又有信息传输类)。信息处理类主要有云计算产品、大数据产品等。信息传输类有网络电话、电子邮件、微信、微博等较多形式。混合类有网站、在线服务类等,如企业网站是连接实体产品与网络信息产品的通道,是网络用户识别需求、收集信息、了解企业的窗口;在线服务包括电子商务、网络游戏、网络软件、网络社区、远程教育、远程医疗、网上金融等的服务。组成支撑网络的各种设备、设施,依赖网络运行的各种服务产品,包括路由器、交换机、服务器、各种协议等,也应算作网络产品。

至此,我们定义了信息产品、数字产品和网络产品三个不同的概念,它们既有联系也有区别,既有相同点也有不同点。表示、存储、处理和传播信息是这三种产品共同的本质特征,所以它们都是信息产品;但是,数字产品和网络产品中表示、存储、处理和传播的是数字化信息,信息产品中那些非数字化产品不是数字产品和网络产品,如纸质书刊等;数字产品和网络产品都可称作数字产品,但是只有依赖网络存在的数字产品才可称作网络产品。数字产品中不依赖网络存在的产品不能称作网络产品,如光盘、闪存等。它们之间的逻辑关系如图 1-2 所示。

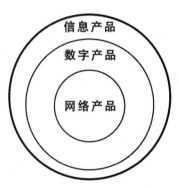

图 1-2 信息产品、数字产品和网络产品逻辑关系

分析了相关的概念后,那么什么是新媒体产品呢?

三、新媒体产品的定义

对于新媒体产品这一概念,无论是工具书还是业界、学术界,都没有一个令人满意的、比较科学的定义。下面通过对新媒体产品相关知识资料和语用实践的分析来概括新媒体产品的概念。

首先，从词汇学的意义上看，"新媒体产品"是一个偏正短语，"新媒体"是"产品"的修饰成分，但是，根据我们对新媒体的广义定义，新媒体是一种传受之间新的传播信息的载体，而数字信息产品包括"以物质形式的信息载体存在的数字信息产品"和"以信息形式的信息载体存在的信息产品"，所以如果符合"新的载体"这一要义，那么这两种形式的传播信息的载体即新媒体产品，或者说，这两种新媒体即新媒体产品。这样一来，"新媒体产品"这一短语中，"新媒体"与"产品"成了同位语，不是偏正短语。由此推论，我们认为，"新媒体产品"可有两种理解：一是新媒体本身即产品；二是在新媒体上承载和传播的产品。

新媒体即产品，如智能手机、智能手表、智能音箱等，由于它们是"传受之间新的传播信息的载体"，所以是新媒体，同时，由于它们是"以物质形式的信息载体存在的数字信息产品"，所以也可称为新媒体产品。在这里，新媒体和新媒体产品具有同一性。

而对于在新媒体上承载和传播的产品，不能一概而论地称之为新媒体产品，因为新媒体可以承载和传播非数字化信息产品，也可以承载和传播数字化信息产品，而只有后者才能被称为新媒体产品。例如，电商平台销售的蔬菜等产品虽然是通过新媒体传播、销售的，但由于它们不是数字化信息产品，所以不是新媒体产品。而"网红"在微信、抖音上运营的公众号是"以信息形式的信息载体存在的信息产品"，也是智能手机这一硬件新媒体上承载和传播的数字化信息产品，故而是新媒体产品；他们在平台上发布的短视频等作品是"以信息的形式存在"的数字产品，是智能手机与应用程序之类的硬、软件新媒体承载和传播的数字化信息产品，也是新媒体产品。

其次，关于人们对新媒体产品的语用实践，我们主要从论文和教材学术用语两个方面来分析。

截至 2023 年 7 月底，笔者在中国知网上没有找到专门以新媒体产品定义或新媒体产品概念为研究对象的文章，只有为数不多的学者在做相关研究时提到了新媒体产品的概念。一篇文章的作者认为，对"新媒体产品"一词有两种不同的理解："其一，新媒体是一种媒体，那么'新媒体产品'就是在这种媒体上承载的内容，即内容产品，如智能手机上的点播视频、App 应用程序等；其二，'新媒体产品'指的是设计、制作的新媒体本身，即技术服务类产品，如新兴操作系统、媒体采编播云平台系统等。需要注意的是，其实对于这两种'新媒体产品'的理解，虽然前者侧重于内容信息化，后者偏向于媒介技术化，但是在一定程度上，信息内容和媒介技术是相互依存、密不可分的。没有新媒体产品技术，就不可能有新媒体产品的内容呈现；所有新媒体产品技术都服务于新媒体产品的内容，所以'新媒体产品'可以看作新媒体技术与新媒体信息在不断纠缠中共生发展，成为不可分割的整体。"[①]其实，这两种解释都不是给新媒体产品下定义，没有揭示新媒体产品这一概念的内涵，只是对它的外延做了列举。尽管两种解释列举的产品不一样，一类是智能手机上的点播视频、App 应用程序，另一类是新兴操作系统、媒体采编播云平台系统，但实际上只有一类，即计算机程序。而这些程序并不是内容产品，而是承载传播内容的载体产品。例如，抖音平台是应用程序，不是内容产品，而抖音平台上的视频作品才是内容产品。

---

① 曹三省，赵巍. 未来新媒体产品的发展趋势——从新媒体产品发展的三层次理论出发[J]. 新闻与写作，2015（1）：5-8.

另外一篇是专门研究"中国新媒体产品创新的评估指标体系"的博士论文,其作者认为,"新媒体提供的服务产品包括线上无形的新媒体产品,通过线上服务和线下有形实物产品的结合,影响着人类生活和社会发展及形态"[1]。而后,该作者在《现代传播》发表文章时将这一观点修改为:"产品是指提供给市场用于满足需要和欲望的任何东西,包括有形产品和无形产品。新媒体提供的是无形的服务产品,线上无形的新媒体产品通过和线下有形的实物产品相结合,影响着人类生活和社会发展及形态"[2]。该作者在对新媒体产品分类后指出:"新媒体产品是指基于以互联网技术为核心的新媒体技术,满足用户对信息传播和社交娱乐等需求的市场产品和服务"[3]。从中可以看出,该作者认为新媒体产品是无形的服务产品,是基于互联网技术的满足用户对信息传播和社交娱乐等需求的市场产品。笔者认为,这种观点虽然从一定程度上揭示了新媒体产品概念的某些合理内涵,如新媒体产品涉及线上无形的新媒体产品和线下有形的实物产品,但语焉不详且含糊、矛盾,如该作者所说的要"和线上无形的新媒体产品结合的""线下有形的实物产品"是不是新媒体产品?新媒体产品是不是仅仅是无形的线上服务产品?新媒体产品只是市场产品?

至于教材中对新媒体产品概念的定义,龙思思在《新媒体产品设计与项目管理》中提出:"目前对于新媒体产品一词的概念尚未形成统一的看法,但存在以下两种主要观念。第一种认为,新媒体产品就是新媒体上承载的内容,也就是大家每天都会接触到并消费的内容产品,如微信公众号推文、抖音上的短视频等。另一种则认为,新媒体产品指的是设计、制作的新媒体本身,即人们平时所说的技术服务类产品,如新兴操作系统、媒体采编播云平台系统等。这些看法从新媒体产品的具体呈现形态角度进行了部分解释,但这并不能代表新媒体产品的全部。在此引用第一章中对新媒体进行的阶段性定义,将现阶段的新媒体产品定义为基于数字技术、网络技术及其他现代信息技术或通信技术的,向市场提供,能引起人们注意、获取、使用或消费并能满足使用者欲望或需求的无形载体。"[4]不过,根据前文的分析可以看出,这一观点把新媒体产品局限于"无形载体",将内容产品和有形的实物产品排除在外,显然有所不妥。

汲取上述观点的合理成分,结合前文对"新媒体"和"产品"概念的分析,本教材对新媒体产品做出如下定义。

广义的新媒体产品指的是能满足人们个性化智能交互传播需要的数字信息产品。

狭义的新媒体产品指的是能满足人们个性化智能交互传播需要的数字信息载体产品。

理解新媒体产品这一概念,需要注意以下几点。

(1)首先要强调的是,新媒体之所以成为产品,是因为它具有产品的属性。前文说过,产品是通过劳动提供的、满足他人和社会需要的物品。能满足人们智能交互式传播的需要,这是新媒体的功能所提供的。从宏观上看,新媒体属于媒体的一种。关于媒体的功能,很多传播学学者都提出了自己的观点。拉斯韦尔认为,媒体的功能体现在三个方面:

---

[1] 易钟林. 中国新媒体产品创新的评估指标体系研究[D]. 上海:上海交通大学,2015:18.
[2] 易钟林,姚君喜. 新媒体产品创新的特征与过程[J]. 现代传播(中国传媒大学学报),2016,38(3):129-132.
[3] 易钟林. 中国新媒体产品创新的评估指标体系研究[D]. 上海:上海交通大学,2015:20.
[4] 龙思思. 新媒体产品设计与项目管理[M]. 北京:中国人民大学出版社,2021:43.

一是监视环境；二是协调关系；三是传递文化。赖特又提出了媒体的第四种功能：提供娱乐。这四种功能成为传播学学者和实践者普遍认同的媒体的基本功能。我国学者张雷在《传播学通用教程》中把媒体的功能分为基本功能、具体功能和派生功能三个层次。其中，基本功能是传受信息，具体功能则表现为个人层面上的社交、自我保护、工具性、消遣性功能，社会层面上的监测环境、协调社会关系、传递社会遗产、提供娱乐以及施拉姆提出的综合功能。而新媒体使媒体的这些功能得到更充分的发挥。有人总结了新媒体的四大功能：① 传播大众文化，展现真实、虚拟的文化；② 引起人们的交往方式和社会组织方式的变革；③ 建构公共领域，推进社会民主；④ 影响社会舆论。[①]概而言之，一方面，对个人来说，新媒体可以促进信息的沟通交流，实现智能化全时互动，提高传播的效率，从而满足个人了解信息、社会交往、学习知识、在线购物、消遣娱乐等的多种需求；另一方面，对社会来说，可以利用新媒体传播广泛、迅速快捷、反馈及时的特点，更好地反映舆论、发扬民主，进行社会治理。

（2）新媒体产品是一种数字信息产品。前文已经阐述过信息产品和数字产品的概念，从类属上来看，数字信息产品是信息产品的一种。信息产品和新媒体产品既有联系也有区别。新媒体产品是一种信息产品，它既包括以物质的信息载体为形式存在的信息产品，也包括以信息的信息载体为形式存在的产品。但是，信息产品并不完全是新媒体产品。因为新媒体产品是一种数字化信息产品，而信息产品不仅有数字化的数字信息产品，也有非数字化的信息产品，如传统的书籍、报刊，模拟信号的广播电视电影等。

而数字信息产品是信息产品的一种，它既包括数字信息内容产品，又包括数字信息载体产品。数字信息内容产品是把信息内容转化为比特进行存储或传播的信息产品。数字信息载体产品因不同的载体有两种不同的类型：以物质作为载体的数字信息产品和以信息作为载体的数字信息产品，这两种不同的传播信息的载体形成了物质新媒体产品与信息新媒体产品两种不同的新媒体产品。

例如，人们在智能手机上安装的 App 是新媒体产品，它既包括数字信息内容的新媒体产品，又包括数字信息载体的新媒体产品。前者如 App 上的课程、电子书等，这些内容产品所蕴含的知识信息是数字化内容信息；后者既有物质的数字信息载体——手机硬件实物产品，又有非物质的数字信息载体产品——App，它的硬件和软件系统可以担负起存储和传播数字化信息的任务。必须指出，这里的信息载体分为两种：一是手机硬件，是物质的传播信息的载体；二是 App，它是软件程序，是以软件程序信息作为传播信息的载体，也是以信息形式传播信息的信息载体。这种以应用程序充当传播信息载体的，如微信、微博、抖音、网站、新闻客户端等，都是数字信息载体产品。这些载体上承载着由各种图文、音视频、符号组成的多媒体内容信息，这些信息构成的文章则是信息内容产品。新媒体作为传播信息的载体，犹如货车，它的车厢可以装载货物，货车是信息载体产品，而货物就是信息内容产品。例如，新华社新闻客户端（App）以及它在微信、微博、抖音上注册的公众号都是数字信息载体产品；客户端和公众号上的文章则是数字信息内容产品。2016年，中国共产党成立 95 周年前夕，新华社在自己的"两微一端"上推出一部时长为 9 分 5 秒

---

① 杜琳琳. 新媒体时代大学生德育教育研究[M]. 成都：电子科技大学出版社，2017：21-26.

的微电影《红色气质》,这就是一个数字信息内容产品。这一产品在微信、微博、客户端等社交媒体上"刷屏",也被各大网站热播,成为一个现象级传播的全媒体产品。

(3)新媒体产品可以通过在线或离线的方式进行数字信息的交互式传播。这里说的"在线或离线"的"线"指的就是互联网。从这个意义上来讲,笔者认为,新媒体产品不仅包括网络产品,还包括非网络的其他形式的新媒体产品,当然,网络产品是主要的形式,这一点和新媒体的发展历史不无关系。可以说,20世纪末所产生的网络是新媒体的源头。互联网凭借传播快捷、海量信息、共享交互等优势,成为许许多多新媒体产品萌发和成长的沃土。发展至今,网络已经成了一个无所不联、无远弗届的"黑洞",世界上的万事万物无不被其吸纳,催生出的网络新媒体产品种类繁多、莽莽榛榛。但是,仍然存在非网络的其他形式的新媒体产品,这类产品并不依赖网络,传播的是数字化信息,也可以进行智能化交互,如手机短信/彩信、手机报、某些软件产品等;有些机器人也可以在没有网络时完成对话或播放内存数据等。再如,阿姆斯特丹的 Mnemo 是一个具备社交功能的友谊手镯,用户只需将它靠近装有对应应用程序的手机激活,若要开始录制,将手镯头旋到相应位置,它就会收集时间、地点、人员、音乐等多媒体信息;当把两个或更多的手镯设备全接在一起,就可以与朋友分享;要重温记忆,只需将 Mnemo 靠近手机或者连接到带有转换器的计算机上,就可以以时间线方式滚动浏览收集的图册[①]。况且,未来在5G、区块链等新技术的赋能下,物联网和应用程序的处理需求不断从云计算向边缘计算、雾计算转移,许许多多微模块化数据中心会成为章鱼的触手,让新媒体产品用"腿"来思考并就地解决问题。这样,由物联网设备形成的新媒体产品都会与网络若即若离,甚至独立生存。

综上所述,信息产品是范畴比新媒体产品更大的概念,而新媒体产品则吻合了数字信息产品的范畴,网络产品的外延则小于新媒体产品或数字产品(见图1-3)。回过头来,从新媒体的定义来看,说新媒体产品就是数字信息产品也对应了"凡数字论"的观点:"把新媒体定义为数字媒体比较合适,因为这个概念更好地注意到了新媒体所要表达的意义,即以数字化的二进制代码来对信息进行整合、存储和传输的媒介"[②]。

图1-3 新媒体产品与相关产品的概念逻辑关系

---

① 徐旺. 可穿戴设备:移动的智能化生活[M]. 北京:清华大学出版社,2016:172-173.
② 李四达. 数字媒体艺术概论[M]. 3版. 北京:清华大学出版社,2015:5.

第三节 新媒体产品的类型

世界上的产品千差万别,同时相互联系,分类就是对这些联系进行分析与判断,然后用逻辑的方法建构产品的类型。分类既表达了人们对某种具体存在的产品的感知与经验,又表达了人们对多种不同产品所具有的相同性质的区分与抽象。分类的本质在于表达人类从不同角度、以不同的理论模式对产品的认识。分类具有明确的目的性与导向性,以不同的目的为出发点,建立不同的分类标准并建构出不同的类型体系。而且,在同一标准下,对同类产品也可做不同层次的划分。下面就从广义和狭义两个方面对新媒体产品的类型做介绍。

(1) 广义的新媒体产品以不同的标准可以做如下划分。

① 以新媒体产品向他人和社会提供时采用交换方式的不同,可分为新媒体公共产品、准新媒体公共产品和新媒体商品。

② 以新媒体产品外在感知形式的不同,可分为有形的新媒体实物产品和无形的新媒体服务产品。

③ 以新媒体产品呈现终端的不同,可分为 PC 端产品、移动端产品和物联网产品。

④ 以新媒体产品使用主体的不同,可以分为 B 端产品和 C 端产品。C 端产品的 C 指的是 customer,也就是普通个人用户,如微信个人版 App,是面向个人用户的即时通信产品;B 端产品的 B 指的是 business,也就是组织,是组织解决内部问题而使用的系统型软件或平台,如微信企业版 App,某些组织面向内部员工开发的内部网站与移动客户端也属于此类。

⑤ 以新媒体产品信息功能的不同,可以分为新媒体信息内容产品和新媒体信息载体产品。前者是把信息作为内容,后者则是把信息作为传播信息的载体。新媒体信息载体产品即前文提到的狭义的新媒体产品。

(2) 狭义的新媒体产品可以从纵横两个方面做如下划分。

狭义的新媒体产品,从横向以信息载体性质的不同,可以分为新媒体物质载体产品(硬件产品)和新媒体信息载体产品(软件产品)。

狭义的新媒体产品,从纵向以信息载体层次的不同,可分为硬件层和软件层,而软件层还可分为底层、中层和顶层产品。这种对新媒体产品不同层次叠加而上的认识,可称为叠车理论(见图 1-4)。犹如运载汽车的货车一样,叠床架屋,形成了"车上载车"的多层新媒体产品。最下层是新媒体硬件产品,其上是新媒体软件产品;而软件产品又分为底层、中层和顶层。这样一来,下层的新媒体产品承载着上层的新媒体产品,上层的新媒体产品离不开下层的新媒体产品,形成了一个层层叠叠的新媒体产品系统,各层产品互相依存、共生协同:处于最底层的是硬件产品,如智能手机、电脑、智能音箱等;处于其上的系统软件产品,如常见的 Windows、macOS、Linux、iOS、Android 等操作系统,它们是各种应用软件的平台和基础,没有系统软件,应用软件将无法存在和运行;有的应用软件是直接面向用户的顶层产品,如输入法软件,它的下层是各种操作系统软件,用户安装之后可以直接打开使用。然而,有的顶层产品无法直接安装在系统软件之上,必须在中层产品的支持下才能安装、运行。例如,网站只能通过浏览器打开,没有浏览器则无法进入网站。在这里,浏览器成为中层产品。再如,微信这一中层产品,公共号和小程序都是它的顶层产品。

图1-4 叠车理论:新媒体产品的层次性

综上所述,无论是广义的新媒体产品还是狭义的新媒体产品,除了本教材的分类,还有许多不同的类型,这里不再做更多的介绍。下面只从广义的新媒体产品角度,选择新媒体产品在行业应用实践活动中常用的类型加以列举,后续章节则只讲狭义的新媒体产品,即新媒体信息载体产品(包括新媒体硬件产品和新媒体软件产品)。

一、新媒体物质载体产品(新媒体硬件产品)

新媒体物质载体产品是以物质作为传播信息的载体、满足人们个性化智能交互传播需要的数字信息产品。本教材在这一意义上,将新媒体物质载体产品简称为新媒体硬件产品。

硬件是一个比较通俗易懂的概念,它是相对于软件而言的。20世纪中期,计算机诞生,它的运行需要程序的支持,人们创造了软件的概念,与之相对应,就有了硬件的概念。硬件原指计算机的物理装置,是人们可以感知到的实体物品。它的外壳是塑料,芯片是硅,显示屏是玻璃等物质材料,将这些物质材料按照一定的结构组装起来,就形成了具有颜色、形状、重量等的可感知的计算机这个实体物品。从这个意义上类推,延伸到其他以物质为材料的实物,也可以把它们称作硬件。现实生活中创造发明出来的那些看得见、摸得着的物品都可被称为硬件产品。例如,服装类产品是用棉花或化学纤维等物质材料加工制作的产品,可以帮助人们遮蔽身体、防寒保暖;房屋产品是用砖石、水泥、木材、钢筋等物质材料构筑而成的产品,供人们居住;等等。

进一步来说,根据新媒体传播信息载体的性质不同,可将那些以物质作为载体传播信息的事物称作新媒体硬件产品,把在互联网或数字世界中创造发明的支持硬件运行的程序称作软件产品。

以物质材料作为传播信息载体的新媒体产品,用不同的标准划分可得到不同的类型。例如,从产品与人体关系的不同,可把新媒体硬件产品分为随身新媒体硬件产品和离身新媒体硬件产品。前者是可穿戴或便于携带的新媒体硬件产品,如智能手机、智能眼镜、智能耳机、智能手表、智能手环等；后者是不方便随身携带的或依附于别的物品实现自身功能的新媒体硬件产品，如平板电脑、个人计算机（PC）、笔记本电脑、智能电视、交互式网络电视（IPTV）、云家电、宠物穿戴设备、物联网终端、智能安防设备、各种传感器等。

本书基于是否智能这一标准，将新媒体硬件产品分为新媒体普通硬件产品和新媒体智能硬件产品。

用是否智能作为分类的标准，就需要对"智能"这一概念加以定义。

所谓智能，以主体而言，是人在认识和改造世界的活动中，面对客体，从感觉、记忆再到思维，进而产生行为和语言的"能力"。一般具有这样的特点：一是具有感知和获取外部信息的能力，这是产生智能活动的前提；二是具有记忆和思维能力，即能够存储感知到的外部信息及由思维产生的知识，同时能够利用已有的知识对信息进行分析、计算、比较、判断、联想、决策；三是具有学习和自适应能力，即通过与环境的相互作用，不断学习、积累知识，使自己能够适应环境变化；四是具有行为决策能力，即对外界的刺激做出反应，形成决策并产生相应的行动。

作为客体的新媒体所具有的这种智能是人赋予的，具体包括：一是以延伸人类感官的感知技术为依托的感知智能；二是以存储和运算能力为依托的运算智能；三是以类人化理解与思考为目标的认知智能；四是响应随机场景中人的需求所采取的智慧行为。[①]

按照这样的标准，新媒体硬件产品有智能和非智能之分。有的新媒体硬件产品传播的是数字化信息，但不具备智能化功能，如数字台式电话、数字耳机、数字音箱等。如今市场上有许多智能音箱产品，消费者可以用语音交互功能收听新闻、讲笑话、点播歌曲、上网购物、了解天气，也可以对智能家居设备进行控制，如打开窗帘、设置冰箱温度、提前让热水器升温等。智能音箱是普通数字音箱升级的产物，不仅可以传播数字化信息，还可以模拟人的某些思维过程和智能行为，具有智能化功能，所以它们是新媒体智能硬件产品。

新媒体智能硬件产品指的就是使用者能与产品实现近似于人与人之间交互的硬件产品。例如，新媒体智能电视产品可以通过了解用户的行为偏好做出精准的内容推送。它可以根据用户在特定时间观看某个电视节目的习惯，在那个时间段打开电视，直接播放用户要看的电视节目。再如，当用户想看电影但没有明确目标时，智能电视能够准确做出推荐，同时自动排除用户已观看过的影片等。从这一点可以看出，新媒体智能硬件产品的本质是简化各种操作，帮助用户省时、省事、省力。真正的智能硬件是非常容易操作的，用户不用看说明书，只看按钮就能知道如何操作。未来的智能硬件是向着简化控制的方向发展的。这种简化的智能行为之所以能够发生，是因为大量数据在发挥着作用，而且这些数据是海量的且类型不一，需要多种硬件来收集并实现共享，因此，真正的智能硬件一定是多硬件联动的。这就是说，未来会有更多的事物加入智能硬件产品的行列。

本书所要强调的是，当下，在物联网、区块链、移动通信和人工智能诸技术的加持下，万物互联、万物皆媒、万媒皆智已经成为必然趋势。"高速度、低延时、泛在网、低功耗、万物互联、安全重构"的 5G 通信网络给物与物、物与人之间的信息传播提供了高速通道，

[①] 程栋. 智能时代新媒体概论[M]. 北京：清华大学出版社，2019：27.

而人工智能、区块链、大数据、脑机结合等技术则让奔驰在高速通道上的万事万物走向智能化、场景化，在不同的场景下将有不同的新媒体产品来连接你的现实和虚拟世界：早晨起床去卫生间洗漱，"魔镜"会与你的可穿戴设备及 AI 助理通信，在你刷牙时显示你昨晚的睡眠状况、今天的天气情况、重要约会，推荐穿搭并用 VR 技术展示服饰与妆容的上身情况；家居机器人会和你的冰箱、咖啡机、烤箱沟通，当你走出卫生间时，豆浆刚好煮完；当你吃完早餐，无人驾驶汽车会在精确到厘米的指定地点接你上车并在车上播放你昨晚没看完的电影；跨国的学术讨论会议会以远程视频直播的方式呈现，虚拟和沉浸的效果堪比亲身到达现场。人们可以随时随地利用各种设备作为互联网的接口，融入虚拟世界。因此，我们说，新媒体走向智媒体、新媒体硬件产品智能化、新媒体智能硬件产品取代其他非智能新媒体硬件产品而"一统天下"有可能成为未来社会的现实。据此，新媒体智能硬件产品也理所当然地成为本教材讲授的重点内容。

下面选择几种比较常用的新媒体智能硬件产品加以介绍。

1．智能手机

智能手机（smartphone）是具有计算机操作系统和独立运行空间的、可实现移动通话和上网等功能的手持机器设备。相对于传统的功能手机，智能手机的用户可以自行安装第三方服务商提供的资讯、购物、游戏、导航等程序。常用的手机操作系统包括谷歌研发的安卓（Android）、苹果 iOS、微软推出的 Windows Phone、华为鸿蒙等系统。2019 年数据显示，安卓系统占据全球智能手机操作系统市场 87%的份额。目前，加入人工智能、5G、石墨烯纳米材料等多项新技术的智能手机朝着更加人性化的智能交互、屏幕适宜、轻薄柔软的趋势发展。

2．平板电脑

平板电脑也叫便携式电脑（tablet personal computer），是一种小型、方便携带的个人电脑，以触摸屏（也称为数位板技术）作为基本的输入设备，允许用户通过触控笔或数字笔进行作业，用户也可以通过内嵌的手写识别、屏幕上的软键盘、语音识别或者一个真正的键盘（如果该机型配备的话）实现输入。

3．桌面电脑

桌面电脑是一种主机、显示器等设备相对独立的计算机，由于体积较大，一般需要放置在电脑桌或者专门的工作台上，因此也叫作台式机。台式机由硬件和软件两部分组成。新媒体智能硬件产品主要是指台式机的硬件部分，包括机箱（电源、硬盘、磁盘、内存、主板、中央处理器、光驱、声卡、网卡、显卡）、显示器、键盘、鼠标等，另外还可配置音箱、打印机等。显示器是台式机的重要显示设备，分为 CRT 显示器和液晶显示器两种。由于具有能耗低、辐射小等优点，目前液晶显示器已经取代了 CRT 显示器，成为主流。

4．笔记本电脑

笔记本电脑（laptop）简称笔记本，又称便携式电脑、手提电脑、掌上电脑或膝上型电脑，特点是机身小巧，通常重 1～3 千克。

5．智能电视

智能电视是基于 Internet 应用技术，具备开放式操作系统与芯片，拥有开放式应用平台，可实现双向人机交互功能，集影音、娱乐、数据等多种功能于一体，以满足用户多样化、个性化需求的电视产品。

6. 智能手表

智能手表是具有信息处理能力、符合手表基本技术要求的手表。除了指示时间，智能手表还具有上网、提醒、导航、校准、监测、交互等一种或者多种功能，显示方式包括指针、数字、图像等。

7. 智能手环

智能手环是一种穿戴式智能设备。通过智能手环，用户可以记录日常生活中的锻炼、睡眠、饮食（部分智能手环支持）等实时数据并将这些数据与手机、平板电脑等同步，起到通过数据指导用户健康生活的作用。

8. 智能耳机

智能耳机就是将蓝牙技术应用在免持耳机上，让用户免受耳机线的牵绊，自在地以各种方式轻松通话。自从智能耳机问世以来，一直是移动环境中获取信息、提升效率的实用设备。

9. 智能眼镜

智能眼镜也称智能镜，是像智能手机一样，具有独立的操作系统，可以由用户安装软件、游戏等软件服务商提供的程序，可通过语音或动作操控完成添加日程、地图导航、与好友互动、拍摄照片和视频、视频通话等功能，也可以通过移动通信网络实现无线网络接入的一类眼镜的总称。

10. 智能服装

智能服装是指能够"读"出人体的心跳、体温、呼吸频率的"聪明衬衫"，能够自动播放音乐的外套，能够在胸前显示文字与图像的T恤衫等。美国科技媒体预测，未来的服装将成为真正的"多功能便携式高科技产品"，一件衣服能同时播放音乐或视频、调节温度，甚至能上网。

11. 智能汽车

智能汽车指的是利用多种传感器和智能公路技术实现信息传输与处理的汽车自动驾驶机器。它是在普通车辆的基础上增加了先进的传感器（雷达、摄像）、控制器、执行器等装置，通过车载传感系统和信息终端实现与人、车、路等信息的智能交换，使车辆具备智能的环境感知能力，能够自动分析车辆行驶的安全或危险状态，使车辆按照人的意愿到达目的地。

12. 智能灰尘

智能灰尘是一个具有电脑功能的超微型传感器，其体积很小，相当于一粒沙子，由微处理器、微机电处理系统、双向无线电接收装置和使它们能够组成一个无线网络的软件共同组成。将一些智能灰尘散放在一个场地中，它们就能够相互定位、收集数据并向基站传递信息，如果一个智能灰尘功能失常，其他智能灰尘会对其进行修复。例如，人体生命体征、能源用量、土壤温度、交通地图、生产效率等都可以远程跟踪、实时处理并放入智能网络。国外科研人员开发出了极小的无线传感器以检测人体的健康状况，这些设备大约只有一粒灰尘大小并将被植入人体,它们将对组织、肌肉及神经进行实时检测。该传感器已被缩小至 $1mm^3$,被称作"神经灰尘"[①]。

13. 智能城市

智能城市也称智慧城市,就是把信息化技术与城市建设融合在一起,借助计算机、互联网、云计算、大数据、物联网等技术与工具,将城市中的物理基础设施、信息基础设施、社会基础设施和商业基础设施连接起来,成为新一代的智能化基础设施。它可实现对政府、金融、交通、能源、企业、商业、通信、水电、环保、农业、食药、医疗、教育、社区等的全面、透彻的感知,是宽带泛在的智能融合的应用。

14. 智能无人机

智能无人机(intelligent unmanned aerial vehicle)是利用无线电遥控设备和自备的程序控制装置操纵的不载人飞机或者由车载计算机完全地或间歇地自主操作。

15. 智能机器人

智能机器人能够理解人类语言,可以用人类语言同操作者对话,它具备形形色色的内部信息传感器和外部信息传感器,如视觉、听觉、触觉、嗅觉。除了感受器,智能机器人还要具备以下三个要素:一是感觉要素,用来认识周围环境状态;二是运动要素,对外界做出反应性动作;三是思考要素,根据感觉要素所得到的信息,思考要采用什么样的动作。

二、新媒体信息载体产品(新媒体软件产品)

新媒体信息载体产品是以信息作为载体的新媒体产品。与新媒体物质载体产品称作新媒体硬件产品相对应,新媒体信息载体产品也可称作新媒体软件产品。

用计算机专业术语来说,软件就是为解决某一个或某一类问题而编制的程序以及相关的数据文档的集合。其中,程序是按照一定顺序执行的、能够完成某一任务的指令集合,要用某种计算机程序设计语言编写;数据是指程序用到的数据,尤其是独立于程序而存在的数据库;文档是指与程序相关的文字说明,如开发过程中产生的工作文档、管理员手册、用户手册等。

国家市场监督管理总局、中国国家标准化管理委员会于 2018 年 6 月 7 日颁布、2019 年 1 月 1 日开始实施的标准《软件产品分类》(GB/T 36475—2018)将"软件产品"定义为"向用户提供的计算机软件、信息系统或设备中嵌入的软件或在提供计算机信息系统集成、应用服务等技术服务时提供的计算机软件"[②]。

按照这一定义,《软件产品分类》将软件产品分为系统软件、支撑软件、应用软件、嵌入式软件、信息安全软件、工业软件六大类型。

(1)系统软件。系统软件是能够对硬件资源进行调度和管理、为应用软件提供运行支撑的软件,包括操作系统、数据库管理系统、固件、驱动程序等。

---

① 佟平. 国家信息化与信息化工具[M]. 西安:电子科技大学出版社,2017:107.
② 国家市场监督管理总局,中国国家标准化管理委员会. 中华人民共和国国标 软件产品分类(GB/T 36475—2018)[S]. 北京:中国标准出版社,2018:1.

（2）支撑软件。支撑软件是支撑软件开发、运行、维护、管理以及和网络连接或组成相关的支撑类软件，包括开发支撑软件、中间件、浏览器、大数据处理软件、人工智能软件等。

（3）应用软件。应用软件是解决特定业务的软件，包括通用应用软件和行业应用软件。

（4）嵌入式软件。嵌入式软件是指嵌入式系统中的软件部分，它与系统中的硬件高度结合，一般在可靠性、实时性、效率等方面具有更高要求，包括通信设备、广播电视设备、汽车电子设备、交通监控设备、电子测量仪器、装备自动控制、电子医疗器械、电力监控设备、终端设备等，不包括运行于嵌入式系统中可独立发布、安装、卸载的软件。

（5）信息安全软件。信息安全软件是指用于对计算机系统及其内容进行保护，确保其不被非授权访问的软件。

（6）工业软件。工业软件是指在工业领域辅助进行工业设计、生产、通信控制的软件。

不过，IT 行业通常从计算机系统角度将软件分为系统软件和应用软件。系统软件是管理、监控和维护计算机硬件与外部设备以及提供计算机与用户界面等的软件，它支持应用软件的开发和运行，是无须用户干预的各种程序的集合，用户不需要顾及底层的每个硬件是如何工作的，如操作系统、文字处理程序、计算机语言处理程序、数据库管理程序、联网与通信软件、各类服务程序和工具软件等，通常由计算机生产厂家（部分由"第三方"）提供。应用软件是用户为了自己的实际需要而使用系统开发出来的用户软件。目前，应用软件的种类很多，按主要用途可分为科学计算类软件、数据处理类软件、过程控制类软件、辅助设计类软件和人工智能类软件，这种分类也为一般公众所熟知，其含义与《软件产品分类》无异。

从新媒体的角度来看，软件又是一种传播信息的载体。以抖音为例，它是一款由北京字节跳动科技有限公司孵化的音乐创意短视频社交软件，由无数行代码写成，代码是用语言和其他符号编写的计算机程序信息，这些程序信息承载着用户的视频内容产品。所以，这种以信息为载体的、能满足人们个性化智能交互传播需要的软件，就是新媒体信息载体产品，也可称作新媒体软件产品。

网络与新媒体专业学生和新媒体行业人员更多地面向普通用户，针对他们的各种需求，设计和运营新媒体应用软件产品。所以，本教材依据叠车理论，从新媒体软件产品的层次性角度，选择以下几种典型的不同层次的新媒体软件产品加以介绍。

（一）网站

网站是指在互联网上根据一定的规则，使用 HTML 等工具制作的，在浏览器展示的用各种超链接组织起来的文字、图片、动画、视频等信息的网页集。或者说，网站是互联网上用来存储文件的虚拟空间。人们可通过浏览器等访问、查找文件，也可通过远程文件传输（file transfer protocol，FTP）方式上传、下载网站文件。域名、空间服务器与程序是网站的基本组成部分。随着科技的不断进步，网站的组成日趋复杂，多数网站由域名、空间服务器、DNS 域名解析、程序源代码、数据库等组成。

根据载体的不同，网站可分为以下三种类型。

1. Web 网站（PC 网站）

Web 是网的意思，一般是指 world wide web，即 WWW（万维网）。万维网通常被误yw 为是互联网，其实，万维网是互联网提供的电子邮件、FTP 文件传输、网络聊天、网络电话等各种服务中的一项服务[①]。由于在 WWW（万维网）上运行的网站需要在 PC 端（台式电脑和笔记本电脑）访问，所以也称 Web 网站为 PC 网站。Web 网站是按电脑硬件终端展示进行程序开发的，网站内容相对更加详细。它是普通网站，一般用浏览器，如 IE、谷歌、Firefox 等就可以访问；网站内容丰富、多种多样。Web 网站具有技术开放、标准相对统一、应用开发和使用门槛低等优点。

2. WAP 网站

无限应用通信协议（wireless application protocol，WAP）是一种实现移动电话与互联网结合的应用协议标准。WAP 网站则是指使用这种 WAP 协议、运行于手机或其他个人数字助理机（PDA）上的网站。由于它是根据手机的特征而设计开发的网站，所以又被称为手机 WAP 网站或移动 Web 网站。它的制作方法与电脑端网站的制作方法大体相同，但是布局的时候不用准确的像素，而是使用百分比来控制，以便在不同尺寸的手机屏幕上显示出相同的效果。WAP 网站是通过手机访问的，因此要给手机访问一个入口，而这个入口就是 WAP 浏览器 App，如 UC、百度、QQ 等手机浏览器。随着智能手机的普及、网速的提升以及国内手机浏览器的快速成长，现在的手机可以直接浏览 HTML 网页。

移动 Web 网站将成为未来新媒体应用的主角，特别是 HTML5 的推出实现了传统互联网网页和手机网页的融合，降低了手机网页开发的门槛，HTML5 的很多新特性为通过手机网页实现游戏、计算等丰富的功能提供了手段。此外，作为传统 Web 核心技术的 Web 引擎，同样可以为移动 Web 所共用，它所提供的运行、解析等基础能力已成为高质量移动 Web 应用的强大动力。

WAP 网站是指基于 WAP 协议的手机网站，Web 网站是指基于 HTTP 协议的电脑网站；支持 WAP 的手机可以直接访问 WAP 站点，手机访问 Web 站点则需要经过网关转换；同样，电脑可以直接访问 Web 站点，电脑访问 WAP 站点也需要经过网关转换。

3. 微网站

微网站是基于微信公众号的二次开发站点。

微网站和手机 WAP 网站的区别是：微网站可以调用微信的功能，用微信浏览器来浏览普通的手机网站，其实就是微官网。

微网站的特点是传播广，只需扫描一下二维码或关注企业公众平台即可在手机上浏览到一个页面排版、文字大小精确的网站。微网站拥有 App 的优点，在功能实现上又比后者更强大，因此现在的很多企业在建立网站时都选择建立微网站。随着互联网营销热潮的到来，微网站成为通过微信与客户进行互动的必不可少的活动平台。

[①] 程栋. 实用网络新闻学[M]. 北京：新华出版社，2002：14-15.

（二）App

App 是英文 application 的缩写，application 是 application program（应用程序）的简称。因此，App 可以理解为应用程序。不过，人们习惯上把电脑上的应用程序称作应用软件，把移动设备（包括平板电脑、手机和其他移动设备）上的应用程序简称为 App。

App 从技术特征上可以分为以下三种。

第一种是 Web App，它是针对 iOS 和 Android 优化后的 Web 站点，这种 App 不需要下载和安装就可以直接访问浏览，一般是使用网页技术在移动端将内容展示给用户，包括文字、视频和图片，更侧重"功能"，使用网页技术开发实现特定的功能应用，使用手机的浏览器去访问运行，开发成本比较低，维护起来也简单。例如，Google 的搜索引擎就是一个 Web App，它在本质上和电话查询服务没有什么区别。

第二种是 Native App，也就是原生 App，它是基于智能手机的操作系统、使用原生程序编写的 App。由于运行的时候是基于本地的操作系统，所以这类 App 的兼容能力和浏览能力都很强，用户体验也不错，但是开发难度大且开发成本和维护成本都很高。

第三种就是 Hybrid App，也就是混合 App，它是指半原生和半网页类型的混合 App，是结合使用网页语言和程序语言开发的，然后通过不同的应用商店打包分发，使用的时候需要下载和安装。这类 App 具有良好的用户体验和跨平台开发的优势，因为使用了网页语言，开发的成本也降低了很多，所以是现在主流的 App，如淘宝、微信等。

从功能上，手机 App 可分为社交类、新闻类、购物类、娱乐类、金融类、生活类、工具类等。

（1）社交类 App，即在互联网平台上提供社交互动功能、满足人们交流沟通目的的 App，如 QQ、微信、微博、欢聚时代、陌陌等。

（2）新闻类 App，即向用户提供各类新闻资讯的 App，如今日头条、腾讯新闻、一点资讯、搜狐新闻、凤凰新闻、网易新闻等。

（3）购物类 App，即满足人们网上购物需要的 App，如淘宝、京东、唯品会等，目前已成为大量手机用户的装机必备 App。

（4）娱乐类 App，即给用户提供各种娱乐休闲方式的 App，如开心消消乐、英雄联盟、QQ 游戏等游戏类 App，抖音、快手、哔哩哔哩、腾讯视频、优酷视频等影音、直播类 App，喜马拉雅、酷我音乐、QQ 音乐等音乐类 App。

（5）金融类 App，即为用户提供支付、银行服务、证券服务、投资理财、保险服务、网络借贷等金融服务的 App。其中，支付宝、微信支付也属于装机必备 App，另外还有蚂蚁财富、天天基金、各大银行 App 等。

（6）生活类 App。随着智能手机越来越高级，一些生活类 App 也成为便捷生活的必需品，如美团、大众点评、饿了么等饮食服务类 App，携程、去哪儿、飞猪等旅行类 App，高德地图、百度地图等导航类 App。

（7）工具类 App，如美颜相机、美图秀秀、天天 P 图等照片处理类 App，WPS Office、钉钉等移动办公类 App 以及各公司为办公需要所定制的各类 App。

蝉大师于 2021 年 4 月 17 日评选出全球 App 榜单 TOP10，如图 1-5 所示。

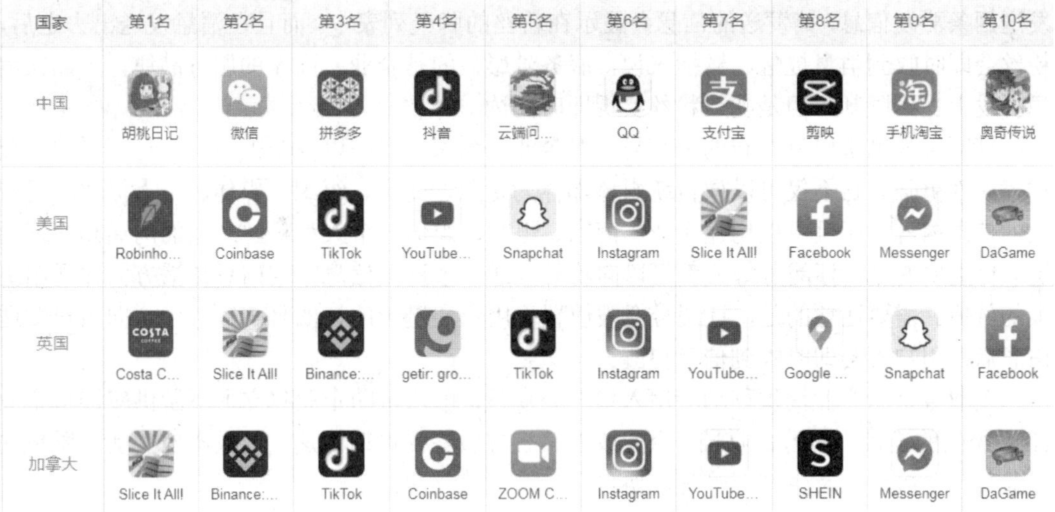

国家	第1名	第2名	第3名	第4名	第5名	第6名	第7名	第8名	第9名	第10名
中国	胡桃日记	微信	拼多多	抖音	云端问	QQ	支付宝	剪映	手机淘宝	奥奇传说
美国	Robinho...	Coinbase	TikTok	YouTube	Snapchat	Instagram	Slice It All!	Facebook	Messenger	DaGame
英国	Costa C...	Slice It All!	Binance:...	getir: gro...	TikTok	Instagram	YouTube	Google...	Snapchat	Facebook
加拿大	Slice It All!	Binance:...	TikTok	Coinbase	ZOOM C...	Instagram	YouTube	SHEIN	Messenger	DaGame

图 1-5　2021 年 4 月 17 日全球 App 榜单 TOP10

当前，为数众多的手机应用体现为本地应用，其中也有相当一部分基于 C/S 结构，手机终端应用程序通过调用手机操作系统的应用编程接口（application programming interface，API）来实现各种功能。手机操作系统平台通过 API 向第三方开发者开放终端、网络、云服务等各种能力，运行在上层的程序可通过 API 获取下层平台拥有的各种能力与信息。

新媒体深刻地改变了移动智能终端操作系统 API 的开放模式，终端厂商通过预置引入第三方应用的传统模式沦为配角，而向开发者开放 API 接口并由用户自行安装应用的新模式成为主流。

（三）公众号

公众号是个人和组织在各种互联网信息服务平台上设立的、面向公众传播信息的新媒体软件产品。从公众号的渊源来看，它发端于微信，但又不限于微信。百度搜索平台上的百家号、抖音平台上的抖音号、今日头条资讯平台上的头条号、微博信息平台上的微博号等都属于公众号，只不过因为微信作为一个拥有十几亿用户的互联网信息服务平台，提供公众号服务比较早，用户也比较多，因而成了公众号的代表。尽管如今抖音发展迅猛，大有后来居上之势，但微信仍然是最重要的公众号平台之一。从功能来看，公众号之所以称为公众号，是因为它是面向广大公众传播各种信息的，具有类似于传统的报纸、电视、广播电台的大众传播属性，同时具有传统媒体所不具有的与用户交互的特殊属性。

以微信公众号为例，微信公众号平台有三种类型的账号，分别为服务号、订阅号、企业号，个人和企业可以根据自己的需要申请不同的账号，向特定受众传递文字、图片、语音并实现沟通和互动。庞大的微信用户群体吸引着众多企业开发微信公众号平台，以不同的途径培养目标客户群，开展信息传播，塑造企业形象，以形成一定的品牌效应，最终为企业营销提供服务。

服务号，顾名思义，是为企业、商家、组织和个人提供强大业务服务的公众号。服务号强化的是业务服务和用户管理能力，但是在信息推送上有所不足，一个月内只能向粉丝发送四条群发信息，其发送的信息会显示在粉丝的聊天列表中，而且在消息发送出去之后，粉丝会即时收到消息提醒。概括来说，服务号彰显的是企业、商家的服务品质，虽然在信息群发上受到限制，但是能让粉丝实现即时阅读。

订阅号是侧重信息发布的公众号。对企业、商家、组织以及个人而言，订阅号的大众传播属性更强。它不仅可以像传统媒体那样为企业、商家、组织、媒体、个人提供广而告之的信息内容，而且可以构建企业、商家、组织、媒体、个人和粉丝之间的沟通和管理通道。更重要的是，订阅号每天都可以向粉丝发送一条群发信息，在信息传播方面体现出更大的价值。需要注意的是，订阅号会被放置于用户通讯录的订阅号文件夹中，向用户发送信息后，用户不会即时收到信息提醒。

企业号是为企业提供移动应用入口的公众号，可以帮助企业建立上下游供应链与企业IT系统间的连接。利用企业号，企业或者第三方服务商可以快速、低成本地实现高质量的企业移动轻应用以及生产、管理、协作、运营的移动化。

（四）小程序

小程序（mini program）是集成在各种互联网信息服务平台上的、面向个人和组织提供的一种不需要下载安装即可使用的新媒体软件产品。

小程序这一产品的创意来自于解决人们使用新媒体产品痛点的初心。人们在使用智能手机时，为了满足某种特殊或更精准的需求，一般会下载安装许多不同的App。根据极光大数据发布的《2017年Q4智能手机行业研究报告》，2017年第四季度，平均每台高端、中端、低端手机分别安装51.2款、43.4款和30.9款App[1]。这样会使得手机不堪重负，经常出现卡顿甚至崩溃的情况。因而，解决这一痛点的新媒体产品应运而生。首先在这一领域试水的是百度公司。早在2013年8月22日，百度总裁李彦宏就在百度世界大会上提出了"轻应用"（light App）的概念。它是一种无须下载、即搜即用的全功能App，既有媲美本地原生App（native App）的用户体验，又具备Web App可被检索与智能分发的特性。后来，UC+开放平台、支付宝公众平台等类似轻应用平台相继发力，这些平台都是基于HTML5（超文本标记语言的第五次重大修改，简称H5）推出的Web App，但是由于未形成账号体系、不符合用户习惯等，用户使用率和活跃度较低，因此并没有发展起来[2]。

然而，腾讯公司开发的小程序借助自身微信公共平台的生态优势一跃而起、后来居上。2016年1月11日，腾讯高级副总裁、"微信之父"张小龙首次公布了微信研发团队正在研究开发的一种用于替代服务号且能提供更好服务的新应用，即微信小程序。2016年9月21日，微信小程序正式开启内测。2017年1月9日，第一批微信小程序正式上线。微信小程序具有无须安装、触手可及、用完即走、无须卸载、覆盖面广、制作简易等特点。用户在使用微信时，不需要下载安装就可以打开应用，即用户从微信公众号、聊天窗口、"发现"页、下拉屏幕或外部App等16类63个入口进入小程序，再通过小程序实现支付、分享、跳转等功能后，"用完即走"，回到公众号、聊天窗口或外部App，形成流量闭环。微

---

[1] 极光大数据: 2017年Q4智能手机行业研究报告[EB/OL]. （2018-02-08）[2022-12-08]. https://www.jiguang.cn/reports/223.
[2] 谢雄，勾俊伟. 微信小程序策划与运营[M]. 北京：人民邮电出版社，2018：2.

信小程序解决了以往 App 应用的一些"老大难"问题：久居"深山"（应用商店）无人问津、安装和卸载麻烦、跨平台不兼容、应用太多而占用过多系统资源、应用打开率过低等，用户不用担心是否安装了太多应用，应用无处不在、随时可用，但又无须安装和卸载。对于开发者而言，小程序的开发门槛相对较低，难度不及 App，不仅能够满足一般用户的简单基础需要，而且适合生活服务类线下商铺以及非刚需低频应用用户的需要。小程序能够实现消息通知、线下扫码、公众号关联等七大功能。其中，通过公众号关联，用户可以实现公众号与小程序的相互跳转。

正因为如此，小程序发展得十分迅速。继微信开发出自己的小程序之后，各大互联网信息平台看到了其中的商机，都相继推出了自己的小程序，使得小程序的数量和用户人数越来越多。根据 2019 年 3 月 27 日酷客多发布的《2019 小程序电商行业生态研究报告》，截至 2019 年 1 月，全平台上线的小程序数量超过 300 万，日活跃用户超过 2.5 亿；微信小程序数量已经超过 230 万，每日活跃人数超过 2 亿；支付宝紧随其后入局小程序，日活跃用户超过 1.7 亿；百度智能小程序于 2018 年 7 月上线，5 个月体量过万，迅速朝支付宝小程序逼近。①

经过几年的发展，小程序的应用已然更上一层楼。据阿拉丁研究院发布的《2021 年上半年小程序互联网发展白皮书》，截至 2021 年上半年，全网共有腾讯、百度、阿里、字节跳动等 11 个平台，推出了 700 多万个小程序，涵盖 200 多个细分行业。其中，微信小程序更具活力，日活用户超过 4.1 亿（见图 1-6）。

图 1-6 《2021 年上半年小程序互联网发展白皮书》部分内容

小程序有很多类型，其中比较常见的有以下三种。
1. 商城型小程序

商城型小程序是目前最常见的小程序类型，如京东购物、拼多多、兴盛优选等。这种类型的小程序通常具有产品展示、支付等功能，用户可以直接通过小程序挑选和购买商品，

---

① 酷客多. 2019 小程序电商行业生态研究报告[EB/OL]. （2019-03-31）[2022-12-08]. https://www.sohu.com/a/305086855_100020617.

不需要跳转到第三方平台。商城型小程序可以大大缩短用户的决策路径、减少用户的决策时间，让交易变得更高效，同时具有客服功能，可在用户消费过程中实现一对一交流。

2. 展示型小程序

展示型小程序同样是常见的小程序类型之一，它相当于企业的一个移动端网站，可以展示企业信息、产品信息、联系方式、客服系统等。其优势是用户不需要记住企业的网址，只需要点击一下小程序就可以打开企业网站，方便、快捷。同时，用户可以通过小程序随时随地与客服人员取得联系。

3. 预约型小程序

预约型小程序可以让用户自由选择享受服务的时间，在预约的时间内到店享受服务。对于商家而言，这种类型的小程序有助于优化现有资源，合理安排人力、物力，提高效率。

三、内容新媒体产品

内容新媒体产品是以信息的形式提供的、满足人们个性化智能交互传播需要的数字信息产品。它不仅可以满足人们学习知识、了解信息的需求，还可以为人们提供文化娱乐的享受。

内容新媒体产品是新媒体数字内容产业的成果。从宏观上来看，数字内容产业又属于"信息内容服务业"，广义上可理解为内容通过数字技术加工之后进行的生产与流通活动，它建立在数字技术、信息技术、互联网技术发展的基础上，融合了新闻出版、广播影视、音视频等多种媒体形态。2003年的《上海市政府工作报告》首次提及数字内容产业并对其概念进行了详细的界定，提出"数字内容产业包括软件、远程教育、动漫、媒体出版、音像、数字电视、电子游戏等产品与服务，属于智力密集型、高附加值的新兴产业"。

21世纪以来，新媒体技术已经改变了我国的内容产业格局，内容产业从传统广播、电视、纸质出版向网络短视频、自媒体、直播等新媒体快速转型，新媒体已成为我国网民数字信息生产和传播的主要途径，几乎占据了人们所有的注意力和碎片时间。据中国互联网络信息中心发布的第48次《中国互联网络发展状况统计报告》，截至2021年6月，我国网民规模达到10.11亿；互联网普及率达到71.6%；手机网民规模达到10.07亿，使用手机上网的网民达到99.6%；网民每周上网时长达到26.9h；使用网络视频（含短视频）的用户达到9.44亿，占网民的93.4%；新媒体游戏用户规模达到5.09亿；网络新闻用户规模达到7.6亿；网络直播用户规模达到6.38亿；在线教育用户规模达到3.25亿。由此可见，内容新媒体产品是人们精神文化生活的重要成分。

参考有关部门和其他学者对数字内容产品类型的划分，借鉴其中的合理成分，本教材将内容新媒体产品分为如下几个类型。

（一）新媒体新闻资讯产品

新媒体新闻资讯产品是指通过互联网发布和传播的新闻资讯信息作品，其发布主体是国家批准设立的专业新闻机构或商业媒体，也包括个人或某个非新闻机构团队（在我国，非公有资本的个人或机构不得从事新媒体新闻资讯产品生产活动。因为于 2021 年 10 月 8 日，国家发展和改革委员会、商务部发布了《市场准入负面清单（2021 年版）》，在"禁止准入"类第六项中新增"禁止违规开展新闻传媒相关业务"，包括：非公有资本不得从事新闻采编播发业务；非公有资本不得投资设立和经营新闻机构，包括但不限于通讯社、报刊出版单位、广播电视播出机构、广播电视站以及互联网新闻信息采编发布服务机构等；非公有资本不得经营新闻机构的版面、频率、频道、栏目、公众账号；非公有资本不得举办新闻舆论领域论坛峰会和评奖评选活动等①）。2022 年，国家发展和改革委员会、商务部印发《市场准入负面清单（2022 年版）》，除了 2021 版的禁止项目，又增加了"非公有资本不得从事涉及政治、经济、军事、外交、重大社会、文化、科技、卫生、教育、体育以及其他关系政治方向、舆论导向和价值取向等活动、事件的实况直播业务；非公有资本不得引进境外主体发布的新闻"两款内容②。发布内容既包括政治、经济、军事、外交等社会公共事务报道、评论以及有关社会突发事件的报道、评论，也包括体育、娱乐等领域的非时政类新闻资讯，发布形式主要为图文、视频、音频、直播、H5 等。

（二）新媒体动漫产品

新媒体动漫产品是以动画、漫画、游戏为核心，包括所有采用漫画和动画元素制作生产的作品。动漫按题材可以分为推理、言情、动作、战争、历史、悬疑、科幻等多种类型；按播放平台则可以分为电视动画（TV）、剧场动画（MOV）、原始光盘动画（OVA、OAD）、网络动画（NET）四类。

（三）新媒体网络视频产品

新媒体网络视频产品是指由网络视频服务商提供的以流媒体为播放格式、可以在线直播或点播的声像文件，其主要来源于用户自主上传原创内容、向专业影像生产机构和代理机构购买版权内容以及网络视频企业自制内容。

按视频内容的来源，网络视频大致可以分为用户原创内容（user generated content，UGC）、专业生产内容（professionally generated content，PGC）、网络视频企业自制内容三大类。网络视频的形式包括长视频和短视频。长视频以影视、综艺、电视剧、网剧等类型为主，短视频是指播放时长在 5 分钟以内、基于 PC 端和移动端传播的视频内容形式。

（四）新媒体网络直播产品

新媒体网络直播产品是指通过互联网进行的直播，即网络直播。网络直播建立在通信技术升级、智能设备普及的基础上，是一种即时同步的内容展现方式，如目前在抖音、快手、哔哩哔哩等新媒体平台上方兴未艾的各种直播产品。

---

① 中国发展网. 2021 年版市场准入负面清单征求意见相比 2020 年版减少 6 项[EB/OL]. (2021-10-12)[2022-12-08]. http://www.chinadevelopment.com.cn/fgw/2021/10/1746883.shtml.

② 国家发展和改革委员会 商务部关于印发《市场准入负面清单（2022 年版）》的通知[EB/OL]. (2022-03-12)[2023-01-13]. http://www.gov.cn/zhengce/zhengceku/2022-03-26/content_5682276.htm.

（五）新媒体网络音乐产品

新媒体网络音乐产品是以数字格式存储并可以通过网络传输的音乐，即以数字形式制作、存储、复制、传输的非物质形态音乐。根据不同的技术服务特点，在线音乐可以分为下载音乐和流媒体音乐两大类。

（六）新媒体数字阅读产品

新媒体数字阅读产品主要包括阅读内容的数字化，指阅读的对象是以数字化方式呈现的内容，如网络小说、数据库、电子报刊、电子地图等。

（七）新媒体在线教育产品

新媒体在线教育产品是通过通信技术和互联网技术进行内容传播和学习的方法，在线教育的营销、内容交付、核心学习行为都是以互联网为载体进行的。互联网和新媒体为教育内容的传播者和学习者创造了突破时间和空间限制的条件，教育者、学习者可以随时随地传播、获取知识。

广义的在线教育既包括"to C"模式，又包括"to B"模式。"to C"模式的客户为学生、家长、老师等终端用户群体，最终由学员埋单，偏向于互联网教育；"to B"模式的客户为政府教育管理机构、学校等教育机构，最终由机构埋单。

（八）新媒体知识服务产品

新媒体知识服务产品是指消费者通过互联网技术付费或免费获取垂直领域的个性化信息、资源和经验等，以达到认知提升、情感满足、阶层归属等目的的消费行为。它的本质是把知识变成产品或服务，以实现商业价值，有利于人们高效筛选信息、激励优质内容的生产。

按照知识类别，可以把知识服务平台和应用大致分为综合平台、问答类平台和泛教育类平台三类。

（九）新媒体票证产品

新媒体票证产品是指数字化的实物票证产品。这种产品是运用数字化技术将原有的实物票证、有价证券或某种信用转化为数字形式的信息形成的产品，如二维码、入场券、信用卡、电子发票、数字货币等。

实际上，一切可数字化的票证都可以称为新媒体票证产品。各种以符号并通过纸介质来表现和反映的、具有象征意义的产品，都可以通过扫描或改变人们使用这些产品的方式而变成新媒体票证产品。例如，汽车、火车、轮船和飞机等各种交通工具的票证，剧院、电影院、体育馆、博物馆、展览馆以及各种文化娱乐场所的门票或入场券等，可以被数字化地分发、传输、存储在个人的 ID 卡中，消费者可以登录网站预订、在线付款。票证可以下载到客户的存储设备中，登机时或进入场馆时只需扫描即可。类似地，各种政府的和商业的表格和票据、货币、有价证券，即一种信用的象征和证明，都可以数字化为数字票据、数字货币和数字证券进行在线交换。象征性数字产品不仅包括某种授权、信用，甚至还包括某种象征的意义。一些实物商品就具有某种象征意义，如贺卡、礼仪鲜花等。

案例借鉴

新媒体软件产品——PayPal

认知测试

问题拓探

1. 为什么说狭义的新媒体概念存在特定的历史范畴？
2. 为什么说新媒体信息载体产品具有"层次性"？

实践任务

1. 考察当今比较流行的新媒体硬件产品，了解它们的创意、历史、功能与特征，分析它们的优点与缺点。
2. 考察当今比较流行的新媒体软件产品，了解它们的创意、历史、功能与特征，分析它们的优点与缺点。

第二章

新媒体产品设计与项目管理概览

> **问题导航**
>
> 任何一款新媒体产品的诞生都需要一群为此默默付出的人，有了人还不够，还需要科学的项目管理体系的指导。华为公司的新产品团队、腾讯公司的微信产品运营团队以及各类独角兽产品的初创团队是怎样设计与开发出影响并改变人们生活的新媒体产品的？本章将带您一起探究这个问题。正如乔布斯所说的："每隔一段时间就会出现一个改变一切的革命性产品，如果一个人能在其职业生涯中参与创造这样一个产品，那么他是幸运的。"让我们推开这扇门，一起去了解新媒体产品设计与项目管理的魅力。

第一节 新媒体产品设计与项目管理概述

一、产品设计的含义

设计是一种有目的、有意识的创造性活动。设计的目的是解决人们在生活中遇到的各种问题，协调人与人、人与物、人与社会的关系，从而推动社会的进步。产品设计则是设计人员利用各种资源和手段，根据市场需求提出蓝图或方案并经过反复研究、试验、生产、制作出成品的阶段性产品项目活动。或者说，产品设计是在产品尚未正式上市之前，设计人员将产品构思转化为图纸方案并试验制作出成品的创造性工作。

产品设计作为一个日趋完善的专业体系，经历了近一个世纪的历程，它是一个集科学和艺术为一体，具有综合性的多边学科，是运用创造性设计思维方法将美学、绘画和生产制造相结合的产物。

二、项目管理的含义

项目管理是一定的主体为了实现自身目标,利用各种有效的手段,对执行中的项目周期的各个阶段工作进行计划、组织、协调、指挥、控制,以取得良好经济效益的各项活动的总和。还有人将项目管理定义为:为了满足甚至超越项目干系人[①]对项目的需求和期望而将理论知识、技能、工具和技巧应用到项目中去的活动。要想满足或超过项目干系人的需求和期望,需要平衡以下这些冲突。

(1)范围、时间、成本和质量之间的冲突。

(2)有不同需求和期望的项目干系人之间的冲突。

(3)明确表示出来的要求(需求)和未明确表达的需求(期望)之间的冲突。

三、新媒体产品设计与项目管理的含义

根据第一章对新媒体产品相关概念的分析,我们将本教材的内容范畴廓定为两大部分:新媒体产品设计和新媒体产品项目管理。但是,从逻辑上讲,这两部分不是并列关系,而是包含关系。新媒体产品项目是一个大的范畴,新媒体产品设计是一个小的范畴,新媒体产品项目管理包含新媒体产品设计。据此,本教材对二者的概念分别界定如下。

(1)新媒体产品项目管理。新媒体产品项目管理是产品经理与相关人员为开发和运维某一新的新媒体产品,利用各种资源和手段,对这一产品全生命周期各阶段工作进行计划、组织、协调、指挥、控制,以取得良好社会效益与经济效益的一系列活动。它包含新媒体产品的创意萌发、市场调研、设计制作、上市运营和升级迭代等多个阶段。

(2)新媒体产品设计。新媒体产品设计是包含在新媒体产品项目管理活动这一大范畴中的子范畴。新媒体产品设计就是基于企业或单位的战略需要,根据市场调研和用户需求,找准产品定位,对产品的结构、功能提出设想或方案并研发和制作出成品的过程。

需要注意的是,在本教材语境下的新媒体产品设计是产品项目活动中产品市场调研后与产品发布上市前的中间阶段,这一阶段的目标是:提出设计方案,经过反复试验和测试,研发出成品原型或成品模型。新媒体产品设计是围绕这一目标进行的创造性活动,这一活动有两个标志性成果:设计方案和待市成品。我们不在名词的意义上使用设计的概念。或者说,不把新媒体产品的设计方案称作新媒体产品设计。

因此,本书从第四章开始,将以新媒体产品项目管理活动的纵向动态序列,对包括新媒体产品设计在内的各阶段的管理内容进行阐述。在进入这一序列工作的阐述之前,本节将对新媒体产品设计与项目管理的特殊性和宏观流程进行简要分析。

[①] 项目干系人是参与该项目工作的个体和组织或由于项目的实施与项目的成功,其利益会直接或间接地受到正面或负面影响的个人和组织。

第二节　新媒体产品设计与项目管理的特殊性

一、新媒体硬件产品设计与项目管理的特殊性

（一）硬件产品的迭代成本较高

新媒体硬件产品研发周期较长、研发成本高。因为新媒体硬件产品整体的设计是牵一发而动全身的，即使做到模块化，如果要改动某一功能或设计，也需要进行一系列改动。例如，把某硬件设备的连接方式从蓝牙改成 Wi-Fi，很可能会涉及印制电路板（printed-circuit board，PCB）的改动。对于软件来说，即使是全局的变更，修改成本也相对较小，但对于硬件产品来说，研发周期长、修改成本高使硬件产品的迭代成本升高。因此，互联网产品开发中常用的"小步快跑"思路在硬件研发中不一定适用。硬件产品设计与项目管理应尽可能在研发初期就较完善地考虑硬件设计的合理性、精确性和后续生产效率，而不要在研发过程中多次对设计稿进行修改。

（二）配套软件研发的版本节奏和功能安排要充分考虑与硬件的配合进度安排

对于纯软件的互联网产品来说，只要梳理出目前的需求并按照优先级排序，就可以逐步按照团队的开发节奏来固定版本周期，按照固定的节奏交付。但是，硬件产品配套的软件开发很可能会因为硬件的交付时间和版本而受到影响，原本计划的一些功能和接口也可能发生变化，因此，版本交付的内容、版本周期都需要根据硬件的情况灵活调整。可以考虑单独管理相互依赖的功能或者根据需要调整版本交付的范围和时间。对于智能硬件开发团队来说，变化是更加需要重视的。

（三）版本排期需要考虑软、硬件联调的时间和风险

智能硬件产品涉及软、硬件接口，只有提前定义接口规范，才能避免因为接口问题导致联调出现问题。但即使做到了这一点，软、硬件联调依然存在比较大的风险，是否兼容、固件（具有软件功能的硬件）是否会导致软件崩溃等诸多方面都需要充分测试。因此，在版本排期时也需要充分考虑联调的风险和影响，留足处理问题的时间，尽可能做好风险应对的准备工作。

智能硬件产品的功能定义通常会同时影响软件和硬件。定义产品功能或变更一个功能，需要从整体上考虑它对于软件和硬件两方面的影响并做出关联的调整和变化。例如，在智能摄像头中去掉夜视模块，看起来只是对硬件做了改动，但实际上也需要基于软件考虑夜视功能相关的界面、开关按钮和操作提示是否需要做相应的调整以及对于不同功能的摄像头版本进行识别的问题，这样才能更好地配合不同版本硬件的功能。硬件产品涉及的细节实在太多了，不仅限于软件按期交付，还存在硬件质量和生产等问题，因此智能硬件的项目管理需要关注方方面面的细节，无论是主机还是配件，都需要确认细节。

从技术上考虑，软件版本的升级需要考虑硬件产品的兼容性，固件的升级要考虑设备和 App 的兼容性，如在定位设备问题时，根据表象如何判断问题来自硬件还是软件，如何确保用户数据的稳定和安全性等。从团队上考虑，怎样让硬件研发团队跟软件研发团队更好地协作是重中之重。在产品设计的项目管理中应该重点关注这方面的管理。

二、新媒体软件产品设计与项目管理的特殊性

（一）阶段性

软件项目不可能一蹴而就，需要分阶段完成。每个阶段的侧重点有所差异，致使各阶段的主要工作也不尽相同。例如，软件项目的需求分析阶段、开发阶段、测试阶段等需要根据实际情况灵活安排阶段任务，调整阶段预计时间。

（二）不确定性

不同于项目基本特征中的不确定性，这里的不确定性是指软件项目不可能完全在规定的时间内按规定的预算和方案由规定的人员完成[①]。在软件项目的实施过程中，需要制订切实的计划并根据实际情况灵活调整，尽量保证所有变动都在总计划的控制中。不能因为存在这样的变动而完全不制订计划或过度考虑后制订计划，这是不可取的。

（三）目标渐进性

软件项目的产品和服务是不可预见的，客户也只能提出大概的想法，没有确切的需求。这种情况需要项目团队根据经验去分析客户可能想要表达的需求并在项目的进行过程中明确和完善需求，这种情况使得软件项目的目标具有渐进性特点。明确和完善需求的过程存在很多修改和变更，甚至可能推翻重做，加大了项目管理和进度控制的难度。

（四）智力密集性

软件项目技术性强，需要高强度的脑力劳动，持续作战，这对项目成员的组成结构、责任心和工作能力有较高要求。因此，通过激励手段保证团队的稳定性是人力资源必须具备的能力。

软件项目是一种特殊的项目，它创造的唯一产品或者服务是逻辑载体，没有具体的形状和尺寸，只有逻辑的规模和运行的效果。软件项目由相互作用的各个系统组成，系统包括彼此相互作用的部分。软件项目中涉及的因素越多，系统之间的相互作用就越大。软件是纯知识产品，软件项目开发进度和质量难以估计，生产效率也难以预测和保证。软件项目的成果无法预计，客户很难描述清楚自己的需求，造成需求的不明确性。而负责与客户谈判的大多是市场销售人员，其目的是尽快签约，因为对技术的不了解可能存在过度承诺的情况。等项目经理接手后，一些没有说清楚的问题将暴露出来并由项目经理承担，由此导致项目周期长、复杂度高、不确定性强。软件项目的交付周期一般比较长，有的甚至需要几年。在这么长的时间跨度内会发生很多情况的改变，政策的变化、人事的变动、技术

---

① 舒红平，曹亮，唐聃，等. 软件项目管理[M]. 成都：西南交通大学出版社，2019：6.

的更新都有可能造成整个系统的大幅变更,直接影响项目的成败。软件项目提供的是一种服务,除了要保证最终的交付质量,还要满足客户的需求。而客户可能来自不同的部门、领域,对项目的关注点不同,导致项目完全满足这一群人的需求较为困难。

三、新媒体产品变现方式的特殊性

企业的产品大多是以盈利和商业化为终极目标,然而对于互联网诞生初期,用免费策略开疆拓土,然后通过广告等其他间接方式收割流量红利所培养起来的用户来说,想要实现这一目标是困难的,毕竟人人爱免费,这是人的本性决定的。因此,如何让新媒体产品更好地商业化变现,是每个产品创始人或者产品经理都要考虑的事情。对于商业化变现,总的来说,无论是学界还是商界,给出的策略都可以用一句话概括:海量的用户带来海量的流量,海量的流量需要大量的变现方式,如图2-1所示。

图 2-1 新媒体产品的变现方式

(一)广告投放

广告投放是新媒体产品变现中最普遍的一种方式,同时是宣传产品良好体验的方式。如果没有很好的广告展现方式,就会拉低产品的价值,造成对企业的损害,所以近两年有一个专业名词比较流行——Feed 广告[①],Feed 广告的最大特点就是将广告隐藏在浏览信息的瀑布流中,使得广告越来越难以发现,在展现形式和内容上越来越贴近用户的浏览信息。新媒体产品主体通过和广告商对接,从特定广告中获得分成,这是大多数新媒体产品的主要收入来源,如今日头条 App 每年的广告赞助都是千亿元的水平。但是,新媒体产品平台所面临的问题是如何在不严重影响体验的情况下精准地为用户推送广告(见图 2-2)。

(二)增值服务

市面上大多数新媒体产品都采取免费+收费的结合模式,先用免费的基础功能快速聚集人气、沉淀用户、获取流量,进而采用各种增值手段,获取更多的变现收益。

增值服务实际上是一种差异化服务,对产品来说,是为了满足不同用户需求所推出的个性化功能,如高铁客票分为一等座、二等座和商务座。互联网的产品增值服务需要找到

---

① Feed 广告指的是在发布的消息之间插入广告的一种形式。

用户愿意付费的原因。在普通用户免费习惯根深蒂固的情况下，产品需要培养愿意为增值服务付费的忠实用户。因而，平衡普通用户与付费用户间的关系，引导普通用户成为付费用户，提升转化率，就成了新媒体产品设计要考虑的关键问题（见图 2-3）。

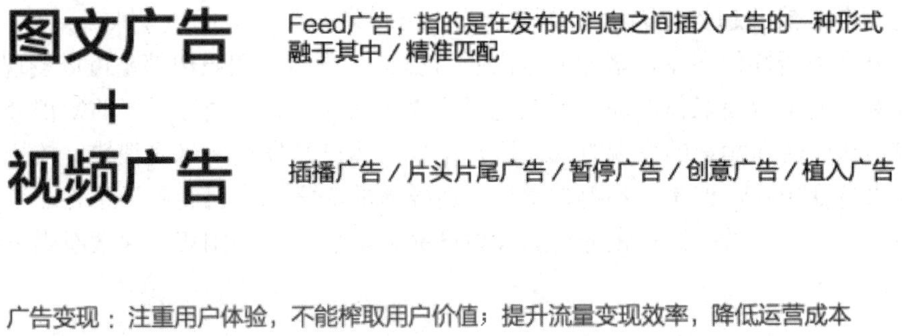

图文广告
Feed广告，指的是在发布的消息之间插入广告的一种形式
融于其中 / 精准匹配
+
视频广告
插播广告 / 片头片尾广告 / 暂停广告 / 创意广告 / 植入广告
广告变现：注重用户体验，不能榨取用户价值；提升流量变现效率，降低运营成本

图 2-2　新媒体产品广告投放

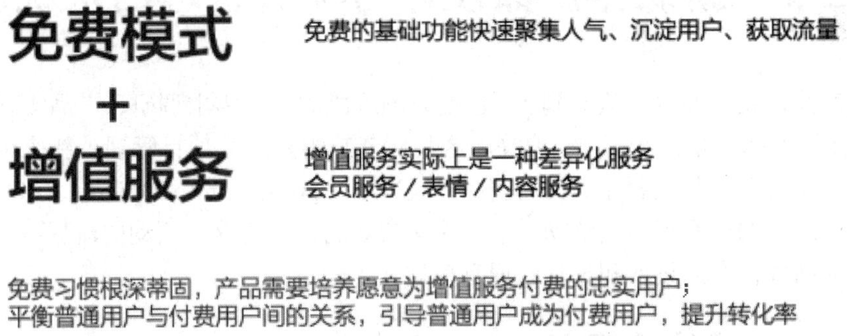

免费模式
免费的基础功能快速聚集人气、沉淀用户、获取流量
+
增值服务
增值服务实际上是一种差异化服务
会员服务 / 表情 / 内容服务
免费习惯根深蒂固，产品需要培养愿意为增值服务付费的忠实用户；
平衡普通用户与付费用户间的关系，引导普通用户成为付费用户，提升转化率

图 2-3　新媒体产品免费模式+增值服务

（三）知识付费

近几年，知识付费成为很多知识分享类新媒体产品的主要变现手段，如图 2-4 所示，越来越多的用户愿意为获取更有价值的知识而付费。然而，某些流量大的新媒体产品转型做知识付费困难重重，用户的转化率并不高，因为知识付费用户偏爱那些专业的知识分享类新媒体产品，如知乎。但是，知乎其实也面临如何根据用户兴趣、喜好投放付费内容，从而提高付费用户转化率的问题，也需要进一步探索。

知识付费
流量大的平台
小而专平台
用户画像
订阅付费
转化率不高
盈利能力有待挖掘
有偿付费问答
参与分成
根据兴趣投放内容
转化成付费人群

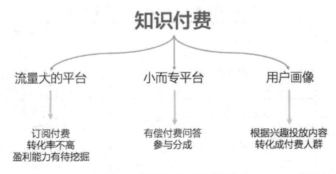

图 2-4　新媒体产品知识付费

(四)拓展分支

每款新媒体产品都有自己的核心价值、核心内容和核心用户,怎么进行核心内容的拓展是一个需要思索的问题。例如,"脉脉"作为一个典型的互联网信息分享平台,接入招聘功能是一个必然的趋势,因为互联网行业的招聘是一个很大的流量来源;"知乎"作为一个知识分享类新媒体产品,诸如书籍出版售卖、付费问答和周边都是可以变现的分支。还有很多专业的平台新媒体产品转而做电商产品的售卖,就是通过平台的知识分享获得流量和用户,从而转向卖货的变现方式。这几年新媒体产品发展得确实很快,依托人工智能算法也越来越懂用户。但是,不得不承认,新媒体的流量红利已经趋于平稳,不再是一个大的风口了,从业人员应该积极分析新媒体产品目前所面临的困境,探索新媒体产品发展的创新方向。

第三节 新媒体产品设计与项目管理的宏观流程

一款产品,我们通常说从0到1,包括市场阶段的产品需求调研、产品实现;从1到100,包括产品的销售、运营、维护等。这些环节都需要进行项目管理。新媒体产品设计与项目管理是协助产品顺利完成在新产品开发(new product introduction,NPI)以及量产后的运维和迭代的一系列相关活动。下面就从宏观的视角对这一活动的流程进行介绍,以帮助读者对新媒体产品设计和项目管理有鸟瞰式了解。

一、新媒体硬件产品设计与项目管理流程

新媒体硬件产品设计与项目管理流程大致可以分为五个阶段:调研阶段、立项阶段、主板开发阶段、外观结构开发阶段、上线运营阶段。这五个阶段也可细化,具体流程如表2-1所示。调研阶段的项目导入环节需要进行产品构想、产品定义、项目周期规划安排等工作;项目立项阶段需要召开立项会议,对产品设计相关的人员及资源进行合理调配;项目开发阶段分为两个部分:主板开发阶段、外观结构开发阶段;项目上线运营阶段主要是指项目持续推进的各项工作,如上线、测试、运营维护。

表2-1 新媒体硬件产品设计与项目管理流程

序 号	阶 段	主要内容
1	调研阶段	项目导入; 市场调查; 技术评估
2	立项阶段	立项会议
3	主板开发阶段	PCBA主板开发; PCBA主板试产; PCBA主板验证

续表

序号	阶段	主要内容
4	外观结构开发阶段	ID 阶段； MD 阶段
5	上线运营阶段	上线； 测试； 运营维护

一个智能硬件项目涉及的面非常广，沟通的人也非常多。如果同时跟进几个项目，各项任务更加繁复，不可避免地会出现遗漏、沟通不到位、支持不够及时等状况。此时可以制定一个任务清单来进行任务管理。例如，ID 设计什么时候出草图？决策是选定了哪几个草图进行 2D 渲染？什么时候完成？最终选择哪个进行 3D 建模？怎么修改细节？在项目管理的过程中要注意三件事，具体如下。

（1）先结果，后过程。反向推导，保证沟通目标是确定的。

（2）先全局，后细节。从全局出发，限定范围，不要扩散问题，然后再确定细节，不能陷入细节不能自拔。

（3）最后复盘，在沟通的最后复述问题及沟通出来的解决方案，确保没有错位。

二、新媒体软件产品设计与项目管理流程

新媒体软件产品设计与项目管理主要包含下列工作事项：需求分析、产品规划、产品设计、文档输出、设计开发、产品验收、正式上线、数据反馈，如图 2-5 所示。

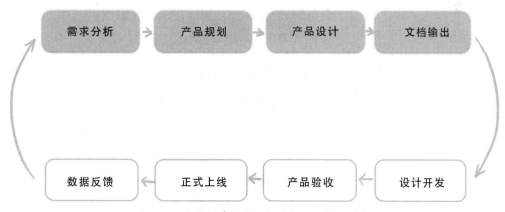

图 2-5　新媒体软件产品设计与项目管理流程

新媒体软件产品的整个研发管理流程分为五个阶段[①]：需求阶段、开发阶段、测试阶段、上线阶段、验收阶段。每个阶段都有相应的负责人，对阶段内所有任务和节点的交付情况负责，保证节点正常推进。该流程仅展示在整个版本流程中各交付节点及其对应角色

---

① 素夏. 你应该掌握的产品研发管理流程及常见问题处理[EB/OL].（2021-12-27）[2022-12-08]. http://www.woshipm.com/zhichang/4773152.html.

的产出物,针对其他工作事项,如产品经理进行市场调研、竞品调研、客户调研等工作不进行列举。

(1) 需求阶段:产品经理主导。产品经理评估并设计需求、提供需求清单、组织需求评审会、邀请开发测试参会;开发人员评估本次版本需求可行性和工时并输出开发方案设计书;测试人员评估本次版本需求工时。

(2) 开发阶段:后端开发人员主导。产品经理对开发出现的问题及时进行影响范围的评估并重新设计方案;开发人员进行产品开发及自测,如有前后端交互的需求,需要同时提供接口文档,进行前后端联调;测试人员根据需求说明文档和开发设计文档,输出测试案例并组织测试案例评审会;项目管理人员确保各个环节正常推进。

(3) 测试阶段:测试人员主导。开发人员负责在上线前一天进行产品测试,针对测试提出的bug进行修复;测试人员进行功能测试,提出bug并修复跟进,在上线前一天进行回收测试并发送测试报告;项目管理人员确保发版时间并进行各项检查。

(4) 上线阶段:运营维护人员主导。开发人员汇总产品变更内容并提交变更单;测试人员在发版上线后进行正式环境生产验证;运营维护人员负责发版前置检查,发版上线,上线后处理问题;项目管理人员跟进发版进度,对出现的紧急问题及时处理。

(5) 验收阶段:项目经理主导。产品经理负责生产验收(只验收功能性的需求)、客户推广及客户培训;开发人员负责对出现的生产问题进行问题修复;测试人员负责总结bug原因;项目管理人员负责版本复盘,统计研发管理过程数据,如需紧急版本则负责新软件版本的发起。

高效的项目管理能够明显提高一个团队的工作效率,但每个部分都需要根据实际情况进行适配性管理。

----- 案 例 借 鉴 -----

防诈骗App产品设计

----- 认 知 测 试 -----

----- 问 题 拓 探 -----

1. 如何理解新媒体产品设计?

2. 新媒体硬件产品设计管理有哪些特殊性？
3. 新媒体软件产品设计项目管理可以分成哪些环节？各环节的重点是什么？
4. 举例说明新媒体产品有哪些变现方式。

实 践 任 务

1. 选取市场上知名的新媒体产品，调研其产品设计与项目管理。
2. 自由结合组成新媒体产品设计小组，自选主题制订产品设计项目计划。

第三章
新媒体产品设计与项目管理主体

> **问题导航**
>
> 随着人工智能的发展，语音识别、人脸识别、VR/AR/MR/XR 等技术逐渐走入普通百姓的日常生活：二维码成为人们出行的必备产品，寿光农民"李晨"们在数字化大棚用手机种菜，数字虚拟学生"华智冰"走进清华大学校园，智能家电在和人类对话，亚马逊、达美乐、顺丰等公司的无人机将包裹递送到收货人的家里……这一切都传递出一个信号——智媒时代已经到来。第二章从宏观层面上讲述了新媒体产品设计与项目管理活动，这一活动是客体，从事这一活动的人是主体。不过，此类主体有很多，新媒体产品经理是其中最重要的主体。那么，智媒时代需要什么样的新媒体产品经理？他们的工作职责和核心技能是什么？要提高素养和技能，新媒体产品经理应具备哪些思维模式？本章将通过这一典型主体，以点带面地探讨新媒体产品设计与项目管理主体所需要具备的基本素质和能力。

评价一个新媒体产品经理，就要看他能否创造出一款受用户欢迎的新媒体产品。产品经理要创造出好的产品，就应不断提升自己的素养和技能，因为素养决定了技能，技能决定了行为，行为决定了产品。因而，本章从提高素养和技能出发，重点探讨新媒体产品经理为完成工作职责、提高核心技能需要掌握哪些思维方法和前沿技术。

第一节 新媒体产品经理概况

一、新媒体产品经理的含义

20世纪二三十年代,宝洁公司第一次提出了"产品经理"这个概念。当时,宝洁公司开始研发并销售新的品牌——佳美牌(Camay)香皂,为了让该产品取得良好的市场效益,各个环节的负责人都非常努力并且投入了大量的广告宣传费用,但是销售业绩仍不尽如人意。当时负责销售工作的麦克·爱尔洛埃在仔细研究后发现,同一个品牌产品的不同环节分别由不同的人负责不仅会造成人力、物力的浪费,而且易导致各个环节脱节,于是他在年会上向公司最高领导提出:"如果公司的销售经理将精力同时放在Camay和lvory(宝洁的一种老牌香皂)上,那么佳美牌香皂的潜力就永远得不到充分的发掘。"同时,他提出"brand man"(品牌人)的概念并指出企业应视每一个品牌为一个单独项目进行经营,由品牌人负责且品牌人应该有专门的销售小组进行协助,与其他品牌同时竞争。非常幸运的是,麦克·爱尔洛埃的提议得到了公司高层的支持,他也因此成为全世界第一位产品经理,负责佳美牌香皂的品牌建设、市场销售等工作。之后,宝洁公司以"产品管理体系"重建公司体系且因这种管理形式取得了巨大的成功。

由此可见,产品经理是为了适应公司发展的需要而产生的。随着公司规模越来越大,产品线越来越多,组织结构越来越复杂,原有组织结构无法满足公司发展的需要,因此催生了产品管理的矩阵型组织,产品经理应运而生。此时的产品经理负责的产品主要是实物产品,如香皂、服装、沙发等。产品经理的职责是依据公司的产品战略,负责某个产品(服务、品牌)从研发、生产到营销等的一系列工作。产品经理是塑造产品"灵魂"的人物,统筹管理与产品有关的一切事务,不仅可以提升产品团队的凝聚力、增强产品竞争力,也可以鼓励创新,给企业带来更多、更长远的效益。

随着互联网时代的到来,国内各行业的领先企业也开始采用产品经理的管理模式,在以"短、平、快"及创造力为特点的新媒体行业,产品经理几乎成为"标配"。与传统硬件相比,新媒体产品不仅是硬件产品,还有运行在硬件之上的应用程序,其产品形态包括电脑、智能手机等实体,也包括非实体产品,如App、网页等虚拟产品。这类产品的负责人称为新媒体产品经理。

新媒体产品经理作为统揽新媒体产品从无到有、从有到优过程的全局性角色,必须推动整个过程以用户为中心开展工作,将各个环节的角色都统一到用户需求和体验上。总体来说,新媒体产品经理要站在用户的角度考虑问题,以满足用户需求为出发点进行产品设计和规划,通过调动公司的各种资源,监督产品从设计、开发到上市、推广的全过程并根据用户反馈不断进行产品优化、迭代,为用户提供更便捷与满意的服务,从而实现社会效益和商业价值。

二、新媒体产品经理的类型

随着智媒时代的到来，新媒体产品的形态也在不断拓展，不仅局限于微信、QQ、微博、公众号、App、游戏等新媒体软件产品，还包括以智能手机、可穿戴设备等为代表的新媒体硬件产品。新媒体硬件产品虽然是实物产品，但不同于传统的硬件产品，新媒体产品中的硬件主要是作为一个"管道入口"，通过网络将云端的能力和资源输出，从而实现用户所需的价值。智能音箱就是典型代表，它的价值主要体现在云端的能力和资源上，而非硬件本身的功能和性能。通常来说，这种硬件本身并不赚钱，真正赚钱的是硬件产品背后所提供的能力和资源或者它所支撑的生态体系。

根据新媒体产品的形态不同，产品经理的工作职责也有所不同。不过，本教材不对各种类型的新媒体产品经理做烦琐的逻辑划分，只从新媒体行业的实际出发，重点介绍如下几种新媒体产品经理。

（一）新媒体软件产品经理

新媒体产品经理所负责的产品对象是什么，其工作职责、任职要求分别是什么，这些是了解新媒体产品经理所必需的重要信息。下面，我们一起来看一看新媒体行业巨头针对新媒体产品经理的招聘信息（见表3-1）。

表3-1 新媒体行业巨头产品经理招聘信息

企业名称	招聘职位	工作职责	职位要求
阿里巴巴	软件产品经理	1. 负责公司××产品规划 2. 根据公司战略，负责产品发展的长期规划，保证业务指标 3. 深入了解××方面的业务，挖掘用户的多种需求，不断推出有竞争力的产品 4. 根据产品实施效果及业务发展状况不断改进产品 5. 组织资源实现产品，对其效益负责	1. 熟悉互联网或软件新媒体产品整体实现过程，包括从需求分析到产品发布 2. 对工作充满热情，富有创新精神，能承受较大的工作压力 3. 3年以上软件开发或项目管理相关经验者优先 4. 有网站产品运营和相关经验者优先
腾讯	软件产品经理	1. 负责××产品的策划、运营、管理 2. 负责用户研究，把握用户需求，满足用户需求 3. 负责公司产品推广、运营等情况跟踪，收集用户信息并根据市场情况提出产品开发和改进方面的建议，提出运营思路	1. 本科以上学历，5年以上互联网产品设计经验 2. 熟悉互联网领域产品开发、管理和运营流程 3. 能通过数据分析等系统性方法深刻理解用户需求并予以满足 4. 具备良好的沟通能力、团队合作精神和出色的组织能力 5. 有良好的学习能力和人格魅力，能承受压力

续表

企业名称	招聘职位	工作职责	职位要求
京东	硬件产品经理	1. 负责软、硬结合产品的需求分析，产品功能设计和交互设计 2. 协助开发团队理解和掌握需求，对产品需求方向和易用性负责 3. 主持从初期的概念设计到上线后的数据分析和用户反馈收集 4. 根据公司产品战略进行用户需求和痛点挖掘，提出产品设想 5. 负责相关产品开发项目周期和进度的把控，确保产品开发至最终上线运营 6. 负责跨部门协调和沟通，推动设计、开发、测试等人员紧密合作达成产品目标	1. 具备很强的沟通、理解能力，善于分析市场和用户需求 2. 熟悉硬件相关产业链，熟悉智能硬件产品制造过程 3. 有丰富的互联网/App产品经验，具备良好的原型制作、需求文档PRD撰写能力，熟练操作Office、Axure等软件 4. 计算机或相关理工科专业，本科学历，三年以上工作经验，有成功的智能硬件产品规划经验 5. 愿意加入团队、接受挑战，能承受较大的工作压力 6. 有智能硬件、视频识别、智能家居、人工智能领域产品项目经验者优先

从上面的案例可以看出，新媒体行业需要的产品经理大致可以分为新媒体软件产品经理和新媒体硬件产品经理两大类。下面先对新媒体软件产品经理的工作职责加以分析。

1. 新媒体软件产品经理的主要职责

新媒体软件产品经理作为新媒体软件产品从设计、开发到运营、迭代等全过程的驱动者，是聚集公司各部门资源以确保产品成功的核心人物。其主要职责体现在以下几个方面。

（1）产品规划。产品规划是指根据公司发展的目标，规划产品在不同时期和阶段的任务。为了达成这个目标，必须通过观察用户行为、与用户沟通、与一线同事交流、试用竞品或者市场调查等不同途径探寻用户真实需求和市场竞争状况等并站在新媒体软件产品经理的角度，将用户真实需求转化为产品方案，形成商业机会和产品战略。

（2）产品定义。产品定义是指在产品生产过程的初始阶段对某一具体产品的理念、用户和核心功能的规划设计活动。新媒体软件产品经理在实际的工作中一般使用产品需求文档对相关信息进行描述，包括产品愿景、目标市场、竞争分析、产品功能详细描述、产品功能的优先级、产品用例、系统需求、性能需求、销售以及支持需求等。

（3）产品设计。产品设计是指确定产品的外观，即用户界面设计（user interface，UI）和用户交互设计（user interaction），其中包含用户的所有体验部分。产品设计对于新媒体软件产品经理来讲是最有价值的工作。在大公司，一般是新媒体软件产品经理与界面设计师或交互设计师共同完成产品设计；在小公司，则由新媒体软件产品经理亲自完成。

（4）项目管理。项目管理主要是指项目管理者带领不同的团队成员（包括开发人员、测试人员、UI设计师、市场调研人员、销售人员和客服等）在规定的时间和预算内完成产品的开发和发布工作。一般来讲，项目管理在大公司主要由项目经理负责，新媒体软件产品经理提供支持即可；在创业公司，项目管理则由新媒体软件产品经理负责。

（5）产品宣介。产品宣介既包括新媒体软件产品经理向公司内部的同事（主要是老板、销售部同事、市场部同事、客服部同事等)介绍产品的目标市场、优点和功能,也包括向媒体、行业分析师和用户进行产品的宣传。产品宣介对于新媒体软件产品经理而言是仅次于产品定义和产品设计的重要工作内容。

(6)产品市场推广。产品市场推广主要是借助手册、网页、展会或媒体专题会等不同的形式向外界传播有关产品的信息。这项工作不一定由新媒体软件产品经理亲自负责,不同企业的做法不同,有的企业是由专门的市场经理负责(这种分工最大的不足之处是因为沟通效率低而削弱了产品的对外传播效果),也有的企业会让产品管理团队负责。

(7)产品生命周期管理。产品生命周期管理是指通过对产品生命周期中各个环节的管理来达到产品经营目标的过程,具体的工作内容包括需求分析、市场调研、创意设计、产品开发、上市运营和产品迭代等。这项工作一般由产品经理与市场部人员、商务拓展部人员以及销售部人员共同完成。

2. 新媒体软件产品经理的核心技能

为了有效地履行工作职责,新媒体软件产品经理应具有如下几个方面的核心技能。

(1)沟通能力。新媒体软件产品经理的沟通能力既包括口头沟通能力,又包括文字沟通能力。这种沟通能力既体现在能与不同性格的人进行沟通,又体现在能与不同岗位的人运用不同的"语言"进行有效沟通。后者主要是指能够针对不同岗位的同事,在沟通时采用对方熟悉且易于理解的表达方式,如与市场部同事沟通和与工程部同事沟通时要采用不同的语言表达方式、与老板沟通和与工程师沟通要把握好沟通内容的侧重点。

(2)无授权领导能力。通常来说,新媒体软件产品经理既要领导项目团队、产品战略和蓝图制定,又要领导跨团队的产品活动等,但是公司往往没有正式对新媒体软件产品经理进行授权。因此,对新媒体软件产品经理来讲,无授权领导显得尤为重要。新媒体软件产品经理的无授权领导能力往往体现在人格魅力、影响力、人际关系、协商能力等多个方面。

(3)学习能力。新媒体行业作为一个快速变化的行业,新科技的涌现让产品的生命周期大大缩短,往往只有几个月,甚至更短。作为新媒体软件产品经理,必须具备快速学习新知识的能力,只有能够快速更新知识结构,才能在快速变化的市场环境下管理好产品。同时,新媒体软件产品经理的学习能力也体现在积累本行业工作经验上。

(4)商业敏感度。新媒体软件产品经理必须能敏锐地发现市场机会,找到差异化竞争方案,提出有效的产品战略和定价、推广策略等,这些都直接关系着产品的盈利,因此商业敏感度对于产品经理来讲至关重要。

(5)热爱产品。优秀的新媒体软件产品经理往往乐于在日常生活中尝试新产品,会注册测试版、下载试用版并认真揣摩,此外还执着于对优秀产品的追求——不管是新产品的开发还是既有产品的迭代。

(6)注重细节、追求完美。细节决定成败,优秀的新媒体软件产品经理往往注重细节,既体现在对产品设计细节的看重,也体现在对其职责范围内的所有事情都追求完美。

(7)日常产品管理能力。新媒体软件产品经理的日常任务既多样又复杂,既要撰写产品需求文档(product requirement document,PRD)、市场需求文档(market requirement document,MRD)等,又要分析市场竞争状况、规划产品路线图;既要制作产品演示PPT,

又要设计用户界面、分析产品数据等。可见,没有优秀的日常产品管理能力是无法胜任新媒体软件产品经理的。

(二)新媒体硬件产品经理

2014年,亚马逊推出了Echo智能音箱,紧接着,谷歌、百度、微软、阿里巴巴等科技巨头也纷纷推出自己的智能音箱产品,智能音箱领域展开了激烈的市场竞争。2017年,谷歌宣布AI First公司战略并发布了智能音箱、手机、耳机、相机等硬件产品。这些互联网巨头怎么开始热忠于做硬件产品了呢?显然,随着万物互联时代的到来,互联网巨头已开始构建软件与硬件一体化的生态体系。

1. 新媒体硬件产品经理的含义

本书中的新媒体硬件产品主要指计算机、手机、照相机、智能音箱、智能耳机等产品。虽然这些产品看起来比普通的硬件产品(桌子、电风扇等)更复杂、自动化程度更高,但是它们并不是真正的智能硬件产品,因为这些新媒体硬件产品所表现出来的自动化能力是通过安装在这些硬件上的人们写好的程序实现的,而不是这些硬件自主产生的。也就是说,新媒体硬件产品是由普通的硬件设备或电子设备与应用程序共同构成的,是硬件与软件的结合体。

虽然新媒体硬件产品经理与新媒体软件产品经理同为产品经理,但二者负责的产品对象不同,因此,二者之间是有区别的。新媒体硬件产品经理除了要了解用户需求与市场,更为重要的是要结合硬件行业与软件行业的特点,综合性地思考问题。面对一款产品,新媒体硬件产品经理要从硬件和软件两种不同的角度出发规划和设计产品,让硬件与软件完美融合,实现价值最大化。因此,新媒体硬件产品经理必须具备广博的知识和管理不同行业的人与事的能力,如此才能有效地推动项目的开展。

2. 新媒体硬件产品经理的核心技能

新媒体硬件产品经理多从软件产品经理转型而来,其主要工作是先设计软件产品的形态和功能,再定义硬件产品的基本需求与形态,最后通过与硬件商合作,由硬件商提供设计方案并研发硬件产品。

因此,新媒体硬件产品经理的核心技能是通过软件来定义硬件,除负责软件部分的工作,还负责两项重要的工作内容:第一,在硬件研发上,要与方案提供商深度沟通,时时跟进,确保方案提供商所提供的硬件具有软件所需的支撑能力,同时要对硬件方案的设计进行评估和确认;第二,在硬件生产上,因为是与代工厂合作,所以产品经理需要审厂、选厂、确定合作方式,对硬件产品的生产质量进行管理和检测,对生产排期和生产成本进行控制等。

随着时间的推移和经验的积累,新媒体硬件产品经理应不断地自我提升,不仅要具备软件和硬件行业的技术、知识,对新媒体硬件行业和市场具有综合的洞察力,而且要站在更高、更广的视角去发现商机,规划软件和硬件产品并在二者之间找到平衡点。最重要的是,新媒体硬件产品经理应具有更高一层的核心能力:理解产品及其价值并将产品的价值转化为商业价值。

此外,新媒体硬件产品作为软件和硬件的结合体还带来了很多变化,如产品形态的变化、团队架构的变化、工作流程的变化,为应对这些变化,新媒体硬件产品经理还需要具备以下几个方面的能力。

(1) 产品形态变化要求新媒体硬件产品经理从软件和硬件两个不同的角度出发规划产品及其价值。

(2) 团队架构调整后,因软件行业与硬件行业在工作方式和流程上的差异,容易出现沟通障碍、流程或责任的死角,新媒体硬件产品经理应建立有效的沟通机制和合理的工作流程,以保证整个项目的顺利进行。

(3) 新媒体硬件产品经理的价值在很大程度上来源于资源积累,除了需要积累自身资源,如行业知识、产品知识,更重要的是要积累人脉资源。

(三)新媒体硬件产品经理与新媒体软件产品经理的区别

从宝洁公司首创产品经理这个岗位开始,产品经理的工作对象就不是一成不变的。在新媒体领域,新媒体软件产品经理的工作对象主要是以信息为载体、能满足人们个性化智能交互传播需要的软件,如网页、App 等。随着新媒体行业飞速发展,承载新媒体软件的物质载体越来越丰富,人们又根据新媒体传播信息载体的不同性质,将那些以物质作为载体传播信息的事物称作新媒体硬件产品,如计算机、手机、照相机、智能音箱、智能耳机等,于是新媒体硬件产品经理诞生了。此时的新媒体硬件产品是由普通的硬件设备或电子设备与应用程序共同构成的,即"互联网+"设备,是硬件与软件的结合体。依据第一章中划分新媒体硬件产品智能和非智能的标准,此时的新媒体硬件产品传播的是数字化信息,并不具有智能化功能。

新媒体硬件产品经理是在新媒体软件产品经理的基础上发展起来的,二者虽有联系,但也存在以下区别。

(1) 角色不同。新媒体硬件产品经理既要关注硬件产品的研发,又要关注软件产品的研发,同时要做好项目管理。作为项目经理,新媒体硬件产品经理要注重目标、流程、资源、风险应对策略等相关工作;作为产品负责人,新媒体硬件产品经理既要关注软件与硬件结合中的流程和责任划分问题,又要处理好软件团队和硬件团队在各项事务上的冲突,做好协调工作,以确保整个项目有序进行。

(2) 视角不同。新媒体硬件产品经理要从全局的角度思考问题、规划产品。在项目推进过程中,软件团队和硬件团队会存在一些交叉的工作,如何有效地调节两个团队的工作方式和工作节奏,以保证整个项目的高效运转,这是新媒体硬件产品经理必须解决的问题。

(3) 开发模式不同。新媒体软件产品的开发是以用户需求进化为核心,将功能分解成一个个小的开发单元,通过不断迭代的方式实现产品的快速稳步更新。而硬件产品的开发则不同,仅开模和投入生产线就需要几个月的时间成本和几十万的资金成本,试错的成本太高,因此,硬件产品往往对前期的决策和规划特别看重,在开始研发之前都会开展详细的市场评估、用户购买力评估和行业格局分析等,在评估的基础上精准规划产品的定位、功能、技术、成本、售价、利润点等,在确保产品研发的可行性之后才会立项。

(4) 关注点不同。由于软件产品可以通过免费使用获取用户,然后用广告、增值付费等方式获取收益，因此，新媒体软件产品经理获取用户比较容易。而新媒体硬件产品经理获取用户的成本很高，因为对于用户而言，硬件不能免费试用，用户购买硬件的成本很高。因此，新媒体硬件产品经理一方面要根据用户需求寻求解决方案，另一方面要充分考虑方案的成本和产品的售价以及产品的产出比和保本销售量等。可见，软件产品重在用户体验，而硬件产品除了考虑用户体验和解决方案，还要考虑价格和成本。因此，新媒体软件产品经理眼中的产品是作品，而新媒体硬件产品经理眼中的产品是商品。

（5）项目周期不同。新媒体软件产品的开发一般采用找准用户痛点、快速验证、逐步完善、快速迭代的方式，项目周期多则两三个月，少则数周即可。而开发一个新媒体硬件产品则需前期调研、需求分析、软硬件设计、软件开发、硬件打样、开模测试、上线生产等环节，因此，一款新媒体硬件产品的完成时间一般为一到两年。

（6）成本不同。开发新媒体软件产品的成本主要是人员和云服务的费用，用户的边际成本几乎为零，因此，新媒体软件产品经理的成本意识薄弱。而每件新媒体硬件产品都有固定的成本且价格是影响用户购买的重要因素，所以控制硬件产品成本是新媒体硬件产品经理的重要工作内容，主要体现在产品功能价值、ID 设计、结构设计、电子设计、表面处理、包装设计、备货生产等各个方面，因此新媒体硬件产品经理必须精打细算。

（7）产品定位不同。因为新媒体软件产品可以通过不断更新迭代的方式完善产品，实现最终的产品目标，所以新媒体软件产品经理更关注阶段性目标的达成；硬件产品由于研发周期较长，要求新媒体硬件产品经理在挖掘用户需求时要站在更长远的角度规划和设计产品，确保产品有更强的生命力，因此新媒体硬件产品经理必须专注于长期目标的达成。

（8）产品完整度不同。新媒体软件产品可以通过更新迭代完善产品，产品上线后出现 bug 是可以通过迭代来解决的，对此，用户也能接受；而硬件产品上市之后出现问题则不行，问题严重时甚至需要召回产品，这样就会给企业造成巨大的损失，所以保证产品的完整度对新媒体硬件产品来说至关重要。

（9）对知识的要求不同。新媒体软件产品经理主要关注市场、用户调研、产品设计、UI 设计、技术开发、数据分析、运营维护、商业变现和产品推广等。新媒体硬件产品经理除了应具备新媒体软件产品经理所必需的知识，还需要具备方案设计、ID 设计、结构设计、开模打样、电子电路、成本控制、包装设计、质量把控、营销渠道、售后服务等方面的知识。

（10）合作人员不同。与新媒体软件产品经理合作的团队人员主要包括设计、开发、测试、运营和市场等岗位的人员；而新媒体硬件产品经理除了要与新媒体软件行业的相关人员合作，还需要与新媒体硬件行业的相关人员合作，如平面设计师、ID 设计师、结构设计师、固定工程师、电子工程师以及采购人员、质检人员、销售人员、售后服务人员、技术支持人员、仓库管理人员等，此外还需要与供应商、代工厂、包装厂、模具厂的工作人员进行协调。

（四）智能新媒体产品经理

随着人工智能时代的到来，世界将以智能化方式连接，人与人、人与物、物与物的智能化连接也成为必然。万物皆媒、万物皆智成为世界的常态；虚拟与现实、元宇宙与真实宇宙难分彼此，这一切交会在一起，正在改变着产品的样态。人们在使用智能新媒体产品时会发现这些产品越来越了解自己：你喜欢看什么新闻，客户端的页面就推荐什么新闻给你；你喜欢吃什么系列的菜，客户端的页面就将什么系列的菜呈现在你面前。这就是人工智能通过算法模型进行"用户画像"后投其所好的结果。此外，智能穿戴、智能出行、智能导购、智能安防等方面的智能新媒体产品也纷纷走入人们的生活，这些产品能与使用者实现近似于人与人之间的交互，成为"懂你"的智能助手。

随之而来的，一方面，新媒体硬件产品和新媒体软件产品在人工智能、物联网、区块链、云计算、雾计算等技术的加持下逐渐模糊了它们的边界，任何一款新媒体产品都离不开硬件产品和软件产品的参与；另一方面，智能新媒体产品将成为新媒体产品的主流，非智能的新媒体产品或将慢慢地退出历史舞台，而将这些智能新媒体产品带入人们生活的主要负责人就是智能新媒体产品经理。因此，本教材将智能新媒体产品经理单列为一类并加以重点介绍。

可以预见，产品经理工作的本质就是面向未来规划产品，因此，产品经理要永远保持对人的本质需求、前沿技术和时代潮流的敏锐"嗅觉"。智能新媒体产品经理是将前沿技术融入新媒体行业而发展起来的面向未来规划产品的负责人，是时代潮流推动下的新媒体产品经理岗位的升级。

智能新媒体产品经理作为一个岗位名称，与产品的生命周期息息相关，其主要工作内容是在制定智能新媒体产品方案的过程中，直接应用或间接涉及当下的各种智能技术，用于完成智能新媒体产品的设计、研发、推广和产品生命周期管理等工作，以实现企业的商业目标。

1. 智能新媒体产品经理的类型

智能新媒体产品经理是一个集合型岗位名称，在行业的具体工作中，该岗位可根据其工作的领域或者产品形态有不同的划分。本书主要采用人工智能领域的分层划分，将智能新媒体产品经理分为以下三个层级。

（1）基础层的智能新媒体产品经理。在实际的工作中，基础层主要面对企业用户，根据用户诉求提供设计方案，因此，基础层的智能新媒体产品经理必须掌握计算能力和数据支持的相关软、硬件知识。计算能力主要包括云计算、智能硬件和神经网络芯片；数据支持主要是数据的收集和整理。在基础层的智能新媒体产品经理中，最典型的是智能硬件产品经理，因为基础层的应用产品相对来讲比较偏向技术，所以智能硬件产品经理必须了解芯片的相关知识，此外还要对软件知识非常了解。可见，基础层的智能新媒体产品经理是符合较高技术要求的复合型人才，只有具备充分的专业知识，才能为企业用户做出较好的设计方案，因此基础层的新媒体产品经理一般具有相关的行业技术背景。

（2）技术层的智能新媒体产品经理。技术层主要涉及三个领域：通用技术、算法和框架。在人工智能的产业链里，技术层偏重于技术的实现，技术层的智能新媒体产品经理的主要工作是对技术类产品进行定义，包括提供技术能力的产品包装和输出。要进行技术能力的产品包装，则必须具备产品能力的划分和技术的产品包装等能力，技术输出产品则主要应用于企业服务，如接口定义、SDK 包装等，也涉及对技术后台产品的设计。

（3）应用层的智能新媒体产品经理。应用层的智能新媒体产品经理以 C 端产品经理为主。在智能新媒体产品的应用领域，如搜索产品经理、地图产品经理等，其工作因为会运用到数据算法，所以会与人工智能的应用打交道；在一些新的应用领域，如语音输入、智能拍照等，其创新必须围绕 AI 技术进行。此外，还有集成了人工智能技术的更专业的解决方案，则必须由有人工智能技术背景的企业在深入研究行业发展诉求之后进行产品研发。总之，应用层的智能新媒体产品经理一方面要对人工智能技术非常了解，另一方面必须从市场和用户需求的角度出发，设计出具有创造性的、好用的产品。

2. 智能新媒体产品经理的职业素养

智能新媒体产品经理是伴随着产业升级而产生的，新媒体行业的发展瞬息万变，智能新媒体产品经理必须具有较强的学习能力才能适应行业发展的需要。尽管当下的新媒体企业在招聘智能新媒体产品经理时会根据业务类型的不同进行岗位的划分，但是总体而言，智能新媒体产品经理的职业素养可以归纳为如下几点。

（1）对技术的理解能力。首先，人工智能作为一门综合性学科，智能新媒体产品在研发和生产的过程中也会涉及人工智能等多项技术的综合应用，因此厘清其中的关系是每一位产品经理的必备素养；其次，每一位产品经理在遇到新的应用领域和应用场景时，必须对算法、算力和数据这三个方面进行评估，以确保在成熟阶段切入；再次，虽然当下的强人工智能发展有限，但能有效地做好强人工智能和弱人工智能的取舍，利用人工智能在某个垂直领域的优势放大其中某项技术能力，达到更好的工作效果，也是智能新媒体产品经理应该具备的素养；最后，目前人工智能的能力主要体现在视觉、语义和预测等方面，当下的智能新媒体产品也主要是多种能力的综合应用，所以预判产品需要的基本能力以及能力的组合也是设计一款智能新媒体产品功能的必备素养。

（2）对新媒体行业的理解能力。智能新媒体产品经理必须对新媒体行业非常熟悉，要了解行业现在所处的发展阶段、行业中各上下游产业之间的关系、当前限制行业进一步发展的问题以及在推动行业发展过程中比较容易切入的点，也要对行业当前和未来发展的市场容量有一定的了解和预判等。

（3）对新媒体产品的理解能力。智能新媒体产品经理在设计产品时要明确产品究竟为用户解决了什么问题、产品的使用频率、用户的真实需求以及产品未来的可扩展性设计等问题。

（4）对新媒体用户的理解能力。智能新媒体产品最终是服务于用户的，因此智能新媒体产品经理在设计产品时要明确用户和用户真正面临的问题以及用什么样的技术可以帮助用户解决问题等，因此智能新媒体产品经理必须实实在在地与用户接触，这样才能确定用户的真实需求，设计出真正为用户解决问题的智能新媒体产品。

第二节　新媒体产品经理的思维模式

产品设计是一种具有超前性的思维方式，是对未来的产品做出的预测性设想，设计出来的产品能否在未来的市场中取得良好的效果在很大程度上取决于新媒体产品经理的思维模式。智能时代,新媒体产品经理必备的五种思维模式,包括粉丝思维、痛点思维、跨界思维、迭代思维和大数据思维。

一、粉丝思维

如果说工业经济时代是"得渠道者得天下",那么移动互联网时代则是"得粉丝者得天下"。粉丝是什么?是将部分思考主权让渡给领头羊(或偶像)的人。也就是说,粉丝自己不再思考某些事,而是交给值得依赖的领头羊代为思考,然后直接听从领头羊的思考结果。

粉丝就是生产力,粉丝一旦认可了一个品牌,就会对该企业、品牌产生很高的忠诚度。粉丝是品牌最忠诚的用户,他们一旦将自己的情感与品牌联系在一起,即使品牌的产品存在某些缺陷,他们也能包容;粉丝是品牌的免费传播者,他们不仅会影响自己周围的人购买品牌的产品,还会通过各种媒体平台讲述品牌的故事、宣传品牌的产品,让品牌的用户得到爆炸性增长;粉丝是品牌声誉最坚定的捍卫者,会主动维护品牌的形象、积极提升品牌的美誉度。

既然粉丝这么重要,新媒体产品经理该如何运用粉丝思维运营新媒体产品呢?

(1)寻找目标用户。要想拥有自己的粉丝,首先得有合适的人,因此扩大目标用户群是粉丝运营的基础。具体可采用以下方法。

第一,利用标签寻找。新媒体时代,用户都习惯于在微博、微信上给自己贴标签,这些标签就是用户的特点。企业先利用标签找到一部分用户并主动关注,然后再关注这些用户关注的对象,以此拓展自己的目标用户群。

第二,利用社群寻找。"物以类聚,人以群分",互联网上的用户也是如此,新媒体产品经理可以通过参加各种聚会、活动,主动与他人沟通,利用圈子效应来吸引用户。

第三,利用话题寻找。百度贴吧、微博和微信群上经常会发布很多话题,而就某个话题进行交流的用户往往是具有类似消费需求或者兴趣爱好相同的一群人。因此,加入相关话题聊天,将相关用户发展为自身产品的潜在消费者也是一种寻找目标用户的方法。

(2)把目标用户转化为粉丝。具体操作步骤如下。

第一,强化企业灵魂,打造意见领袖。每家企业都有灵魂人物,可以是品牌,也可以是品牌化的人。例如,李彦宏是百度的灵魂人物、马化腾是腾讯的灵魂人物、雷军是小米的灵魂人物……这些灵魂人物的言行会对企业产生重要的影响。

第二,塑造企业文化,吸引粉丝追随。事实证明,吸引粉丝追随的企业往往具有强大的企业文化。例如,小米科技一直坚持"开放、信任"的企业文化并开放做产品、做服务、做品牌和做销售的过程,让粉丝参与进来,和小米品牌一起成长。对于"米粉"而言,小米是他们的,因为可参与而产生了拥有感,也正是这份"可参与"和"真实"让"米粉"的队伍不断壮大。

第三,加强多渠道沟通,实现无间断到达。为加强与粉丝的互动交流,新媒体产品经理可利用各种线上、线下渠道传播企业文化,让粉丝了解企业的文化并获得粉丝的认可,最终将有共同价值观的人汇聚起来。还是以小米为例，该企业不仅有网站、微官网、微商城，还有"米粉节"和"米粉俱乐部"，有了这些渠道，小米就可以通过微博、微信平台不间断地与粉丝进行沟通，传播企业文化和企业信息。

第四，打造圈子与社群，吸引用户加入。打造圈子与社群既是企业吸引用户加入的好方法，也是将弱粉孵化成强粉的好手段。每个社群都有自己的带头人，这些带头人多为组织者或者主动发起人，这些"大V"通过自己的信念或目标聚集身边的人，通过自己的言行和思想影响其他人加入社群或者将社群中的普通粉丝升级为忠诚粉丝。例如，在苹果的任何一家专卖店里都有很多"果粉"，他们不仅仅是苹果产品的忠诚消费者，更是一群为交流切磋而来、分享属于苹果产品的共同时光的粉丝。

第五，组织专门活动，增强粉丝参与感。参与感能让粉丝感受到企业对他们的重视，因此多为粉丝组织一些专门活动既能满足粉丝的自尊心，增强粉丝的参与感和自豪感，又能将还在犹豫中的用户直接转化为粉丝。小米手机在这一方面可以称得上典范，不仅专设"米粉论坛"，让粉丝参与到手机的设计中，还为"米粉"准备礼物并开展各种各样的线上、线下活动以及"米粉节"。每款新手机的上市都是雷军及小米同人共同的心血，也是"米粉"的狂欢时刻，因为每一款新产品都有粉丝的力量，而粉丝要的就是这种参与感、自豪感和成就感。

二、痛点思维

痛点思维就是找准用户的痛点并彻底解决它。什么是用户的痛点呢？用户的痛点就是用户最迫切需要解决的问题。新媒体产品经理的痛点思维主要体现在如下几点。

（1）要比竞争对手更快、更准地找到痛点。要运用好痛点思维，首先要知道痛点从哪里来。市场调查是找痛点的一个有效方法，新媒体时代，用户或者潜在用户会在各类新媒体平台上留下自己对产品的一些看法，因此大数据的语义分析是一个快速找准痛点的有效方法。除此之外，还可以采用"制造痛点"的方法，这适用于市场上还没有的产品或者现有产品没有的功能。"制造痛点"必须建立在充分、深入地研究用户需求发展趋势和现有相关领域技术发展趋势的基础上，预测或制造出痛点后，应通过各种渠道将痛点说给用户听，引导用户意识到自己的痛点，最后产生购买行为。

（2）要比竞争对手更巧妙地解决痛点。找准痛点只是痛点思维的第一步，将痛点解决得彻底、到位更重要。要把痛点解决好，必须做好如下几点：第一，痛点解决要超出用户的期望；第二，解决痛点的努力程度和效果要超过竞争对手；第三，解决痛点要不惜投入，寻求最佳用户体验。只有这样，做出来的产品或功能才能让用户爱不释手，才能变用户为粉丝。

（3）要用变化的眼光看待痛点。时代在发展，科技在进步，用户的痛点也在改变，因此新媒体产品经理也要用动态的眼光看待痛点，要时时了解市场需求，才能不断挖掘新的痛点，有效地指导产品的更新换代，维持产品的生命力。

以痛点思维运作新媒体产品的成功案例有很多。例如，儿童智能手表就是基于孩子安全问题的痛点而产生的。当年幼的孩子没有和父母在一起时，父母担心的是孩子在哪里、怎么快速与孩子联系、孩子会不会遇到坏人等问题。儿童智能手表就从父母的担心出发，设置了三个主要功能：第一，随时随地与孩子保持通信；第二，孩子可以一键呼救；第三，对孩子所处位置进行定位。

当然，新媒体产品经理运用痛点思维开发产品时若能与用户的刚需相结合则可以达到更高的一个层次。智能手机之所以成为人们不离手的一个新媒体产品，是因为它不仅是人们的痛点，更是人们的刚需：购物时，手机能付款；外出时，手机能导航；旅游时，手机能拍照；休闲时，手机能娱乐……总之，离开手机，人们寸步难行。智能手机的成功正应了周鸿祎所说的："所有的产品战略都要归结为从用户角度出发，寻找到用户的痛点和刚需并拥有高频的使用场景。"①

三、跨界思维

跨界思维就是多角度、多视野地看待问题和提出解决方案的一种思维方式。

新媒体行业向来不缺跨界者，随着智能时代的到来，硬件制造企业与互联网企业的融合又催生出了一批新的"闯关者"。例如，周鸿祎从杀毒软件、浏览器跨界到做智能手机，因为他坚信未来的移动互联网时代的中心是智能手机。再如，雷军从最初的金山软件起步，到智能手机、智能电视、智能手环、智能空气净化器等，在智能时代以物联网为媒介将其所有的智能硬件产品打造成一个生态链，在一个平台上互联互通。

新媒体产品经理的跨界绝不仅仅在于适应市场的变化，更重要的是新媒体产品经理的产品思维。

跨界思维在实际的工作中具体体现在以下几个方面。

（1）产品设计中的跨界。新媒体产品设计运用跨界思维的方式有很多种：有将两种或两种以上相对平行、总体上归属一个领域的各种功能混搭在一起，形成具有综合性功能的产品的，如微信将聊天/聊天群、朋友圈、公众号等混搭在一起；也有将两种或两种以上相对差别较大的功能组合在一起，形成功能互补的产品的；还有将两种及两种以上相对独立的功能组合在一起，其中有不同子功能的交叉，从而形成新产品的，如智能手机的很多功能既可以单独使用，又可以与其他功能相互关联、交叉。

（2）产品运营中的跨界。新媒体产品跨界运营的本质是资源互换。在新媒体产品的运营中，要运用跨界思维就必须找到两个不同行业的关联点，如共同的目标群体或者一致的品牌追求（即目标用户群体对文化或利益的追求相同）。跨界思维在新媒体产品运营中主要有两种类型：一种是不同行业的企业和机构在合作中发挥各自的优势，从而达到共赢的目的；另一种是通过其他业务的配套，进而形成相应的生态圈，使生态圈中的业务能够相互支撑，有些业务采用免费或者低价甚至亏损的方式铺垫市场规模，有些业务则可以赚取利润，从而达到提升整体生态盈利能力的目的。

（3）市场拓展中的跨界。众所周知，微信在即时通信领域占据最大的市场份额，对于移动互联网格局的影响巨大，而阿里巴巴则以电商产品为核心，面对微信所拥有的巨大

---

① 周鸿祎. 极致产品[M]. 北京：中信出版社，2018：63.

的流量入口,阿里巴巴也渴望拥有,于是推出了钉钉。同时,腾讯虽然拥有海量的用户,也希望通过跨界拓展自己的产品,于是组建团队经过多年研发推出了"搜搜"("搜搜"后来与"搜狗"合并)。由此可见,作为新媒体产品经理,在拓展企业市场时也会运用到跨界思维。

四、迭代思维

迭代思维体现为对传统设计流程的改进,具体方式有微创新、快速迭代等,特别适合新媒体产品,因为可以快速生成原型并进行快速评估。

对于新媒体产品而言,迭代思维体现在新媒体产品经理面对不断变化的市场环境,要对产品进行不断完善。一方面,产品快速迭代可以赢得市场机会;另一方面,用户的反馈也有利于产品的不断完善。可见,新媒体产品迭代大多是基于用户体验的结果。当然,迭代思维要求新媒体产品经理在对产品进行迭代时做到以下几点:第一,快速验证,不怕试错;第二,跟进用户的体验反馈,着眼于小处、单点突破、渐进式创新;第三,快速更新,及时调整和完善。

对于新媒体产品经理而言,迭代思维还体现在产品经理本人的认知迭代:第一,产品经理应通过主动学习实现自我成长,成为善于学习、不断突破自我的人。第二,面对不断变化的市场环境和用户需求,新媒体产品经理需要调整自己的认知,改变思维习惯,优化应对策略。例如,在某款新媒体产品的版本迭代中只有不到10%的版本产生了积极的数据变化,那就意味着绝大多数的迭代是无用的。很显然,这并不是成员不够努力,而是产品经理在定位产品需求上下的功夫不够。由此可见,新媒体产品经理的选择比成员的努力更重要。对于产品经理来讲,需要花更多的时间衡量一个产品需求的价值,而不是一味地追求版本迭代的数量。

五、大数据思维

大数据的形式具有多样性,可以是高度结构化的财务报表、文本文件,也可以是多媒体文件,还可以是定位图……随着智能时代的到来,今天,大数据已经成为人们获取新知识、创造新价值的源泉,大数据不仅可以改变市场、组织机构,而且与每个人的生活息息相关,甚至已经开始改变人们与世界进行交流的方式。作为新媒体产品经理,面对智能时代的产品,更需要用一种新的思维方式开展工作。

(一)样本即总体

在小数据时代,产品经理面临大量数据时往往会使用采样分析方法,这种方法既是以最小的代价实现产品质量监管的好办法,也是碍于成本和时间等因素的无奈之举。小数据时代的采样分析必然以忽略细节为代价。

今天的大数据将人类带入了一个新的时代,产品经理几乎不用再担心采样的成本、时间以及数据的收集、储存和处理等问题了,因此以往"以小见大"的思维方式应向"以大见小"转变，采用全部数据作为样本开展数据分析，从而使分析的结果更准确，因为大数据是建立在所有数据或者尽可能多的数据的基础上的，所以人们可以正确地考查细节并进行新的分析，从而实现任何细微层面的新的分析。

此外，大数据的"大"不仅仅指全体或所有的数据，这些数据也许出自同一系统，但也有可能超出某一系统的整体或者某一场景。因此，产品经理的眼光就应该超越某一系统本身，看到零碎的数据之间所存在的联系，利用这些数据之间的联系有时能获得意想不到的结论。例如，在2009年，网络公司多以自己是做SEO/SEM的网络营销公司而自豪，到了2012年，"精准营销"则成了热词，如今，人工智能时代的到来让产品运营的生态格局发生了变化，大数据的积累对于产品运营来说意味着有更多的碎片化信息涌现出来，大数据的积累和结构性分析为产品的商业模式创新增加了动力，也为万物联网时代的创业者带来了新的机遇。

（二）接受数据的混杂性

大数据时代给产品经理带来的第二个转变就是接受数据的混杂性，而不再一味追求其精确性。对于大数据时代的数据来说，混杂性是一种客观的存在，不仅会导致数据收集、处理的错误率提高，而且会导致数据格式不一致情况的增多。数据中只有约5%的数据是结构化的，其余的约95%的数据则是非结构化的，如果产品经理要追求数据的精确而放弃非结构化的95%的数据，那意味着远离大数据。

产品经理要接受数据的混杂性，因为混杂的大数据能帮助产品经理把握大体的发展方向。对于小数据而言，最基本、最重要的要求是减少错误、保证质量。因为收集的信息量比较少，所以产品经理必须确保记录下来的数据尽量精确，以避免数据出错给整个项目的结果造成不好的影响。当拥有海量、即时数据时，绝对的精准不再是产品经理追求的主要目标，因为大数据纷繁多样、优劣掺杂且分布在全球的多个服务器上，某些错误或者混杂不会对结果产生太大的影响，因此产品经理要接受这些多样化的、全面的大数据，这对于大数据的发展和行业的发展都具有重要的意义。

（三）数据的相关关系

一直以来，人们在认识世界和改变世界的过程中习惯于寻找事物之间的因果关系，而在大数据时代，很多事物之间难以用因果关系解释清楚，因此，我们可以转向寻找数据间的相关关系并利用这种关系。相关关系虽不是因果关系，但实实在在地表明了某些事物之间存在的联系。大数据时代，这种相关关系也许不能准确地告诉我们某件事为什么会发生，但是它会提醒我们这件事正在发生，而在很多情况下，这种提醒对我们的帮助非常大，有助于将看似毫不相干的事物联系起来，从而有效地突破众多壁垒，产生新的价值。

众所周知，亚马逊的个性化推荐系统相当强大，但很少有人知道亚马逊早期的书评内容其实是人工完成的——由二十多个书评家和编辑组成的团队负责写书评、推荐新书并挑选非常有特色的新书标题放在亚马逊的网页上。后来，亚马逊又决定尝试根据每位客户以前的购物喜好为其推荐相关的书籍。正如詹姆断·马库斯所说的："推荐信息往往会为你提供与你以前购买物品有微小差异的产品,并且循环往复。"[1]1998年,林登和同事申请了著名的"ITEM-TO-ITEM"协同过滤技术的专利。很快,他就发现通过数据推荐产品所增加的销量远远高于书评家带来的销量,书评团队从此解散。亚马逊个性化推荐系统的成功充分说明:对于大数据,我们要学会找到数据之间的相关关系并加以利用。

案 例 借 鉴

新媒体硬件产品经理:乔布斯

新媒体软件产品经理:张小龙

认 知 测 试

问 题 拓 探

1. 新媒体软件产品经理是否可以胜任新媒体硬件产品经理的工作?为什么?
2. 智能新媒体产品经理是否就是AI产品经理?说说你的理解。

实 践 任 务

1. 选取某一成功的新媒体产品,剖析新媒体产品思维模式在其中的运用。
2. 智能新媒体产品经理还需要哪些思维模式呢?请通过查找资料和社会调查撰写一篇论文。

---

[1] 迈尔·舍恩伯格,库克耶. 大数据时代[M]. 杨燕,周涛,译. 杭州:浙江人民出版社,2013:218.

第四章
新媒体用户需求与产品需求

> **问题导航**
>
> 什么是新媒体产品的用户？它和过去所说的客户有什么不同？用户需求和产品需求分别是什么？各有哪些特性？两者之间又存在怎样的关系？怎样挖掘与分析这些需求？通过本章的学习，读者可以正确认识用户需求和产品需求之间的关系，掌握挖掘与分析新媒体产品需求的方法，以便研发出既满足用户需求又符合市场趋势的新媒体产品，从而更好地服务于用户。

从专业传播到万众皆媒，再到未来的万物皆媒，新媒体不断改写传播的过程也正是用户角色不断变化的过程，而这种角色变化也导致了人与媒体、人与人、人与物之间关系的不断变化。

新媒体时代的核心是人，任何新媒体产品都离不开人，而人也就是我们常说的"用户"。要想真正实现产品的价值，就需要切实可行的规划或方案，而规划或方案则建立在对用户需求和产品需求的精准把握之上。基于这种认知，本章以新媒体产品用户为出发点，结合用户特征分析用户行为，体现以人为本的观察视角，探索如何更好地发现用户、了解用户、服务用户、发展用户。然后，结合用户需求和产品需求的特性，论述对其进行挖掘与分析的步骤及方法。最后，围绕二者的共性、区别以及如何转化来揭示用户需求与产品需求的关系，为新媒体产品的设计研发、创新优化和未来发展提供科学、有效的基础依据。

第四章
新媒体用户需求与产品需求

第一节　新媒体产品用户

一、从客户到用户

随着大数据、云计算、人工智能、区块链等新一代信息技术的发展和应用,各种新媒体产品层出不穷并迅速占领消费市场,呈现出琳琅满目的繁荣态势。"人人都有麦克风,个个都是新闻记者",新媒体的出现逐渐改变了人们的世界观,彻底颠覆了传统媒体在信息传播领域的垄断地位,也打破了以往单一固化的信息传播方式。而全媒体和智能媒体的加入使得媒体环境更加趋于复杂,多元化、个性化需求日益突出,不仅强调用户的主动性和参与性,还预示着用户身份的转型,成为影响新媒体产品开发和设计的重要因素。

阿里巴巴集团CEO张勇曾在新浪网的"C+峰会"上表示,互联网带给传统商业最重要的变革体现在运营称谓上,用户全面代替了客户,称谓不一样,背后反映的不仅是理念的变化,更是一种内涵的升华。[1]客户是为产品或服务买单的人,其关注点通常为价格和效果,而用户是直接使用产品或服务的人,其关注点一般是简单好用、能够满足需求。如果对客户和用户的概念进行比较,可以发现它们在以下四个方面存在较大的差异。

(1)性质。客户是产品和服务的请求方和支付者,必然是消费者;而用户是产品和服务的最终实际使用人,他们可以是消费者,也可以不是消费者。

(2)买卖关系。客户是直接产生买卖关系的人或组织,而用户不一定是买受人(也称买方),其可通过直接或间接的方式得到产品或服务的使用权。

(3)价值呈现。客户为产品买单,是产品价值的直接载体。而用户则不同,如果是因购买产品而成为用户,那么就是产品价值的直接载体;相反,如果不购买产品而使用产品,如企业可以通过人气积累、广告售买或其他增值服务获得利益,这样的用户是产品价值的间接载体。

(4)与企业联系的紧密程度。以前,企业专注于研发和生产质量可靠、性能卓越的产品,然后将它卖给客户,交易就此完成。除了一些售后服务,企业和客户的联系便到此为止。同理,在传统媒体时代,新闻记者和编辑是传播主体,他们决定了新闻的内容和传播方式,控制着受众的知情权和思维模式,这种"我写你看""我读你听""我播你收"的单向线性传播模式让读者、观众完全处于被动接受的状态,对新闻的选择余地较小,传者和受者之间几乎没有互动,信息传播的反馈较弱。这种情形在信息和新闻资源相对稀缺的时代是人们习以为常的事情。然而,进入新媒体时代,互联网技术的发展使得企业有机会和用户建立较为紧密的联系,如企业通过大数据更准确地描绘用户画像,把握用户的需求和兴趣点,再通过微信、微博、论坛等,将这些有共同兴趣和需求的用户圈在一起,展开

---

[1] 互联网进化论:从"顾客"到"用户"的转型意味着什么[EB/OL].(2015-12-07)[2022-12-08]. http://it.people.com.cn/n/2015/1207/c114490-27896094.html.

更紧密的互动，如小米诸多产品的开发都是在"米粉"社群与用户进行充分互动中完成的。从用户的角度来说，他们也有社交和分享的需求，愿意与他人交流使用产品的体会，也愿意与志同道合者探讨共同感兴趣的话题。在新媒体传播领域，随着互联网的崛起和普及，技术赋能把用户的主体意识充分激活，用户不再只是被动地接受信息，而是集信息的生产者、传播者和接受者于一体，用户不仅掌握了信息的选择权和传播权且能利用互联网通道更主动、更便捷地联系企业，就产品或更广阔的领域进行沟通。

因此，企业只有看到客户到用户之间的变化，才能从根本上树立服务意识，充分挖掘用户的实际需求，为产品的传播和推广奠定坚实的基础。这就要求在新媒体产品的开发设计过程中，坚持以"以用户为中心"的设计理念，从"产品导向"转向"需求导向"，真正设计出让用户满意的产品。

"以用户为中心"就是要在设计全流程中把用户放在首要位置。所以，在产品设计的初始阶段，应当充分分析和了解用户的需求，洞察用户具体行为背后的心理动因；在产品设计过程中，主动替用户思考，解决他们的痛点；在产品的运行中，要时刻注意用户的反馈，及时调整，不断优化设计方案，使产品的设计臻于完善。

二、新媒体产品用户的分类

作为影响新媒体产品设计的核心因素，用户的使用需求和使用体验是尤为重要的。不同类型的用户在个人喜好、产品选择、使用习惯、接受程度和意见反馈等方面存在一定的差别，这种差别恰恰是产品经理所要关注和研究的重点。只有通过分析和比较，把握不同类型用户的基本特征，充分考虑不同类型用户的核心需求，才能加强产品与用户之间的联系，实现新媒体产品的可持续发展。下面我们从新媒体产品的服务情况、用户对新媒体产品的接受程度和使用熟练程度三个方面对新媒体产品用户的类型进行划分。

（一）以新媒体产品的服务情况分类

根据新媒体产品的服务情况，可以将用户分为以下四种类型。

1. 核心用户

核心用户是指与企业关系最为密切、企业当下产品服务范围内的用户，他们能够为企业带来最大的价值。例如，知乎的核心用户是乐于分享和学习并能持续提供高质量答案的"大咖"等，抖音的核心用户是享受流量扶持的商业推广达人等，新浪微博的核心用户是"大V"、明星、意见领袖等。

2. 准核心用户

准核心用户是利益相关方，但是不代表他们会直接使用产品。也就是说，准核心用户与利益相关，但不一定与直接产生利益相关。例如，某些公司的大老板或采购部经理属于产品的客户，但他们不会潜心钻研产品的性能，反而更加关注产品价格、员工评价、公司服务态度与可靠性。

3. 临界用户

临界用户是指缺乏必要的产品需求、持观望态度的群体，他们可能会转化成核心用户或者准核心用户。企业可以付出一定的成本，如增加功能、开发特性、拓展市场来找到临界用户并促进其快速转化。当然，企业也可以暂时对临界用户置之不理，先尽力满足核心付费用户的产品需求。

4. 外围用户

外围用户指的是与企业战略和愿景不符，企业目前暂不可能去服务的用户，他们很少使用或没有使用过企业的产品，对企业的品牌也不太了解，属于潜在用户，在一定条件下有可能实现转化。

（二）以用户对新媒体产品的接受程度分类

从用户对新媒体产品的接受程度来看，可以将他们分为以下三种类型。

1. 尝试者

尝试者是指乐于主动尝试新鲜事物的用户。这类用户虽然很积极，但占比很低。他们时常关注新媒体领域的发展情况，对于新媒体产品的出现和更新充满兴趣，勇于探索，敢于尝试，能够提出各种用户反馈和建议，往往具有一定的行业敏感性。

对于尝试者自身而言，他们能够获得相较于其他用户优先体验产品的机会，满足自身精神和情感上的需求。当然，优先体验也伴随着一定的风险。2013 年 10 月，谷歌（Google）旗下的 Moto 移动提出了一个叫作 Project Ara 的计划，它将手机的每个部件都单独做成一个模块，用户可以根据需要搭配安装不同部件，类似于电脑组装机，由此用户可以更方便地对手机进行升级。这个计划从诞生起就引起了众多发烧友的关注，这些尝试者对新事物的热情超过常人且愿意花高价购买，他们在使用过程中发现了机身笨重、屏幕太小和电池太大等问题，但由于技术原因，谷歌迟迟无法解决这些问题，导致这个项目最终无法实现。

对于开发者来讲，尝试者的存在是非常有必要的，他们既能及时测试新媒体产品的性能，也能在第一时间对产品提出宝贵的意见，在一定程度上推动产品的更新迭代。若产品测试通过，就可以投放市场，让更多用户使用；若产品测试失败，就需要针对其所存在的问题进行改进。例如，很多游戏软件刚研发出来时都会选取一部分资深用户做内测，他们乐于参与，对游戏的使用体验较为敏感和深入，能够全面反馈游戏中的 bug。开发者可根据尝试者的反馈和建议不断优化产品，最终打磨出可以投放市场的产品。

2. 传播者

传播者是指喜欢分享新鲜事物的用户。这类用户往往积极、乐观，在生活中表现得十分活跃，乐于分享好玩、有趣的事物，其传播行为主要分为两种：一种是主动传播；另一种是被动传播，即因为利益而分享，如大众点评的 VIP 用户将 VIP 体验月卡赠送给好友即可获得相应的积分奖励。

传播者能让好的产品迅速为人所知，当他们享用美食、参与活动、发现优惠时都会主动地传播给身边的人。相较于尝试者，传播者在用户中所占的比例更高，有些传播者本身也是尝试者，他们能够综合对比品牌、质量、价格等多种因素，筛选出最佳产品，这对于大多数用户来说是很有帮助的。例如，在小红书上，传播者可通过文字、图片、视频等形式发布好物推荐、测评攻略，记录和分享自己的生活日常等。

对开发者来讲，抓住了传播者就等于抓住了用户。传播者会受产品质量或利益的驱使而主动进行宣传,这样的宣传方式比官方宣传方式更加生活化,也更容易被其他用户所接受。例如,用户在淘宝上购买某个产品之前往往会查看相关的用户评价或者参考其他已购买用户的建议,这其实都反映了用户消费观中的从众心理,也进一步凸显了传播者的重要性。

3. 接受者

接受者是指最终使用产品的用户。这类用户往往后知后觉,对于新鲜的事物或产品缺乏兴趣和好奇心且不善于探索和反馈,只有在看到很多人使用某个产品并反馈良好时,他们才会开始尝试。接受者占整体用户数量的90%以上,是企业真正想要获得的用户。正因为数量庞大,其贡献的收益远远超过尝试者和传播者的总和,对产品的生产和企业的发展都具有至关重要的作用。

以上三种用户联系紧密、相互影响、缺一不可。根据接触产品的时间来排序,尝试者最早介入,传播者次之,最后是接受者。大多数情况下,能够积极参与调研和反馈的都是尝试者,他们在产品的生产和研发过程中发挥了关键作用。另外,同一个用户,在不同的行业中扮演的角色也不一样。例如,时尚达人在时尚领域是尝试者,在其他领域则有可能扮演的是接受者的角色,这取决于用户的个人兴趣和能力。因此,产品经理在分析调研结果或用户反馈时,必须分清用户的类型,准确判断需求的合理性。

(三)以用户对新媒体产品的使用熟练程度分类

从用户对新媒体产品的使用熟练程度来看,可以将其分为新手用户、熟练用户、专家用户和偶然用户四种类型。

1. 新手用户

新手用户是刚刚开始使用产品的人,他们往往还处在摸索阶段,对产品没有深入的了解和掌握。也正因为如此,新手用户的最初体验受到外界因素的影响最小,他们能够较为客观地反映产品是否简单、易用,这不仅决定了用户对某产品的第一印象,而且对于产品经理分析用户体验、优化产品设计、确定市场选择等方面都具有深刻的影响。例如,首次使用某款应用软件的用户就是这款应用软件的新手用户,他们的体验感往往是最真实、最客观的。

2. 熟练用户

熟练用户是已经使用某种产品较长时间的用户。经过长期使用,他们对产品的功能、优点、缺点具有比较全面的认识,能够在调研时提出更多的建议。熟练用户是产品使用的主要群体,能够坚持使用较长时间,说明他们对产品的信任度较高。例如,使用某款应用软件长达5年的用户就是这款应用软件的熟练用户,他们的建议通常能够代表大多数用户的使用感受,具有一定的参考价值。

3. 专家用户

专家用户不仅能够非常熟练地使用产品,而且了解产品的工作原理和相关专业知识,一般分为两类:一类是产品的发烧友或"粉丝",如迷恋哈雷摩托的用户,他们对于产品往往具有强大的信任与支持,其中相当一部分用户对产品的了解达到专家的程度;另一类则是从事与产品有关工作的专业人士,如某款应用软件的技术研发人员,他们不仅能够熟练使用该软件，而且对软件的基本性能、运行效果和优、缺点具有全面、深入的认识。专家用户具有较高的创新能力，能够提供专家级别的建议，甚至可以提出相应的改进方案。这部分用户是产品经理要重点、深入调研的人群。

4. 偶然用户

偶然用户是偶然使用产品的用户，这里的产品往往是公共服务类产品，而不是供个人使用的产品，如自动取款机。

除了以上三种划分方式，还可以根据消费水平、文化环境、教育背景、生活地域等对新媒体产品用户进行分类。但是，多么全面、细致的分类也无法涵盖所有用户，多么完善的新媒体产品的设计也很难满足所有用户的需求。我们必须从大局出发，宏观把握产品的发展策略和运营方案，及时确定目标用户，对他们进行深入分析，了解用户的基本特征、痛点和诉求，同时考虑产品或服务该如何满足用户需求以及产品能够给用户带来的价值和意义。

三、新媒体产品用户的特征

（一）个性化与社会化

在传统媒体时代，传播仅仅是为了满足最基本的信息传递。由于受到环境、技术、资金、人才等各方面的限制，所有的受众被视为一个整体，"点对面"的单向线性传播是受众获取信息的唯一方式，他们所接收到的信息也都是高度统一化和规范化的，任何一个传媒机构或组织都不可能针对某个人的特别需求进行传播。因此，当时的受众只能通过自己在"大众化"的信息产品中进行挑选而在一定程度上满足个性化需求。后来，网络的出现使"点对点"传播成为可能，各种传媒机构开始关注用户的个性化需求，特别是近年来大数据和人工智能技术的加持使新媒体产品不仅能够掌握个体用户的需求偏好及行动特点，实现多方面、多元化的信息传递，还可以根据不同的用户需求实现"量身定做"，提供个性化信息服务，如资讯客户端的个性化推送、服务类应用基于位置的个性化服务推送等。

今日头条是我国将算法工程产品与信息推荐引擎应用结合的先驱，它在新闻资讯类产品中的爆发式增长和领先地位与其定位息息相关。今日头条打造了一个智能化信息平台，通过人工智能技术筛选高质量内容、过滤无用信息，为用户分发感兴趣的内容，帮助用户进行信息的交流互动，同时让信息的获取者转变为信息的分享者、创作者。

虽然网络赋予了用户表达与满足个性化需求的可能性，但网络带来的连接也使用户在某些方面受到更多的来自他人和群体的影响，呈现出社会化的一面。这里的社会化不是指狭义的社会化（从自然人成长为社会人）过程，而是指人们在社会环境中受到影响的过程。在信息消费过程中，这种社会化影响也是时时存在的，由此形成了个性化与社会化并存的用户特征。就像彭兰所说的："个性化并非网络用户信息消费的唯一取向，人们的网络信息消费行为也会因为外界的影响而日益被'社会化'。"[①]

---

① 彭兰. 新媒体用户研究：节点化、媒介化、赛博格化的人[M]. 北京：中国人民大学出版社，2020：517.

同时，个性化传播带来了一定的问题。过分个性化的服务可能会使用户局限于个人偏好，当用户都沉浸于个性化信息满足时，社会共同话题就会减少，社会整合也会出现障碍，如"信息茧房"等。因此，对新媒体产品而言，在满足个性化需求的同时，要提供必要的公共性信息供给，维持个性化与社会化之间的平衡。尼葛洛庞帝在《数字化生存》一书中也指出，在提供极端个性化的"我的日报"的同时，我们还需要公共性的"我们的日报"。

　　严格来说，新媒体产品用户的社会化特征具有双重含义。一方面，在传统媒体时代相对独立的个人信息需求在新媒体时代网络的作用下随时可能成为一种社会性行为，与他人的行为集合形成强大的社会效应；另一方面，作为个体的用户，其信息需求往往不是基于个体的自主判断与选择，而是在社会氛围作用下的复杂过程。总而言之，新媒体时代的信息传播带来了个体与社会之间密切而频繁的双向互动。

（二）主动性与被动性

　　随着传媒技术的发展和内容制作门槛的降低，新媒体产品的用户相较以前传统媒体的受众，拥有了更大的选择权和更强的主动性。一方面，他们对与信息互动的欲望正在逐步增强，不再是单向、静态地被动接收信息，而是主动通过评论、转发、点赞等方式深度参与信息传播与再造的过程。内容创作和发布者不再与用户处于割裂状态，而是通过交流、互动形成深度的情感联系。另一方面，用户在内容创作上充分发挥个人潜力，运用文字、图片、视频、直播、问答等多种媒体形式进行生产，主动构建自己的信息网络和平台。同时，各平台也相继开展措施，鼓励优质内容创作：今日头条提出了"千人万元"补贴计划；腾讯新闻提出了"芒种计划"，全年补贴共计两亿元；百度新闻推出了百家号，提供面向内容创作者的分成；UC浏览器推出UC订阅号并推出了"媒体赋能计划"和"W+量子计划"；一点资讯则推出了"创作者独享"政策。[1]

　　但是，主动选择的个性化服务在提供便捷的同时会引发用户的惰性和被动性，尤其是在多元化、快节奏、碎片化的新媒体时代，用户面对海量信息，会惯性地依赖他人或媒体平台来降低获取信息的成本。这种看似便捷的信息捆绑也会带来惯性使用，即使用户本不愿意接受，也会因为时间、精力等原因，在惯性的驱使下被动地产生使用行为。例如，捆绑在人们依赖度很高的平台（特别是社交平台）上的内容或服务通常比一个独立的客户端里的内容或服务更容易被人们接触到。与此同时，主动性不可避免地导致个人信息泄露，如平台所记录的用户数据、构建的用户画像、开展的用户研究都意味着人们会越来越多地被算法所钳制。

　　新媒体用户的被动性还体现在对平台所采用的技术模式、界面风格，用户只能适应，不能从根本上改变。也就是说，用户在可选择余地较小的情况下只能选择服从。平台对各种内容的捆绑或者平台间的捆绑也是用户难以逃脱的。从用户的内容生产角度看，虽然看上去他们有决定生产什么、不生产什么的权利，但是平台的流量导向会反过来对用户的生产产生作用。

---

[1] 中国记协新媒体专业委员会．中国新媒体研究报告2019[M]．北京：人民日报出版社，2019：182．

（三）娱乐性与严肃性

新媒体时代，由于生活节奏快、生活压力大、闲暇时间少，用户早已习惯快速化、碎片化、图像化的阅读方式，对内容娱乐化的需求主要表现在两个方面：一是对娱乐新闻、社会新闻等软性新闻的偏好；二是对于时政类等硬新闻的软性处理需求。因此，很多新媒体产品为了迎合用户的需求、满足其精神消遣，大量传播浅薄空洞、低级滥情的娱乐化内容，软性内容的比重也不断上升，在标题、文字等表现形式上采取软化甚至煽情化处理方式，以泛娱乐化方式给用户带来短暂的愉悦和感官上的刺激。不可否认的是，通过市场竞争而形成的娱乐化趋势是符合市场需求的产物，有利于资源的合理化配置，促进了媒介商业化和产业化的形成。但是对于用户而言，娱乐性的特征会带来不良的社会影响，甚至形成错误的舆论导向。正如尼尔·波兹曼在《娱乐至死》中所说的："我们的政治、宗教、新闻、体育和商业都心甘情愿地成为娱乐的附庸，毫无怨言，甚至无声无息，其结果是我们成了一个娱乐至死的物种。"[1]因此，产品经理在设计新媒体产品时要时刻保持清醒的头脑，引导用户在享受新媒体环境下触手可及的泛娱乐化提供的轻松便捷的同时，切勿完全让本能所误导，沦陷于浅薄的娱乐泥淖。

当然，新媒体产品用户在娱乐的同时表现出一定的严肃性。网络打破了时间和空间的限制，创造了相对宽松的信息传播环境，用户自由表达和参与社会事务的愿望越发强烈，这会引发他们对于时政新闻的强烈关注。同时，用户需要权威可信的媒体对严肃新闻进行专业化解读，这就要求媒体既要坚持严肃内容的生产，又要找到严肃内容与用户的心理共鸣点以及合适的表现形式，加强与用户的沟通。可以说，新媒体传播形式和平台的日益丰富给硬新闻注入了新的生命力，"人民日报"和"央视新闻"微信公众号就是主流媒体将严肃性内容和娱乐化形式完美融合的成功案例。

在网络中，既存在着泛娱乐化的倾向——各种话题都可能演变为娱乐话题或以娱乐化方式呈现，也存在着泛政治化的倾向。泛娱乐化与泛政治化这两种同时存在的张力也会向对方领地扩展，其结果是娱乐化与政治化之间的界限越来越模糊，甚至在某些时刻走向融合。因此，新媒体产品用户的娱乐性和严肃性也是兼收并蓄的。

（四）情绪化与理性化

由于新媒体的便捷性和交互性，用户习惯于情绪化处理方式，易被简单的二元对立思维主导，这表现为他们对一些事物或人物的判断是基于简单的价值判断框架，如"对"与"错"、"是"与"否"。同时，他们喜欢用贴标签、符号化方式来简化复杂事务。从传播的角度来看，基于简单思维尤其是二元化的意见表达更便于传播，因为它们更容易被他人理解，也容易取得他人的认同，在网络传播中更容易得到放大，成为优势意见，这也会反过来强化一些人的简单思维。用户的情绪化特征还表现在过于依赖人际关系的传播，更容易相信朋友和家人转发的信息，一旦涉及敏感话题、与自身相关或超出自身认知范围的信息，就更容易冲动，进而受到非理性舆论的影响。

---

[1] 波兹曼. 娱乐至死[M]. 章艳, 译. 北京：中信出版社, 2015: 9.

新媒体时代，网络技术的发展和传播体制的完善使得用户自身的认知水平获得了较大幅度的提高。在浩如烟海的信息浪潮中，新媒体产品用户也会表现出理性化特征，或是有一定的文化素养，或是从之前的失败中总结经验，不听信、不盲从，保持怀疑的思维和对真相的追求，少数用户甚至能快速甄别有效信息，做出正确、理性的判断和解读。与此同时，对媒介市场的管理和相关法律、法规的建立也能在很大程度上净化媒介环境、规范传播内容、增强新媒体用户的理性。

四、新媒体产品用户行为分析

从市场调研到产品研发，从流量营销到数据驱动，新媒体产品的设计、生产和运营都是围绕用户进行的，因此全面开展用户研究、对用户行为进行多维度的跟踪与分析是非常有必要的。在信息化、数据化、可视化的背景下，通过对数据分析方法的科学应用，经过理论推导，能够相对完整地揭示用户行为的内在规律，从而设计出更好的产品以飨用户。

用户行为分析是一种研究用户、理解用户，将用户需求与产品设计快速匹配的有效方法。它能够帮助产品经理全面、细致地了解用户习惯，寻找有效触达用户的规律，及时发现产品存在的问题并有针对性地做出改进，让产品的营销更加精准有效，进而提升产品的用户黏性与转化率。

（一）用户行为分析的含义

用户行为分析是对用户在使用产品过程中产生的行为及行为背后的数据进行分析，通过构建用户行为模型和用户画像，进而改变产品决策、实现精细化运营、促进业务增长。

在产品运营的过程中对用户行为数据进行收集、存储、跟踪、分析与应用等可以找到实现用户自增长的病毒式传播因素、群体特征与目标用户，从而深度还原用户使用场景，找到用户行为规律、访问路径及行为特点等。

（二）用户行为分析的目的

对于新媒体产品而言，以数据为驱动的用户行为分析尤为重要。用户行为分析的目的是优化产品设计和推动产品迭代，实现重点开发和精准营销，提供定制服务，驱动产品决策。用户行为分析是产品设计与更新的关键所在，它能够帮助产品经理更好地了解用户的行为习惯，发现产品在设计、应用、推广、拉新、用户留存等方面存在的问题，制定精准有效的设计与运营策略，从而打造深受用户喜爱的好产品。用户行为分析的目的主要体现在以下三个方面。

（1）对产品而言，用户行为分析对产品设计的优化与改进有着很大的帮助。一方面，它可以使产品经理清楚地了解用户的行为习惯和偏好，有效验证产品的可行性；另一方面，它可以帮助产品经理及时找出产品的缺陷或者发现某些冷僻的功能点，进一步完善产品性能，促进产品的迭代与优化。

（2）对用户而言，用户行为分析有助于发现用户行为的规律并找到瓶颈和不足，帮助产品经理准确匹配用户情感，及时提供贴合用户需求的个性化服务，不断改进和完善产品，以提高产品的用户友好性，更好地满足用户的需求。

（3）对运营而言，用户行为分析可以提升裂变增长的效率，帮助运营人员准确把握用户的喜好和使用习惯，通过全面挖掘用户的使用场景，分析运营过程中出现的问题，以便及时调整运营策略，实现精准营销。

以淘宝为例，在"双十一""年货节"等促销活动中，有些用户会在搜索产品后选择购买，而有些用户并不直接购买，而是在加入购物车后再次搜索"相似产品"并反复浏览。通过用户行为分析可以发现，后者的购买意愿不够强烈，可能存在比价行为。对此，淘宝采取了相应的措施："未支付订单"超过 30 分钟则自动取消；在支付页面附近放置优惠券供用户领取。经过改进之后，很多商家反馈效果较好。再次进行用户行为分析之后发现，在提交订单后，由于有 30 分钟的时间限制，有更多的用户愿意立即支付订单；未支付订单大大减少，说明在支付页面附近放置优惠券的方式刺激和笼络了价格敏感型用户，从而提高了商品的成交率。

由此可见，用户行为分析能够帮助产品经理准确掌握用户行为习惯及特点，挖掘用户的潜在需求，实现对用户的有效引导，同时有助于及时发现产品存在的问题，不断加以优化和改进，实现产品自身的可持续发展。

（三）用户行为分析指标

作为勾勒用户画像、实现数据驱动与布局的重要手段，用户行为分析不能随心所欲、杂乱无章，而是需要一套科学、合理的衡量指标。根据用户行为表现，用户行为分析指标主要可以分为三类：黏性指标、活跃指标和产出指标。

1．黏性指标

黏性指标主要关注用户周期内持续访问的情况，如日新增用户数、日活跃用户数（daily active user，DAU）、用户转化率、用户留存率、用户流失率、用户访问率等。

2．活跃指标

活跃指标主要考察用户访问的参与度，如活跃用户、新增用户、回访用户、流失用户、平均停留时长、使用频率等。

3．产出指标

产出指标主要衡量用户创造的直接价值输出，如页面浏览量（page view，PV）、独立访客数（unique visitor，UV）、点击次数、消费频次、消费金额等。

（四）用户行为分析方法

确定用户行为分析指标后，产品经理可以借助相应的方法对用户行为数据进行定性分析和定量分析。常用的用户行为分析方法有行为事件分析、页面点击分析、行为路径分析、用户健康度分析、漏斗模型分析和用户画像分析。

1．行为事件分析

行为事件分析是对用户特定行为事件进行分析，用于研究某行为事件的发生对企业组织价值的影响以及影响程度。企业借此来追踪或记录用户的行为，如用户注册、浏览产品详情页等，通过研究与事件发生关联的所有因素来挖掘用户行为事件背后的原因、交互影响等。行为事件分析具有强大的筛选、分组和聚合能力，逻辑清晰且使用简单，一般需要经过事件定义与选择、多维度下钻分析、解释与结论等环节。

事件定义与选择是行为事件分析的第一个环节，也是最为核心和关键的环节，主要包括所关注的事件及事件窗口的长度，需要创建和管理"session"才能实现。"session"即会话，是指用户从进入到退出的特定时间段内在 App 或网站上发生的一系列互动，一次会话可以包含多个网页或屏幕浏览、事件、社交互动和电子商务交易。当用户想了解"访问次数""平均交互深度""平均使用时长""页面平均停留时长""跳出率""页面退出率"等指标时，则需要引入"session"才能分析。例如，某直播平台老年保健品的用户观看量异常偏高就可以作为被定义与选择的事件。

第二个环节是多维度下钻分析，在完成事件定义与选择之后，就可以通过不同维度的对比和精细化条件筛选，查看符合具体条件的事件数据，从而实现对行为事件的精准分析。例如，为了寻找某直播平台老年保健品的用户观看量异常偏高的原因，可以通过分别筛选"位置""时间""年龄""使用媒介"等条件，查看并分析每种条件下用户的观看数据，及时排除虚假流量或干扰因素。

最后一个环节是解释与结论，即对分析结果进行合理的理论解释，判断数据分析结果是否与预期相符；如果相悖，则应该针对不足的部分进行再分析与实证。上例中，如果经过细分筛查之后发现，"20～30 岁"这一年龄阶段的用户观看量最高，则初步推断是由于母亲节将至，年轻人购买保健品孝顺长辈的需求大大增加。为了进一步证实这一推论，可结合不同时期不同节日老年保健品的用户观看量进行对比，从而得到可靠的证据。

2. 页面点击分析

页面点击分析主要用于显示页面或页面组（结构相同的页面，如商品详情页、官网首页等）区域中不同元素的点击密度，如某元素被点击的次数、占比、发生点击的用户列表、当前与历史内容等。页面点击分析是重要的用户行为分析方法之一，在各行业内的数据分析领域应用广泛。其通用的分析形式主要包括固定埋点和热力图。产品经理可以通过用户的页面浏览次数、浏览人数、点击次数、浏览人数、浏览时长等判断用户的浏览喜好，也可以通过用户的浏览行为对用户进行分类，以便之后进行针对性分析与优化。

页面点击分析方法主要解决以下三种问题：精准评估用户与产品交互背后的深层关系；实现产品的跳转路径分析，完成产品页面之间深层次的关系需求挖掘；与其他分析模型配合，以全面视角探索数据价值，深度感知用户体验，实现科学决策。

3. 行为路径分析

用户行为路径分析是分析用户在 App 或网站中的访问行为路径。以电商为例，理想情况下，用户从登录 App 或网站到支付成功要经过首页浏览、搜索商品、加入购物车、提交订单、支付订单等环节。但在实际操作中，不是所有的用户都会依次遵循以上的访问行为路径：有的用户可能会在加入购物车后继续搜索相似产品进行对比，有的用户可能会取消订单返回首页继续浏览……通过对用户行为路径的分析可以发现，不同的行为路径背后都有不同的原因和需求。用户最常用的功能和使用路径可揭示用户的行为规律和偏好，这就为产品的设计与改进提供了路径的指引。

用户行为路径分析能够最为直观地展现产品使用过程中用户的选择偏好和转化情况，进而衡量产品的受欢迎程度和营销推广效果。对于用户而言，行为路径分析能够将用户流可视化,帮助产品经理全面了解用户整体行为路径,找到不同行为间的关系,挖掘规律并找到突破口;对于产品而言,行为路径分析可以快速定位影响用户转化的主要、次要因素,根据用户路径中各个环节的转化率发现用户的行为规律和偏好,也可以用于监测和定位用户路径走向中存在的问题,对产品设计的优化与改进大有帮助。

4. 用户健康度分析

用户健康度是基于用户的行为数据进行综合考虑得到的核心指标,可以体现产品的完整运营情况,以便对产品未来的发展进行预测。用户健康度分析的指标包括产品基础指标、流量质量指标和产品营收指标。

(1)产品基础指标:用于评价产品本身的运行状态,如 DAU、PV、UV、新用户数等。

(2)流量质量指标:用于评价用户流量的质量高低,如人均浏览时长、人均浏览次数、留存率、跳出率、回访率等。

(3)产品营收指标:用于评价产品的盈利能力与可持续性,如用户支付金额(gross merchandise volume,GMV)、客单价、订单转化率等。

因为用户支付金额(产品某段时间的流水)、客单价(支付有效金额/支付用户数)、订单转化率(有效订单用户数/UV)都与产品的营收相关,所以产品营收存在以下恒等式

$$销售额 = 访客数 \times 订单转化率 \times 客单价$$

$$销售额 = 曝光次数 \times 点击率 \times 订单转化率 \times 客单价$$

5. 漏斗模型分析

漏斗模型分析是一套流程式数据分析方法,能够科学地反映用户行为状态以及从开始到结束各阶段的用户转化率和流失率情况,被广泛应用于流量监控、产品目标转化等日常数据运营与数据分析工作。通过确定关键环节的流失率,可以分析用户如何流失、为什么流失、在哪里流失,找到需要改进的环节并予以重点关注,进而采取有效的措施以提升整体转化率。

例如,在某款产品的促销直播中,用户从打开平台到完成支付,通常情况下会经历打开平台、进入直播间、观看互动、领取优惠券、点击购买链接、完成支付六个步骤。漏斗模型分析可以用数据指标量化每一个步骤的表现,通过对各步骤相关转化率的比较,发现运营活动中未达到预期转化率指标或数据异常的步骤,及时、准确地找出问题所在,进而提升用户整体的购买转化率。

漏斗模型分析并非简单地呈现用户转化率,它可以通过监控用户在各个阶段的转化情况,迅速定位流失环节,找到可优化的短板,有针对性地提升用户体验。此外,还可以通过对比观察不同属性的用户群体(如新注册用户与老客户、不同渠道来源的客户)在各环节的转化率、各流程步骤转化率上的差异,分析漏斗的合理性,对转化率异常的环节进行调整。同时,科学的漏斗模型分析能够展现转化率的变化趋势,帮助企业精准捕捉用户行为,提升转化分析的精度和效率,对效果验证和策略调整具有科学指导意义。

6. 用户画像分析

用户画像是指对用户属性、用户偏好、生活习惯、用户行为等信息加以抽象处理后得到的标签化用户模型。也就是说,通过对数据进行挖掘和分析,给用户贴标签,用来表示

用户在某一维度的特征。高度精练概括的标签化描述更便于产品经理理解用户，也更有利于计算机的数据化处理。通过定义用户画像，可以帮助产品运营人员深入理解用户需求，将产品设计从为所有人做产品转变成为带有某些标签的人群做产品，降低设计的复杂程度，同时提高产品的精细化运营水平。

用户画像的主要内容包括人口属性（性别、年龄等）、兴趣特征（浏览内容、订阅内容、购买偏好等）、位置特征（城市、居住区域等）、设备属性（使用的终端特征）、行为数据（浏览时长、路径、点赞、收藏、评论、活跃度）、社交数据（社交方式和特征）等。不同的行业和产品对用户特征的关注点不一样，一般都具有自己的用户标签体系。

第二节　新媒体产品用户需求

一、用户需求概述

用户研究是产品设计的核心部分，是产品由概念转化为实物的重要基础。用户研究的最终目的是了解用户需求，一方面，可以明确产品的核心价值和定位，根据这些需求设计研发出相应的产品；另一方面，能够及时找出现有产品的不足，不断改进与创新，有效提升产品的竞争力。

用户需求的挖掘与分析可以帮助产品经理迅速洞察用户人群和市场，通过详细的用户调查和市场研究，从根本上把握设计的正确方向；在此基础上对前期发现的机会点进行梳理和分析，寻找产品设计的方向；而后展开对产品设计点的分析，综合研究产品设计的功能、技术、市场等相关因素；将各种与产品和设计等相关的因素打散并重新进行组织，创造出数量较多的全新构思和创意；最终将全新构思和创意转化为产品设计创意和方案，为后续的详细设计奠定坚实的研究基础。

（一）用户需求的含义

用户需求是指用户想要的产品或服务，是区别于痛点和诉求的影响产品开发设计的重要因素。详细来说，痛点是当用户在使用产品或服务的时候抱怨的、不满的、感到痛苦的接触点，它是需求的一种，当前没有被满足，但在一定条件下可以转化为需求。例如，鞋子磨脚、不舒服，这是痛点；想要一双舒服的鞋子，这是需求。而诉求是能够描述出来的表面需求，可以用多种解决方案来替代。例如，用户说太热了，想要一把扇子，而产品经理却给了他一台空调。要扇子是诉求，需求其实是想降低温度。用户需求是客观存在的，也是最直接、最根本、最真实的。

用户需求是用户所需要解决的问题或达到的目标。例如，口渴，喝水是用户需求；夏天太热了，降温是用户需求；工作劳累时，放松休息是用户需求；生病住院时，身体健康是用户需求……至于如何满足需求、最终达到怎样的效果，这都是产品经理需要思考的问题。同样地，对于新媒体来说，用户使用新媒体有不同的目的，如获取新闻资讯、解决专业困惑、人际交往和沟通等，这些都是新媒体用户的需求。正是因为有了这些需求，才出现了像微博、知乎、微信这样的新媒体产品。因此，用户需求是新媒体产品的核心驱动力，用户需求分析是发展新媒体产品和新媒体用户的前提。

然而，在大多数情况下，用户往往不明确自己的真正需求或不能准确表达自己的需求，抑或是他们表述的常常是浅显的伪需求。这是因为当用户遇到现有产品无法解决的问题时，通常会融入自己的经验和理解，提出自身认为的需求点和解决方案，但这并不一定是真正的用户需求。例如，一个人觉得寒冷，认为需要多穿点衣服，但也有可能是生病或饥饿导致的寒冷感，多穿衣服并非真正的需求。再如，某个 App 的用户反馈很差、转化率很低不一定是产品功能有问题，也有可能是设计风格过于老旧或宣传力度不够。因此，产品经理需要挖掘真正的用户需求，发现需求背后的问题本质，而不是停留在表面。了解用户在什么场景当中会遇到怎样的问题，才是明确用户需求的正确途径。

福特公司创始人亨利·福特曾说过："如果听用户的，我们根本造不出汽车来，用户就是需要一匹更快的马。"当年的用户当然不可能直接说他们需要汽车，因为那时候根本没有"汽车"这一概念。然而，这种对快马的需求是否就是真正的用户需求呢？这种需求是否因过于肤浅而完全不值得考虑呢？并非如此。这正是用户的需求动机，但其背后潜藏的其实是用户对于更耐用、更高效的交通工具的需求。正因为如此，才会出现汽车、火车、飞机等交通工具的革新，但如果看不到用户的潜在需求，或许只能永无止境地培育耐力更加持久、速度更快的马种。一般在初期，产品都会从主要满足用户的一个需求或者一系列需求出发，因此用户需求可以分为显性需求和隐性需求。

显性需求是指用户意识到并有能力购买且准备购买某种产品或服务的有效需求。例如，用户可能会直接说出"我想吃饭""我想喝水""我想要一台电脑"等。企业可以通过用户反馈、用户访谈、生活观察和生活体会四个方面发现并重点把握用户的显性需求。

隐性需求是指用户没有直接提出、不能清楚描述的需求。隐性需求来源于显性需求，在很多情况下也是显性需求的延续。满足了用户的显性需求，其隐性需求就会出现，两者的目的是一致的，只是表现形式和具体内容不同而已。大到空调、计算机、飞机的出现，小到外卖、网课、电子支付的普及，这些产品极大地改善了用户的生活，进而满足了他们的隐性需求。

由此可见，隐性需求往往是生产者根据技术的发展、对市场变化的预测等提出的，这种需求是需要引导的。企业可以通过竞品分析、数据分析、行业分析等发现并激发用户的隐性需求，然后及时采用相应的方法或策略满足用户。

（二）用户需求理论

1. 马斯洛需求层次理论

马斯洛需求层次理论是由美国心理学家亚伯拉罕·马斯洛（Abraham H. Maslow）于 1943 年在其发表的文章《人类激励理论》（*A Theory of Human Motivation*）中提出的。这一理论将人类需求从低到高分为五种，分别是生理需求、安全需求、社交需求、尊重需求和自我实现需求。[1]该理论在问世后对社会科学产生了深远的影响，不仅被用于新媒体用户

---

[1] A. H. Maslow. A Theory of Human Motivatio[J]. Psychological Review, 1943: 370-396.

需求分析领域，在人力资源管理、教育学、心理学、企业薪酬制定等方面也发挥了一定的作用。图4-1 由下至上分别展示了马斯洛需求理论中的五大需求及其相互关系。

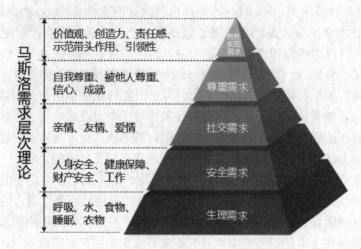

图 4-1　马斯洛需求层次理论构成图

第一是生理需求。生理需求是人类生存最基本、最原始的本能需求，包括呼吸、饮食、睡眠、衣物等。生理需求是人们行动的首要推动力，只有当这些最基本的需求达到维持生存所必需的满足程度，其他需求才能成为新的行为激励因素。例如，美团、大众点评、蜗牛睡眠等 App 都是为了满足用户的生理需求而研发的新媒体产品。

第二是安全需求。安全需求是生理需求的延伸，往往产生于生理需求获得适当满足之后，包括人身安全、健康保障，以及免遭痛苦、威胁或疾病。例如，体检宝、理财通、58同城、BOSS 直聘等新媒体产品就是满足用户的安全需求，为用户提供健康、财产、工作等方面的保障。

第三是社交需求。社交需求是指感情上的需求，包括爱和归属感两个方面。具体来说：一是亲情、友情和爱情等，每个人都需要与其他人建立良好的感情或联系。这种感情需求与个人的生理特性、生活经历、教育、宗教信仰关系密切，同时比最底层的生理需求更为细致。此类新媒体产品也比较多，像 Facebook、QQ、微博、微信、贴吧、论坛等都是用以满足用户的社交需求的。二是归属的需要，每个人都渴望融入集体，得到一定社会与团体的认同、接受、关心和照顾。例如，各级政府或企事业的网站、公众号等都是满足此类需求的新媒体产品。

第四是尊重需求。尊重需求是指在社会交往和角色扮演中，个人希望其能力和成就能够获得社会的认可并拥有稳定的社会地位。尊重需求包括内部尊重需求和外部尊重需求两种，前者是指一个人希望在各类情境中扮演兼具实力与自信、独立等品质的角色，包括自尊、自信、自豪等心理上的满足感；后者是指一个人希望在所处团体中获得地位、威信以及他人的尊重、信赖和高度评价，包括名誉、地位、不受歧视等满足感。例如，社交类产品能够满足用户的尊重需求，使每个人展现最好的自己，在与外界的交流和互动之中获得他人的认可、喜爱与信任，以至于成为网络名人，获得更多人的尊重。

第五是自我实现需求。这是最高层次的需求，是指人们发挥自身能力与实现自身理想和价值的需要。在网络平台上学习课程、发布推文、上传作品等行为都是在进行自我实现，促进了用户个人目标、理想和价值的实现。随着新媒体带来的传播渠道多样化和内容制作门槛的降低，用户的自我实现需求越发强烈，豆瓣、知乎、抖音等新媒体产品也受到了广大用户的喜爱与追捧。

马斯洛认为，上述五种需求以阶梯形式依次从低级到高级排列，呈金字塔形。一般来说，只有当某低层次的需求相对满足之后，其上一级需求才能转为强势需求。后来，马斯洛在尊重需求和自我实现需求之间又增加了认知和审美两个需求，组成了七层次需求（见图 4-2）。认知需求是指对己、对人、对事物变化有所理解的需求，如阅读书籍。审美需求是指对美好事物欣赏、追求并希望周遭事物有秩序、有结构、顺自然、循真理等心理需求，如听音乐、看画展。

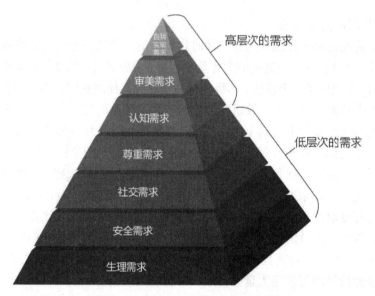

图 4-2 马斯洛七层次需求理论构成图

相比五层次需求理论，七层次需求理论更有助于人们准确把握用户的需求，也更贴近人们对现实需求的感知。

2. 使用与满足理论

使用与满足理论是经典的大众传播学理论（见图 4-3），该理论强调：受到社会和个人心理需求的驱使，人们会主动诉诸大众媒体或其他渠道以满足这些需求。[1]这个理论的重要意义在于它将受众放在传播过程的中心点，突出强调了受众的重要性和作用。这一理论假设受众是主动的、积极的、理性的，他们不仅了解个人的兴趣和动机，并且能够清楚地表达出来，研究者根据受众的回答推断受众使用媒介的目的。[2]虽然这一理论强调了媒介

---

[1] JAY G. BLUMLER, ELIHU KATZ.The Uses of Mass Communication[J]. Beverly Hills, CA: Sage, 1975: 19-32.
[2] 黄旦. 新闻传播学[M]. 杭州：杭州大学出版社，1995：226-228.

受众的主观能动性，但在过去的传统媒体时代，受众可以做出的使用选择其实很少。新媒体的出现彻底改变了以往单一固化的传播模式，受众不再只是作为信息接收者的角色而存在，也可以成为信息的创建者和发布者，拥有了更多发挥主动性、满足自身需求的机会。

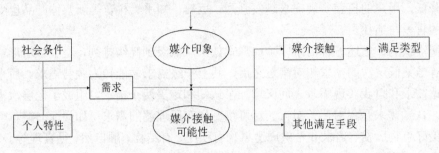

图 4-3　使用与满足理论

3．新媒体权衡需求理论

使用与满足理论是在传统的大众传播时代提出的，无法充分反映新媒体用户的使用和需求满足动机。在互联网使用研究的大背景下，为了更好、更有效地解释新媒体技术被采纳和使用的原因，发展出了一个描述、解释和预测受众为何使用新媒体技术的新理论概念——新媒体权衡需求理论，填补了扩散研究和使用与满足理论的空白。权衡需求这一概念整合了新媒体采纳与使用过程中的两个潜在机制，即传统媒体与新媒体之间的对比以及受众对媒体的各种需求之间的权衡。[1]基于对这两种微妙机制的详细分析与阐释，权衡需求的理论观点认为：当且仅当受众发觉其生活中某一重要需求已经无法被传统媒体满足，并且认为新媒体能够满足该需求时，他们才会开始采纳并持续使用这一新媒体。[2]同时，用户对新媒体的接受程度取决于他们对新媒体的信任程度，即相信新媒体比传统媒体更能够满足其某种需求的程度。以微信为例，在微信诞生之前，电话和短信是人们经常使用的线上沟通方式，然而短信的费用较高且只有文字这一种表现形式。而微信的出现无疑是颠覆性的，只需使用较少的流量即可发送大量的消息，而且能运用语音、表情、图片、视频、链接等多种表现形式，大大提高了用户沟通的效率和趣味性，成为大多数新媒体用户进行即时通信的首选。这就是用户在权衡需求后做出选择的典型案例。

（三）用户需求的特性

1．用户需求往往是不清晰的

很多时候，用户说出来的并不是真正的需求。正如前面提到的，用户具有显性需求和隐性需求。在大多数情况下，用户也搞不清楚自己真正需要什么，因而难以挖掘自己的隐性需求，只能表达显性需求。

用户对于产品的需求有时是笼统而宽泛的。当用户说"希望打扫卫生更加便捷省力"时，他实际的需求可能不是"一个好用的扫帚或拖把"，而是"一个扫地机器人"；当用户

---

[1] 龚艳平．报纸与网络的叠加[J]．传媒，2005（1）：42-43．
[2] 祝建华．不同渠道、不同选择的竞争机制：新媒体权衡需求理论[J]．中国传媒报告，2004（2）：16-25．

说"随时提醒我不要忘带钥匙"时，他实际的需求可能不是"贴心的备忘录提醒软件"，而是"不带钥匙也可以开门的智能指纹锁"……类似这样的情况还有很多，但不可否认的是，正是这些宽泛的需求提供了更多创新的可能，很多新产品也由此应运而生。

用户对于产品的需求有时是模棱两可的。因为他们会提出很多想要的东西，可是当产品经理完全按照他们的要求提供这些东西的时候，他们又会说这并不是他们想要的。用户总会无意识地将自己真正的意图埋藏在心里，然后根据自己的经验给出产品的解决方案，而这些方案往往不是解决问题最好的方法。

因此，要想搞清楚用户的需求，产品经理必须以用户的视角去看产品，通过对用户数据的调查、收集与分析，准确理解目标用户的真正需求。

2．用户需求存在个体的差异

受到年龄、地域、性别、文化水平和审美观念等因素的影响，不同的用户在需求方面是存在差异的。有的用户喜欢简单精致的产品，有的用户则倾向于功能齐全的产品；有的用户重视品质，有的用户则追求性价比；有的用户认为产品最应该具备某个功能，有的用户却认为产品最需要提供某种服务……即使是一个简单的功能，不同的用户也会有不同的喜好。由此可见，个体的差异使用户需求变得更加复杂。

尽管产品经理不能完全满足所有用户的需求，但是可以避免错误的需求预测。需要注意的是：一是不要把自己的需求当成用户的需求，不要以为自己喜欢的，用户也会喜欢；二是不要把少数用户的需求当成大多数用户的需求，以免浪费过多的精力在一些边缘需求上。

3．用户需求总是在变化

随着政治、经济、文化等方面的变化以及科技的发展、思想的进步、消费水平的提高，用户的需求会不断发生变化。一些需求受外部大环境的限制，刚开始可能会被掩盖或压抑，但是，一旦时机成熟，这些需求就会大爆发并迅速形成潮流。因此，大到一个品牌，小到一款产品，其成功都不是一蹴而就或一成不变的，需要跟随用户需求的变化不断调整，以满足当前主流的用户需求，否则必将走向衰亡，逐渐被新的品牌或产品所取代。

（四）用户需求的分类

一般来说，用户需求分为用户的基本需求、用户的核心需求和用户的兴奋需求（见图4-4）。对不同类型需求的区别处理，能够帮助产品经理找到提升用户满意度的切入点，有针对性地完成产品不同阶段的既定目标，实现产品价值的最大化和未来发展的可持续化。

1．用户的基本需求

用户的基本需求是用户认为产品必须具备的属性或功能。如果此类需求没有得到完全满足，用户就会非常不满意，甚至抛弃该产品；如果此类需求能够得到完全满足，用户也不会表现得非常满意，因为在用户看来，这是很正常的事情。例如，微信必须具备"在线即时聊天"和"好友列表管理"功能、淘宝必须具备"在线购买商品"和"交易资金保障"功能、优酷必须具备"在线观看视频"和"下载保存视频"功能……这些都属于用户的基本需求。

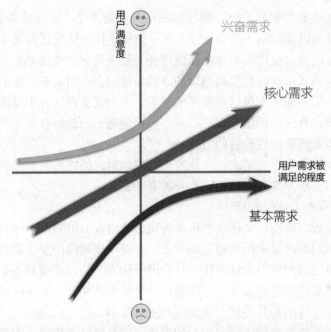

图 4-4 不同类型用户需求与用户满意度的关系图

用户的基本需求具有相对稳定性，这种稳定性体现在横向和纵向两个方面。从横向上来看，同类型的不同产品，其基本属性或功能是相同或相近的，不可能出现某个领域的产品在其他领域表现出色并作为主要服务范围的现象，如即时聊天产品以出行导航为基本属性或功能显然是不现实的。因此，同类型不同产品的用户基本需求不会相差太大。从纵向上来看，每个产品都有明确的定位，即使在不同的发展阶段，其基本属性或功能通常也不会发生大的变化，这不仅是产品生命周期完整性和统一性的需要，更是产品实现更新迭代和可持续发展的必要基础。

用户的基本需求具有必然性。一个产品从诞生前的市场调研、用户研究到开发完成、投入市场，再到更新换代、后期维护，其间用户会提出很多需求，但由于受到技术、成本等方面的限制，并不是每个需求都符合当下产品的发展状况，也不是每个需求都可以真正落地实施。与其他需求不同的是，用户的基本需求对应的是产品的基本属性或功能，这是产品的必要价值，也是产品立足的根本。因此，用户的基本需求是必须满足的。

对于产品经理来说，满足用户的基本需求不是一件难事，但是要想做到全面细致，完整的逻辑思维和深刻的理解能力是必不可少的。如果考虑不周，没有抓住用户的基本需求，那么产品就会出现功能缺失或逻辑不闭环的情况，造成用户的流失。例如，交通出行类App 如果只提供查找路线而不提供实时导航的功能，那么用户可能会因为无法到达目的地而产生不满情绪，进而放弃使用该产品。因为对于交通出行来说，搜索目的地只是用户的根本需求之一，通过合适的路线到达目的地是产品功能闭环中的重要环节，一旦缺失，就会阻碍产品发展，甚至威胁产品的基本生存。

2．用户的核心需求

用户的核心需求是用户最迫切需要满足的需求，也是用户使用某产品或服务最根本的原因。简单来说，推出一款新产品时，首先要瞄准一个用户需求作为产品功能重点、优先满足的对象，这个需求就是用户对产品的核心需求。一方面，该需求是产品必须具备的属性或功能，必须优先满足；另一方面，用户对该需求的关注度最高，其满足程度直接决定了用户对产品的满意度。

用户的核心需求具有衍生性。所谓衍生，就是在原有的基础上增长派生，其存在与母体有着密不可分的关系。核心需求处于产品所满足的用户需求的中心位置，其他需求基本上都是该需求的衍生需求。例如，用户对新闻资讯类产品的核心需求是"获取新闻资讯"，他们浏览时希望了解得更加全面，于是衍生出"相关推荐"的需求；了解之后又希望能够参与其中，于是又衍生出"转发评论"的需求……

用户的核心需求具有唯一不可替代性。用户使用一款产品，表面上在意的是产品提供什么功能，而事实上他们在乎的是产品提供的功能能够满足自己的什么需求。因此，产品是否能够获得市场上用户的认可，根本上是由产品的功能所满足的用户需求决定的。为了更好地满足用户的需求，产品需要提供一系列功能。但是，无论产品的功能如何丰富，每款产品都只有一个主体的功能或功能组，用于重点、优先满足用户的核心需求。因为核心需求是最重要的，往往只有一个，无论是对产品研发还是对用户体验，都具有决定性作用。作为用户使用该产品最根本的目的，核心需求是其他任何需求都无法取代的。因此，要开发一款新产品，首先必须清楚地回答一个至关重要的问题——用户的核心需求是什么，根据这一需求确定产品必须提供什么功能。

对于一款新产品来说，如果能够找到一种比其他产品更优秀的全新方式满足用户的核心需求，那么产品就有机会开拓一个全新的领域并取得竞争上的先发优势。例如，福特发明汽车，采用机械动力取代原有畜力，在速度方面有了较大提升，彻底改变了人们以往的交通方式。在新媒体领域，新产品的出现屡见不鲜。针对同一个用户的核心需求，不同产品提供的功能可能会有所区别，而随之带来的产品价值和用户体验也不尽相同。

纵观人类的发展历史，产品满足用户需求的方式，其变化过程存在一定规律，它们总是朝着加强产品自动化、降低用户使用成本、为用户带来更多的便利和享受的方向发展。如果产品能够遵循这一规律，采用具有颠覆性的方式满足用户的核心需求，那么产品产生的价值将会是巨大的；而如果产品只是单纯地满足用户的基本需求，那么这款产品就无法长期生存下去。

3. 用户的兴奋需求

用户的兴奋需求是指超出用户预期的需求，要求提供给用户一些完全出乎意料的产品属性或服务，使用户产生惊喜。兴奋点和惊喜点常常是一些未被用户了解的需求，用户在看到这些功能之前并不知道自己需要它们。因此，即使这类需求得不到满足，用户一般也不会产生不满；而一旦这类需求得到满足，即使表现不佳，也能够极大地提升用户的满意度。这类需求往往是用户的潜在需求，正确的做法就是积极寻找并挖掘这样的需求，提升产品性能，从而增强市场竞争力。

用户的兴奋需求具有不可预测性：一是用户自身对兴奋需求的未知使得此类需求难以挖掘，有时往往需要借助灵感；二是兴奋需求满足与否及其满足程度都无法判断，通常是在某产品功能上线之后，经过用户反馈才能够准确衡量。因此，兴奋需求在一定程度上也是创新意识的体现，以用户没有想到或不抱太大期望的地方为切入点，做出全新的尝试，给用户带来惊喜。它的优势在于用户事先没有心理预期，所以任何在原有基础上的改进和创新都能使用户感到满足。例如，微信起初只是一个聊天软件，与支付结合的微信支付这一功能的出现触及了很多用户的兴奋点，为其日常生活提供了极大的便利。反之，没有这类功能的话也不会降低用户的满意度。

用户的兴奋需求具有发展变化性。不同于基本需求的相对稳定性和核心需求的唯一不可替代性，用户的兴奋需求是不断发展变化的。例如，对于网络即时聊天产品来说，起初只能发送文本信息时，"发送表情和动画"就是用户的兴奋需求，随着越来越多的聊天工具支持了该功能，这个需求就不再使用户感到惊喜；当人们通过键盘或手写输入文字进行聊天时，"语音识别输入"就是用户的兴奋需求，当用户开始频繁使用且大多数聊天工具都具备该功能之后，用户的兴奋需求又会发生变化。由此可见，随着技术的发展，用户的兴奋需求是不断更新和发展的。

在产品的开发过程中，很多人会误以为用户的兴奋需求属于额外指标，可做可不做，这种观点是错误的。兴奋需求在短期内无法实现看似没什么影响，但长此以往，产品就会与其他竞品趋于同质化，甚至面临被淘汰的危险。因此，寻求突破和创新，在原有的基础上不断给用户带来惊喜，是产品永葆生机的长期发展战略。许多同类型产品都是依靠满足用户的兴奋需求不断打动用户去创造自身优势的，虽然创新远比满足基本需求更加困难，但是由此创造的产品功能所带来的价值是不可估量的。对于产品经理来说，满足用户的兴奋需求既是一种机遇，又是一种挑战，不仅需要深入研究用户，综合考量市场、竞品等各项因素，而且要关注其他行业或领域的最新发展，为产品的创新提供相应的思路和启示。

（五）不同时期的用户需求

用户需求时常变化不仅源于环境、技术等客观原因，也源于受到产品自身生命周期的影响。因此，在产品成长发展的不同时期，用户需求也是有所区别的。用户需求的挖掘和分析贯穿于整个产品生命周期并在一定程度上决定了产品各生命阶段的发展布局。可以说，用户需求是一个动态变化的过程，用户需求的挖掘与分析在不同的产品阶段也有着不同的执行方式。

产品生命周期（product life cycle，PLC）是指一种新产品从开始被人们使用到被人们淘汰的整个过程，即产品的完整寿命。1996年，美国哈佛大学教授雷蒙德·弗农在《产品周期中的国际投资与国际贸易》一文中首次提出产品生命周期理论，指出产品生命周期分为导入期、成长期、成熟期和衰退期四个阶段（见图4-5）。产品的生命周期规律为新媒体产品的设计开发、营销推广、更新迭代等提供了借鉴。如果忽略产品成长的周期规律，针对产品的任何方法论都是不切实际的。

新媒体产品生命周期的概念在不断发展。不同时期、不同行业对于产品生命周期的表述略有不同，但核心是基本一致的。对于新媒体产品而言，只有了解其生命周期，掌握各阶段产品特性及市场需求变化，才能真正理解用户的需求，更加有效地规划产品的发展。

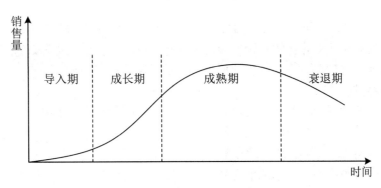

图 4-5　产品生命周期

1. 产品导入期

产品导入期指的是产品从设计投产直到投入社会，进入初始阶段。这一时期，产品品种少，用户对产品还不了解，除了少数追求新奇的用户，几乎无人实际购买产品。一方面，产品生产批量小、制造成本高；另一方面，生产者为了扩大销路，不得不投入大量的广告费用，对产品进行宣传推广。因此，这一阶段的整体发展较为艰难。导入期一般又分为研发期和引进期。

在研发期，产品还没有定型，无法从已有的环境中找到真实的用户进行需求调研。而且用户之前也没有接触过此产品，无法预知自己能够从产品中得到什么、拥有怎样的体验。因此，产品经理需要思考：产品的用户会是哪些人？产品往哪个方向发展？大致会是什么样子？从无到有地挖掘出用户的需求。此时的需求是对于用户整体而言的，是他们共同的需求点。因此，这个时候的需求被称为"创新性需求"。

在引进期，产品经理需要不断完善产品设计，根据不同类型的目标用户细化产品功能。此时的设计需求为"具象性需求"，要在之前创新性需求的基础上针对不同类别的用户进行具体的功能描述。两者最大的区别在于：创新性需求只是侧重于描述可能的功能点，而具象性需求则需要将用户具体地刻画出来，建立关键用户角色，如这类用户是哪些群体、他们有哪些特征等，进而针对这些用户类别和特点细化产品具体的功能。

总之，产品的导入期属于初级探索的阶段，产品经理要从用户的角度出发，侧重于挖掘更多基本需求，满足用户的初级使用需求。

2. 产品成长期

进入成长期后，产品的销售规模和利润会迅速增长。不同企业为了满足用户的多元化需求而不断推出新的品种型号，提升产品性能，降低销售价格。因此，产品必须有亮眼的特点，才能吸引一大群忠实用户，用户才会因为产品具备他们喜欢的某些特点或者能够满足某些需求而选择该产品。此时的用户需求称为"选择性需求"。

在竞争激烈的产品成长期，用户会根据自己的特定需求选择合适的产品。因此，产品经理要根据用户需求进行精确定位，寻求发展的突破口。产品应该选择性地满足用户的核心需求，去掉不合理的需求，简化同质化功能，凸显差异化优势，进一步优化用户对产品的使用体验。

以短视频产品为例，其用户分为两类：一类是短视频创作爱好者，另一类则是短视频的观众，这两类用户有着不同的使用习惯和需求。前者注重创作、特效、挑战等相关功能，后者对发现、收藏和社交等功能有较多的使用诉求。不同短视频产品突出的方面是不一样的，这些区别使得它们拥有不同的用户群体，满足不同的用户需求。

3．产品成熟期

进入产品成熟期后，随着产品及竞品的大量涌现，用户开始有了更新换代的需求。用户在前期的产品使用中，对于产品存在何种优点和缺点都有了深切的体验，进而对产品的改进也有了较为明确的见解。这一阶段的用户需求不是革命式的，而是基于现有产品所提出的，如更换产品的色调、增添某个产品功能、提高产品安全性能等。同时，用户会根据早期的购买经验进行选择性消费，此时的用户需求被称为"重复性需求"。

对于产品经理来说，在用户的大部分需求都已经得到满足且更加趋于理性的情况下，挖掘需求的难度将会加大。因此，必须在原来一些需求的基础上做更加细致的挖掘，尤其是用户体验方面的需求和其他隐性需求。

以支付宝为例，当它逐渐成为人们衣食住行的主要电子支付工具时，就意味着该产品已经进入成熟期，此时的主要功能和整体布局将不再发生大的变动，主要侧重于细节方面的完善，如添加"医疗健康""我的快递"等小应用都是在原有基础上的优化。这样既保留了用户以往的使用习惯、维护了产品的稳定性和用户黏度，又能够与时俱进，为用户提供更加全面、便捷的生活服务，使成熟期的产品也充满生命力和发展空间。

4．产品衰退期

在产品衰退期，产品的活跃度逐渐减弱，开始落后于市场需求的发展，用户不再满足于现有产品所提供的功能和服务，环境的变化使得他们对产品提出了变革式需求。如果产品不能及时转型并满足新的需求，用户就会直接将它们抛弃。

这一阶段的用户需求又回到了"创新性需求"上。与导入期的"创新性需求"不同，衰退期的"创新性需求"是建立在完全成型的产品基础之上的，不是从零开始的创新，而是对已有产品的"微创新"，是对其他性能更好、价格更低的新产品或者替代品的需要和召唤。因此，产品经理需要考虑如何挖掘更多新的需求去满足用户，甚至开拓新的产品项目。

例如，微博在因为广告增多、体验差、功能一成不变而逐渐式微的情况下，于2016年年底开始突破文字信息载体，加入短视频领域的竞争当中，迎合了众多用户对内容多元化呈现的需求，从而实现衰退期的成功逆转。因此，在产品的衰退期，挽留重要用户、延长产品生命周期的关键就是要准确把握住当下的用户需求变化，使产品与时俱进，及时迭代更新，始终保持良好的用户体验。

总的来说，不同时期的用户需求是不同的，用户需求的变化提供了判断产品生命周期的参考指标。当用户需求发生改变时，往往预示着产品下一个发展阶段的到来。在不同阶段，产品的设计也应当有所改变，以满足不断变化的用户需求，保持产品持久的生命力。

二、用户需求挖掘与分析

通常情况下，用户所提出的需求都是从他们自身的角度出发，但这些需求不一定是用户真正的需求，也不一定符合产品的定位，无法直接作为产品设计的依据。因此，产品经理需要对纷繁复杂的用户需求进行深入的挖掘与分析，筛选出有价值的真实需求，为用户提供超出预期的产品或服务。

福特没有局限于用户提出的"想要一匹跑得更快的马"，而是制造了汽车，彻底改变了传统意义上的交通工具；苹果从不自称是手机和电脑的制造商，而是提出"我们要创新和改变"，不断研发出 iPod、iPhone、iPad、Apple Watch 等新产品；谷歌从未号称自己是搜索引擎的开创者，而是强调"要让服务改善尽可能多的人的生活"，从而打造出谷歌搜索、谷歌地图、手机操作系统等一系列改变世界的产品。这些成功的案例无不证明挖掘与分析用户需求的重要性。

（一）从产品画布看用户需求

产品画布是一种用来分析产品、构建产品的思维方式和方法。它可以将产品和市场有效地结合起来，清晰地呈现产品的业务关系和市场的发展收益，通过可视化思考和分析，在有限的时间内产生更具可行性的产品思路和解决方案。产品画布的优点在于直观、简单、可操作性强，具有催生产品创意、挖掘用户需求、评估产品价值等重要作用。

产品画布中主要包括用户群、用户需求、产品亮点、解决方案、关键指标、渠道和手段、确立优势、收益分析、成本分析九个因素（见图4-6）。每个因素都是产品画布中不可或缺的一部分，也是产品分析和构建过程中必须考虑和衡量的问题。

图4-6　产品画布模型

1．用户群

用户群指的是典型目标用户或客户，主要分为确定目标人群、用户角色划分和构建用户模型三个步骤。在进行产品认知时，要思考这款产品的用户是谁、哪些用户会使用这款产品、这群用户有什么样的需求、根据这些需求可以将用户分成几类、不同类别的用户具有哪些明显的特征、如何根据这些特征构建用户模型等问题只有明确了这些问题，才能找到核心用户群体，通过用户画像为细分用户提供定向服务，精细化培育种子用户，为产品的后续发展奠定基础。

构建用户模型对于早期产品尤为重要。一般来说，产品构建的典型用户数量为 3~6 个，大致包含性别、年龄、工作、收入、地域、心理、情感、行为等。以小红书为例，根据艾瑞数据提供的用户画像分析指数，小红书的核心用户群体是年龄在 25~35 岁的年轻女性，普遍受过高等教育，集中在一、二线城市。她们的消费特征是以享受生活为主，喜爱购物、旅行、拍照，消费水平中等偏高。她们的行为特征在消费方面表现为购物血拼、旅游出行、品尝美食等，在社交方面表现为喜欢通过文字、图片、视频、笔记分享自己的生活方式，参与美妆、美食、旅行等各种类型话题的讨论。她们的心理特征是追求品质、彰显个性、喜欢分享生活、希望获得关注。

2. 用户需求

用户需求指的是用户亟须解决的 1~3 个问题。产品存在的根本意义就是满足用户需求，但这里强调的是最为重要的需求，也就是痛点。只有当最关键的问题得到解决，产品才能具备核心价值，才可获得用户的长期使用和信任。

3. 产品亮点

产品亮点指的是使用一句话描述需求的亮点和独特卖点。每一款优秀的产品都具备自己独特的核心竞争力，也就是区别于其他解决方案或者产品的特别之处，要用一句话把亮点说清楚，用一句话说不清楚的就不是亮点。

产品亮点可以从两个方面去分析：一是竞品，市面上既然已经有了类似的产品，为什么还需要这款新产品？二是用户的问题，这款新产品能够提供什么特别的价值？能解决用户怎样的问题？产品的核心竞争力往往都是通过其核心功能来体现的，这个核心功能需要具备其他产品所不能取代的优势。

4. 解决方案

解决方案指的是解决用户问题的 1~3 个核心功能与流程。与用户需求相同，解决方案的数量也不可过多，因为只有聚焦，才能用最少的资源把 MVP（最小化可行产品）做出来。

用户在日常生活中会遇到很多难以解决的问题，而产品的目的就是为用户提供最佳解决方案。有些产品会从根本上改变用户以往的生活方式，如共享单车和共享汽车的推出就是为了满足用户更加便捷的出行需求；而有些产品则是对既有解决方案的一种优化，如微信的出现就是在既有社交产品的基础上进行了一定的改进。无论是哪一种产品，都必须解决用户的核心问题，才能长久地生存下去。

5. 关键指标

关键指标指的是围绕核心功能的关键考核指标。对于产品经理来说，明确关键考核指标可以促进对应产品的业务发展状态、快速高效地制定解决方案、寻求最佳可实施路径。

以滴滴打车为例，共享经济最关键的就是提升运营效率，因此需要满足乘客端便捷打车、司机端提升座位利用率的需求。围绕这一核心功能，可以判断滴滴打车的关键指标不是打车的人越多越好，不是在线的车越多越好，而是乘客的乘车需求与附近车辆的座位空置率的匹配度。匹配度越高，乘客打车越便捷，司机的座位利用率越高，产生的效益就越高。

6. 渠道和手段

渠道和手段指的是找到重点渠道并通过合适手段告知用户。任何产品都需要一定的宣传，可以通过线上或线下的方式进行产品推广，及时获得用户反馈。需要注意的是，产品的宣传渠道和手段应符合产品定位和用户习惯。

7. 确立优势

确立优势指的是找到竞争的核心点并快速迭代。通过合适的渠道和手段进行产品宣传并得到用户反馈之后,就能够了解产品的亮点是否突出、解决方案是否可行、关键指标是否有效,从而找到与竞争对手相比的核心优势,无论是资金、技术还是资源,产品经理可以基于这个优势继续打磨,快速迭代,进一步扩大市场的占有率和影响力。

以上1~7是相互关联、环环相扣的。

8. 收益分析

收益分析指的是产品投入市场之后获得的各项收益,主要包括以用户数量、质量的增长预估为主的增长模型和以与收入有关的盈利、盈利预估为主的盈利模型。像一次性付费、订阅式、内嵌广告等都属于实现产品收益的有效途径。

9. 成本分析

成本分析指的是产品从研发到推广整个生命周期中所投入的各项成本,主要包括以人力与能力投入配比为主的开发难度和以运营费用、渠道开支为主的费用投入,也可分为固定成本(办公场地、服务器、设备等)和可变成本(营销费、广告费等)。

通过产品画布可以发现,用户需求是产品分析过程中必须优先考虑的因素,也是决定产品规划方向、功能设计、实施路径、收益效果的关键所在。但产品经理必须清醒地认识到,并不是所有的用户需求都需要被考虑和满足,不同需求的价值和重要性是有所区别的。因此,用户需求满足与否、满足时间及满足程度都需要经过综合考量。面对不同的用户需求,要区别对待,将有限的精力投入到那些可以有效提升产品价值的用户需求上。

(二)如何挖掘用户需求

用户需求分为显性需求和隐性需求。一般情况下,隐性需求是用户需求的本质所在,在选择时起决定性作用。但是用户不是一个具体的人,是需求的集合,毫无根据地揣测用户需求显然是不可取的。而且大多数用户往往不明确或无法清晰地表达自己的隐性需求,因此需要产品经理透过现象看本质,运用相应的方法收集、甄别、解析用户需求,挖掘出真正有价值的用户需求。

挖掘用户需求不仅能帮助产品经理改变看待需求的角度,还能帮助产品经理根据需求形成解决方案,从而提升产品经理鼓舞他人、唤起热忱的能力,增强产品优势,优化产品性能,提升产品的综合竞争力。

一般情况下,挖掘用户需求的方法主要有以下几种。

1. 竞品分析

竞品分析是指对同类型竞争对手的产品所做出的具有针对性(特定范围)的客观和主观分析。具体来讲,就是产品经理将自己的产品与其他同类型的产品(直接、间接或潜在竞品)进行分析和比较,了解现有竞品的相关信息,包括优势、劣势和发展现状等,从而发现自己产品的突破口,为设计和研发带来一定的启示。

准确选择、分析竞品并快速从竞品中吸取精华,构建自身产品的框架,是产品经理需要具备的重要技能。竞品分析可以使产品经理更深入地了解竞争对手,取长补短、趋利避害,通过分析其他品牌产品的情况及时获取用户的真实需求。例如,微信出现后就凭借语音消息、视频通话等功能迅速占领即时通信领域并获得了大量用户的青睐,此时手机版QQ通过竞品分析及时发现了用户对信息表现形式多元化和传播便捷性的需求,推出了类似的功能。

对于新媒体产品来说,竞品分析不仅要分析竞品的主体功能点,还要善于捕捉细节,如每个页面、每个按钮、每个操作,发现不同产品在设计上的细微差别,全面了解竞争对手在搭配界面布局、处理交互逻辑、优化用户体验等方面的具体做法。概括来说,竞品分析可以分为三个步骤:第一,选择 3~5 款相关的竞品并确定其中一款为主要分析对象,思考自身产品的定位和目标用户。第二,对竞品进行拆分,先拆分框架结构,再拆分功能模块,最后拆分页面布局。逐层深入,撰写竞品分析报告,找出其共同之处,对不合理的地方进行改进和完善。第三,初步构建自身产品的最小单元,也就是人们常说的 MVP(最小化可行产品)。

2. 数据分析

产品数据是用户行为的外在结果,也是用户需求最直接、最客观的反映。通过分析产品数据,产品经理能够及时发现用户的行为习惯和偏好,深入挖掘用户的潜在需求,准确定位产品存在的问题和缺陷,科学高效地提升产品质量、优化产品性能。

与其他方法相比,数据分析不仅成本更低、操作性更强,而且得出的结论往往最可信、最具说服力。流量、检索量等数据不需要专门花费精力去收集,也不会受到过多人为主观因素的干扰,只需要运营人员从后台将数据完整导出,运用相应的公式和算法进行深入解读,即可得出最真实的结论。

当然,数据分析的过程也不是千篇一律的,有时还需要从业人员结合自身的知识储备和从业经验,才能针对繁杂的数据做出准确的分析和判断。这就要求产品经理时刻了解行业信息以及市场状况,及时从市场变化中挖掘有用的信息,同时多关注媒体信息、热点资讯和互联网相关的媒体网站,以提高对产品数据的敏锐度和判断力。

3. 用户研究

用户需求不是想出来的,而是经过对信息的采集、挖掘后整理出来的。用户研究是了解用户、挖掘用户需求最有效的途径之一,可以帮助产品经理深入了解用户群体的特征,在满足用户需求的同时,为产品未来的推广和设计方向提供有效的指导。

用户研究主要采取以下四种方式。

(1)用户访谈。用户访谈是一种快速而廉价的用户研究方式,也是产品经理收集用户需求最常用的方式。这种方式往往是调研人员先营造轻松的访谈氛围,然后通过与用户一对一或一对多的直接沟通,询问产品的相关情况,进而获取用户的需求和偏好。调研人员可以与用户面对面进行交流,也可以在旁边静静地观察用户的操作习惯。访谈对象最好是在领域内经验丰富、对产品体验要求高、有话语权并善于表达的高质量目标用户。需要注意的是,如果邀请的用户不具有代表性或用户明确知道了访谈的目的,那么访谈结果则会出现偏差。

(2)调查问卷。调查问卷可以有效地获取用户需求,是产品经理常用的需求收集方式之一。调查问卷分为纸质版和电子版,现在常用的以电子版居多,调研人员可以借助一些软件快速完成调查问卷的发放、收集、整理和分析,如问卷星、调查派等。与传统调查方式相比,电子调查问卷具有快捷、易用、低成本的优势,已被大量企业和个人广泛使用。调查问卷可以非常有效地帮助调研人员直接获取反馈信息,有针对性地对产品进行改进和完善。

在设计调查问卷时，需要注意以下几点：调研目标要清晰、具体；调研对象要选取合理；问题的长度、数量和准确性要严格把控；调研的结果要有一定的指导性；杜绝诱导用户，尊重个人隐私。只有采用科学合理的调查问卷，才能挖掘出真实的用户需求，为产品设计、生产、推广、运营等后续环节奠定坚实的基础。

（3）可用性测试。可用性测试主要是指邀请用户参与到产品的实际使用体验中，观察用户真实的产品使用情况，详细记录用户在使用过程中遇到的问题，通过用户的使用行为分析需求。这种方法常用于评估新开发产品的可用性。当然，如果想避免因调研人员在身边而给用户带来不必要的心理压力，调研人员也可以让用户在无任何干扰的情况下独立完成操作任务，而调研人员则通过监控软件观察用户的实际操作情况，从中挖掘用户需求。

（4）用户反馈。针对产品提供公开的反馈渠道（邮箱、论坛等）并鼓励用户进行反馈，这是收集用户反馈最有效的方法之一。对于用户反馈的信息，产品经理应该认真对待，必要时应及时回复或直接联系用户以了解其使用产品的具体情况。

值得注意的是，大量用户由于不知道官方反馈渠道或不愿泄露个人隐私等选择在其他网站或平台上发表意见。因此，除了官方的反馈渠道，产品经理还可以通过其他社交平台主动收集用户反馈，以便及时了解用户的真实需求。

4．搜索相关信息

运营人员可以通过搜索引擎在网页、朋友圈、社区、博客、论坛等平台收集与产品或市场相关的信息资讯，包括资深用户的评测报告、专家深度分析报告、行业最新发展趋势等，这些信息能够帮助产品经理加深行业认知、提升职业能力、准确定位用户需求、及时发现产品不足。同时，产品经理可以从中寻求发展机会、着力打造产品特色、持续深化产品改革。

（三）如何开展用户需求分析

如果说用户需求挖掘是产品研发的必经之路，那么用户需求分析就是实现产品的关键所在。作为产品经理，必须清醒地认识到，不能成为需求的搬运工，而要懂得对用户需求进行过滤、拆分和拒绝。不是所有的用户需求都是有价值的，有些用户需求不仅不会提升产品的性能，还会削弱产品的整体价值。因此，无论是通过何种方式挖掘的用户需求，都不能直接指导产品的设计与生产，产品经理必须结合实际情况进行相应的过滤、分析和转化。

用户需求分析是指从用户提出的需求出发，研究用户行为、洞察用户动机、解决用户痛点，通过详细的分析将用户需求转化为可实现的产品需求的过程。分析的重点在于分析的深度，分析的深度直接决定了最终方案的好坏。用户需求分析的本质是想办法解决问题，在解决问题的过程中，很容易陷入只观察现象而找不到问题本质的误区，导致分析得不够深入，使产品、服务或解决方案只停留在表面，无法真正满足用户。因此，用户需求分析要以需求的"真实、刚需、高频"为中心，从发现需求、分析需求、描述需求三个方面着手，洞见用户与需求间的情感链接，进而形成一个需求闭环。

概括地说，用户需求分析一般分为需求分类、需求筛选和需求管理三个步骤。

1．需求分类

为了更全面深入地开展用户需求分析，产品经理首先要做的就是对大量的用户需求进行合理的分类。结合目标用户和使用场景，用户需求大致可以分为以下三类。

- ❑ 表层需求：用户对解决问题的期望，如希望马车更快。
- ❑ 深层需求：用户的深层次动机，诉求产生的原因，如乘客对出行速度的要求。
- ❑ 底层需求：人性本能的需求，如对安全感和舒适感的追求。

除此之外，常用的需求分类方法有基于马斯洛需求层次理论、KANO 模型等的分类。

（1）马斯洛需求层次理论。马斯洛需求层次理论的基本内容在前文已有介绍，此处不再赘述。他把需求主要分为生理需求、安全需求、社交需求、尊重需求、认知需求、审美需求和自我实现需求七个层次，有助于产品经理从宏观层面上把握用户需求，从而研发出有针对性地满足用户需求的产品。

以新媒体产品为例，满足生理需求的有购物类、外卖类产品等；满足安全需求的有理财类产品、支付宝等；满足社交需求的有微博、微信、QQ、陌陌等；满足尊重需求的有微信的点赞等；满足认知需求的有喜马拉雅、荔枝、蜻蜓 FM 等；满足审美需求的有音乐类、视频类产品等；满足自我实现需求的有分享类、创作类产品等。

当然，有时一款产品可以同时满足用户的多方面需求，如网易云音乐既可以满足用户聆听音乐的审美需求，又能使用户通过歌曲评论、一起听等功能寻找情感上的共鸣，满足其社交需求，某些用户甚至可能会因为评论被他人点赞而获得尊重需求的满足。

（2）KANO 模型。KANO 模型是东京理工大学教授狩野纪昭（Noriaki Kano）发明的对用户需求分类和优先排序的工具，它以分析用户需求对用户满意度的影响为基础，将用户需求分为五类：基本型需求、期望型需求、兴奋型需求、无差异型需求、反向型需求（见图 4-7）。

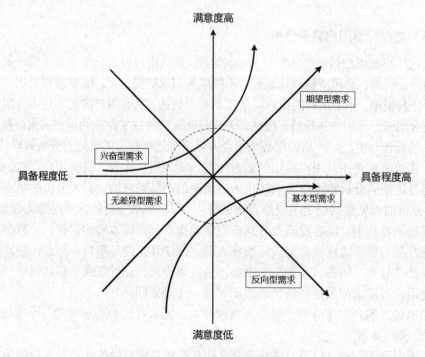

图 4-7　KANO 模型示意图

基本型需求：产品功能必须满足的用户需求，是用户对产品或服务最基本的要求。当该需求不被满足时，用户会很不满意；当该需求被满足时，用户充其量达到满意，不会对此表现出更多的好感。对于这类需求，产品必须通过合适的方法来满足，如社交产品的添加好友功能、音乐产品的听歌功能。

期望型需求：与用户满意度成正相关关系的需求，即此类需求得到满足或表现良好的话，用户的满意度会显著升高；反之，用户的满意度就会降低。对于这类需求，产品应注重提高这方面的质量，力争超过竞争对手，如电商类平台的促销活动和优惠券服务等。

兴奋型需求：也称魅力型需求，指超出用户对产品或服务预期的需求。如果这类需求得到满足，用户会感觉惊喜，满意度大幅提升；反之，用户也不会表现出明显的不满意。对于这类需求，产品需要积极挖掘，领先对手，如微信的摇一摇、看一看和实时状态更新等功能。

无差异型需求：这类需求无论是否被满足，用户满意度都不会受到影响，用户对此因素并不在意，如产品简介、发展历程等。

反向型需求：与用户满意度成反相关关系的需求，与大多数目标用户需求无关，提供太多反而会影响用户体验，如新闻资讯类 App 插入太多的游戏广告。

根据 KANO 模型，产品经理可以了解用户不同层次的需求，对这些需求进行区分和处理，通过对用户的深度了解和分析，挖掘内在价值，深化产品功能，全面提升用户体验。

2．需求筛选

完成用户需求的分类之后可以发现，不同用户的需求是多元化、多层次的，相同用户的不同需求是客观存在的，甚至相同用户的相同需求在不同时期的重要程度也是有所区别的。这就需要产品经理对用户需求进行一定的筛选，去掉无用的需求，留下有价值且可实现的需求，重点关注用户亟须解决的需求。用户需求筛选大致需要经历以下三个步骤。

（1）判断需求真伪。可以使用 5W1H 法（也叫六何分析法）对需求进行整理。具体如下。

what：需求的具体内容是什么？

why：为什么会产生这样的需求？

who：是谁提出的需求？

where：是在什么样的使用场景下提出的需求？

when：需求什么时候会被用到？

how：如何检验需求是否被满足？

围绕上述六个问题对用户需求进行初步整理，即可判断该需求是否为目标用户的真实需求、实现后能否达到预期效果。如果满足需求后不能解决根本问题，就可以判定为伪需求，可以直接剔除。

（2）衡量需求价值。在衡量需求价值时，对于用户而言，首先需要考虑的是该需求是否为目标用户的需求。每款产品都有自己的目标用户群体，因此在分析用户需求时，需要判断该需求是否是目标用户群体提出的，如一款面向女性开发的健康管理 App 就不需要考虑男性的需求。其次，需要考虑该需求是否为用户的普遍需求，如果只是个别用户的需求,对大部分用户来说并不存在这样的需求,那么盲目开发不仅会造成资源的浪费,还有可能会给其他的大部分用户造成困扰。一款产品只有持续满足主流用户的需求,才能获得更大程度的接纳和认可。例如,有用户提出在某女性健康管理 App 中增加二手交易功能的需求,这并不是主流用户的需求,因此可以暂时不予考虑。

对于产品而言,需要考虑某需求是否符合产品定位、适应其长远发展。例如,在一款新闻资讯类 App 中,有些用户提出增加售卖商品的功能,这很显然与产品定位和发展规划不相符,因此可以予以排除。同时,需要考虑该需求是否可以实现,如果用户提出的功能需求无法实现或开发难度较高,需要投入的资源远远超过该功能所带来的收益,那么这样的需求也可以暂时不予考虑。

(3)确定需求优先级(需求排序)。用户需求往往是多方面、多层次的,但资源和条件的限制决定了单个产品不可能满足用户的所有需求。因此,需要对用户需求进行排序,集中资源优先解决用户亟须被满足的需求,在有限的时间内尽快取得一定的成果,提升产品的市场竞争力。那么,怎样才能更恰当地对用户需求进行排序呢?

在确定需求优先级时,通常要考虑紧急程度、重要程度、实现成本、满足目标用户需求、符合产品定位等因素。此外,产品经理可以借助四象限法则来确定需求优先级,如图 4-8 所示。

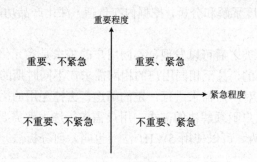

图 4-8 四象限法则示意图

重要程度:需求是否符合产品的定位、是否与产品发展规划挂钩、是否是产品应该满足的基本功能、是否对收益具有巨大影响等。

紧急程度:需求是否需要马上解决,如 bug 类需求,如果不解决就会影响用户的正常使用,从而造成用户流失等不良后果。

通过四象限法则,产品经理可以快速、有效地实现用户需求的优先级排序。重要、紧急的需求应集中精力优先解决;重要、不紧急的需求应对需求进行分析后制定出具体方案,再安排解决;不重要、紧急的需求,可以考虑是否需要解决,如果需要解决的话,是否有省时省力的方式;不重要、不紧急的需求,可以暂时不予考虑。

3. 需求管理

用户需求经过筛选后,要汇总到产品需求池中,便于产品经理统一管理。产品需求池没有固定格式,可根据产品经理的管理习惯进行设置,如图 4-9 所示。

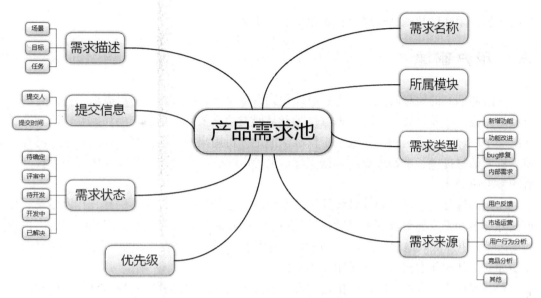

图 4-9　产品需求池结构图

在管理用户需求时，需要注意以下三点：一是汇总完成后，应与开发等部门展开需求评审会议，进一步筛选掉无价值需求；二是同一模块的需求尽量集中在一起，方便开发人员查看和统一解决；三是定期整理产品需求池，避免重要需求被遗漏。

产品需求管理是一个持续的动态过程，新的产品需求不断产生，同时一批批产品需求被实现。产品经理要负责对产品需求的进展进行跟踪并时刻更新它们的状态。除了需求状态，还需要记录一些和需求进展相关的重要信息，如已完成需求的完成时间、搁置需求被搁置的主要原因等。

总而言之，用户需求的挖掘与分析是一个较为复杂的过程，在操作中需要注意以下三点。

（1）挖掘新媒体用户的根本需求。有时候，用户的需求带有迷惑性和不确定性，需要通过用户访谈、用户调研等方法分析和挖掘用户的根本需求，这样可以使产品更贴近用户、更符合市场需求、更具竞争力。

（2）对新媒体产品及其用户做定性、定量分析，优化产品功能，使其更贴近用户需求。由于用户的需求具有不确定性，同时用户的需求在不断地变化，因此需要不断地对用户做定性、定量分析，明确用户的不同层次、不同心理和不同需求，以便有针对性地开发设计产品，同时可以为产品的市场决策提供依据。

（3）挖掘新媒体产品的创新突破口，使创新和用户需求紧密结合，进一步提升产品品质。鉴于用户的需求是动态变化的，产品需要不断地创新突破，才能长久不衰地立于市场之上。

对于产品经理来说，用户需求的挖掘与分析是一项非常重要的职业技能，只有始终坚持以用户为中心，深入理解和分析，才能筛选出真正有价值的需求。另外，在实际工作中，产品经理还需要不断提升自己的思维高度和业务素养，这样才能从需求分析中跳脱出来，帮助产品、团队以及产品经理自身实现更高的价值。

三、用户画像

在浩如烟海的信息时代，如何快速地找到目标用户，深入挖掘用户需求并有针对性地投放产品显得越发重要。而用户画像作为产品研发的重要参考指标，能够完整、清晰地展现出一个用户的信息全貌，为进一步精准快速地分析用户的兴趣偏好、行为模式、消费习惯等重要信息提供了丰富可靠的数据支撑，也为后续的产品设计和开发评估提供了极具价值的参考原型。

用户画像回答了"我们为谁设计"这个问题，它是基于用户基本信息、行为信息、兴趣偏好等多种维度的数据而形成的标签化模型。构建用户画像可以帮助产品经理走出自我的局限性，更加深入地理解用户，了解用户的需求、行为和目标，明确用户究竟想要什么、体验如何，从而研发出真正满足用户需求的产品。

对新媒体产品来说，用户画像是定向广告投放与个性化推荐的前置条件。在构建用户画像的过程中，不同的分析指标构成了不同的用户标签，不同的用户标签形成了不同的用户群体，不同的用户群体又对应着不同的推送内容。后台会基于用户浏览内容的数据挖掘从兴趣偏好的角度进行用户画像并服务于后续的个性化信息推送。以知乎的个性化推荐为例，两个用户同时进入该 App 时，接收到的推荐内容可能有所差别，因为他们平时搜索和关注的话题不同，其中一位经常浏览体育资讯，其用户画像是"体育爱好者"，而另一位可能会因沉迷于动漫而被贴上"动漫发烧友"的标签。

由此可见，用户画像可借助大数据和智能算法快速、精准地得出分析结果，让产品人员在制作内容、选择渠道时能够准确抓住用户心理，既满足用户需求，又提升产品价值和运营效果。

（一）用户画像的含义

用户画像是根据用户特征、业务场景和用户行为等信息，构建一个标签化用户模型，在实际操作的过程中往往以最为浅显和贴近生活的话语将用户的属性、行为与期待的数据转化联结起来。简而言之，用户画像是将典型用户信息标签化。作为实际用户的虚拟代表，用户画像所形成的用户角色并不是脱离于产品和市场所构建出来的，形成的用户角色需要有代表性，能代表产品的主要受众和目标群体。用户画像能够提供足够的信息基础，从而帮助企业快速、精准地找到目标用户群体，更深入地理解用户，获取用户需求，为后续产品的研发提供有效的参考依据。

关于用户画像的含义，目前比较有代表性的说法是"用户画像是根据用户社会属性、生活习惯和消费行为等信息而抽象出的一个标签化用户模型"。用户画像最初是在电商领域得到应用的，在大数据时代背景下，用户信息充斥在网络中，将用户的每个具体信息抽象成标签，利用这些标签将用户形象具体化，从而为用户提供有针对性的服务。

用户画像可以分为显性画像和隐性画像。显性画像指的是用户的可视化特征描述，如目标用户的年龄、性别、职业、地域、兴趣爱好等特征。隐性画像指的是用户内在的、深层次的特征描述，包括用户使用产品的目的、用户偏好、用户需求、产品的使用场景及使用频次等。

构建用户画像的核心工作是给用户贴标签，而标签是通过对用户信息进行分析而总结的高度精练的特征标识。根据用户属性和行为数据，基础的用户标签体系通常分为以下四个类别。

（1）静态属性：指的是最基本的用户信息，是构建用户画像的基础，包括性别、年龄、学历、角色、收入、地域、婚姻等。

（2）动态属性：指的是用户的日常行为，主要记录用户的兴趣爱好和行为习惯，包括出行、工作、娱乐、社交、爱好等。

（3）消费属性：指的是用户的消费情况，包括消费意向、消费意识、消费心理、消费嗜好等，此项纪录是为了对用户的消费能力、消费意向、消费等级进行很好的管理。

（4）心理属性：指的是用户在工作、生活、社交、感情过程中的心理反应或心理活动。进行用户心理属性的划分有利于更好地进行产品设计和运营。

标签所包含的内容不是完全固定的，根据行业和产品的属性有所不同。例如，社交类产品更关注用户社交关系标签；电商类产品更关注用户的兴趣和消费能力等；金融行业还会有风险画像，包含征信、违约、还款能力等。

（二）用户画像的作用

1. 辅助产品规划和功能设计

在产品规划阶段，产品定位、功能、风格等都没有完全确定，其实施效果、推广渠道、运营策略更是有待考量。在这样的前提下，用户画像可以提供有效的参考依据，有助于快速锁定目标用户人群，有效获取用户需求，帮助研发人员结合市场调查和竞品研究情况明确产品定位，指导产品功能设计，提供更契合用户的服务，提升用户对产品的认可度。在产品测试阶段，还可以先让种子用户试用，通过他们的反馈构建用户画像，为产品优化升级提供正确的指导。例如，某图像处理App最初期望面向广大用户提供简单且易上手的修图功能，但在实际运营过程中发现，用户多为"95后"年轻女性，因此适当调整了产品定位，并在更新迭代时加入了各式各样的滤镜、贴纸和涂鸦等功能。

2. 提供个性化推荐和定制化服务

对于新媒体产品来说，用户数据随着互联网的发展日益呈现出多元化、复杂化、个性化的特征。面对这样的情况，用户画像能够将访问的用户细分为很多属性标签，根据用户的实时标签变化来不断完善用户模型，借助大数据和智能算法，为用户提供个性化内容推荐。例如，淘宝等电商平台的商品推荐、今日头条的内容推荐等都是基于用户画像为用户匹配感兴趣的内容，做到个性化推荐。尤其是资讯类App，经常利用消息推送的手段展示用户可能感兴趣的内容，吸引用户的关注，有针对性地提升用户体验。

可以发现，随着推荐算法逻辑的不断完善，在提高推荐精准度的同时，甚至能做到根据用户实时行为快速修正画像，从而为用户匹配最新、最符合需求的内容。除了电商类平台，资讯、视频、音乐、社交等众多领域的新媒体产品也都广泛使用个性化推荐这一功能，某些行业甚至通过用户画像精准找到用户并提供定制化服务。例如，某服装搭配类 App 将 25 岁以上职场男性作为目标用户，为他们提供季度服装搭配服务，每个季度根据用户的预算和喜好需求为他们推荐衣服搭配套装，并且提供专业设计师进行一对一沟通，以此来满足目标用户的个性化需求。

3．实现广告的精准化营销

在快节奏、碎片化的信息时代，用户的注意力很难长时间集中，他们渴望在尽可能短的时间内获取更多的有效信息。面对互联网的冲击，传统广告普遍撒网的方式已经被逐渐淘汰，精准化移动终端广告投放成为主流。从朋友圈的差异化广告到电商应用内黄金位置的信息展示、从 App 开屏广告到视频前贴片广告等，都是利用用户画像实现广告精准化投放的典型案例，有时甚至会出现在搜索引擎搜索某产品，打开电商平台就会收到此类产品的相关商品推荐。这样做不仅能够降低成本，还可以大大提高点击率和转化率，提升广告的整体营销效果。

（三）如何构建用户画像

为了确保构建用户画像工作的顺利进行，可以借助一些专业的用户画像构建方法，目前已经形成且比较成熟的有艾兰·库伯（Alan Cooper）的"七步人物角色法"和尼尔森（Lene Nielsen）的"十步人物角色法"等。结合新媒体产品的特性，构建用户画像大致可以分为以下三个步骤。

1．采集用户数据

数据是用户画像的核心依据，任何没有数据支撑的用户画像都是纸上谈兵。作为构建用户画像的关键环节，采集用户数据看似简单，实际上需要全面考虑，综合运用多种方式，有时还需要根据系统自身的需求和用户的需求收集相关的数据。用户数据可以分为静态数据和动态数据两大类。

静态数据是指相对稳定的用户信息，包括用户的人口属性、商业属性、消费意向、生活形态、CRM（客户关系管理）五大维度（见图 4-10）。相比传统企业来说，互联网企业在这方面更有优势，尤其是淘宝、京东等大型电商平台，可以通过用户注册来完善会员信息、积累数据。静态数据的获取方式有很多种，数据挖掘是最为常见也是比较精准的一种方式，但在数据较少的情况下，也会结合定性研究与定量研究的方法对已有的数据进行补充。定性研究主要是通过开放性问题获取用户真实的心理需求、具象用户特征等，如小组座谈会、用户深访、日志法、Laddering 阶梯法、透射法等；定量研究更多地采用定量问卷调研的方式，关键在于后期定量数据的建模与分析，目的是通过封闭性问题对定性假设进行验证并获取市场的用户分布规律。

动态数据是指用户不断变化的行为信息，一般取决于用户对于产品的行为反馈，包括场景、媒体、路径三个方面（见图 4-11）。例如，一个用户早上登录淘宝买了一个手机、中午通过美团外卖订了一份午餐、下午打开网易云听了会儿音乐、晚上通过优酷观看热播电视剧……这些都属于用户行为。随着互联网的发展，各种动态的行为数据都可以被记录下来，成为构建用户画像、优化产品设计、提升营销效果的重要依据。

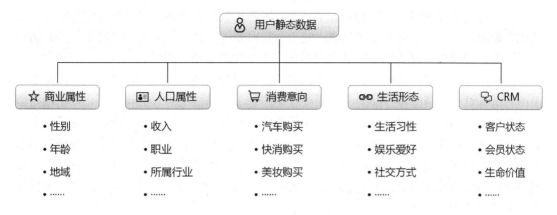

图 4-10 用户静态数据的内容分类图

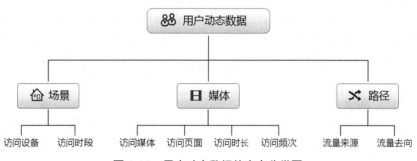

图 4-11 用户动态数据的内容分类图

2．细分用户群体

不同的用户群体有不同的目标、行为和观点，细分用户群体既可以帮助产品经理更好地把握用户的特征和需求，也能够为用户画像优先级的划分提供可靠的依据，进而提升最终画像的丰富度与准确度。

通过第一步中获取的静态数据和动态数据，将用户分为不同的类型，给不同类型的用户打上标签，再对所有的标签进行合理的权重排列，就完成了细分用户群体的全部流程。具体来说，标签代表了内容，即用户对该内容有兴趣、偏好、需求等。权重代表了指数，即用户的兴趣、偏好指数，也可以表示用户的需求程度。因此，细分用户群体可以有效锁定目标用户、深入挖掘潜在用户及其需求，为企业运营提供全面的数据支撑。

在细分用户群体的过程中，最重要的就是提炼用户标签，即利用若干个关键词描述用户的基本特征。概括地说，主要有以下三个方面的内容。

（1）用户是谁，即分析固定属性。

（2）用户在哪里，即分析用户路径。

（3）用户在做什么，即分析用户场景。

由此可知，用户标签=固定属性+用户路径+用户场景。

固定属性即用户的基本特征，这些特征在短时间内不会发生变化，包括用户的年龄、性别、职业、地区、学历等。用户路径即用户的互联网浏览喜好，包括打开频率较高的聊天软件、常用的搜索网站、购物喜好平台等。用户场景即用户在某特定场合或特定时间的动作，如用户在单位上班、家里休息、晚上散步时都干了什么。研究用户固定属性、用户路径及用户场景后，提炼出关键词，就形成了一套完整的用户标签。

不过，用户标签只是用户画像的中间过程，呈现的只是用户画像的基本轮廓，而不是最终的画像结果。新媒体产品运营者需要在用户标签的基础上进行画像描述，以呈现完整的用户特征。描述用户画像看起来像一个写作文或写剧本的过程，即按照标签进行文字延展，但是在具体描述时，需要做到对用户行为全过程的完整表述和用户具体使用场景的细节描述。另外，在对用户数据标签化时，要与产品自身的功能与特点相结合。例如，电商类 App 需要对价格敏感度相关的标签进行细化，而资讯类 App 则需要更多地用标签描述内容关注度方面的特征。

用户标签是表达用户行为的数据标识，也是分析用户场景的关键词。基于用户行为，给特定的用户属性贴上标签，再结合运营策略匹配推荐规则，就可以通过标签精准地向用户推送相应的产品信息。例如，某平台根据用户浏览或购买电子产品的频率、市场与轨迹等维度给用户贴上"电子发烧友"的标签，然后经常向用户推送电子类产品和与之相关的信息。

3. 构建用户画像

运用多种途径完成用户数据的采集，通过标签化实现了用户群体的细分后，接下来就是最为关键的一步——构建用户画像。如果说用户标签是对用户特征的具体描述，那么用户画像就是由多个标签构成的组合。因此，需要对前期提炼的用户标签进行全面细致的分析，将其分类整合并建立标签系统，形成多元化、立体化、可视化用户画像。此外，可以添加一些其他元素进行描述，如目标动机、家庭状况、公司、个人语录、场景等，使用户画像更加丰富、饱满。

需要特别注意的是，构建用户画像要避免两个误区：其一是把自己当作用户。在产品研发过程中，产品经理很容易不自觉地把自己当作用户，依据自己的喜好和特征描述用户的喜好和特征，这样会导致用户画像出现严重偏差。其二是企图满足更多人的需求。产品经理总是想把所有人都变成产品的忠实用户，结果却是没有用户喜欢该产品。瓜子网针对的是二手车买家、滴滴面向的是打车一族、知乎的用户群体是知识青年……由此可见，只有有针对性地选择目标用户构建用户画像，才能立足于市场。

用户画像的核心是为用户贴标签，即将用户的每个具体信息抽象成标签，利用标签将用户形象具体化，从而为用户提供有针对性的产品或服务。用户画像包含的内容并不完全固定，不同企业对于用户画像有着不同的理解和需求。行业和产品不同，企业所关注的特征也有所不同，但主要关注点均体现在基本特征、社会特征、偏好特征、行为特征等方面。

构建用户画像的目的是充分了解用户，进而为产品设计和运营提供参考。因此，在用户画像构建完成之后，还需要根据数据的实时变化及时做出调整和完善。作为产品经理，要时刻谨记，用户画像绝不是最终目的，而只是一种参考依据和分析手段，借助它科学指导产品设计和生产并制定合理的运营规划和策略才是最重要的。

第三节 新媒体产品需求

一、产品需求概述

需求基于具体的场景，而产品从实际的需求中产生。对于产品经理来说，仅仅关注用户是远远不够的，基于用户需求进行产品需求的挖掘与分析同样重要。如果说用户需求主要关注的是解决什么问题，那么产品需求重点研究的就是如何解决；如果说用户需求强调的是达到什么效果，那么产品需求强调的就是提供切实可行的实施方案。

（一）产品需求的含义

产品需求是产品所有功能的描述和规划，是产品的组成部分，也是产品最终要达到的目的，其最常见、最容易被接受的形式是产品功能说明，也叫作产品的待办事项清单。产品需求既是原因也是结果，一个产品由需求发起，结束于满足需求。产品需求可以来源于用户，由用户需求转化而来；也可以来源于市场，随着时间、市场趋势的发展变化而不断完善和创新。

概括地说，产品需求是服务于目标用户且符合产品定位及战略愿景，经过筛选、明确、细化、排序并具有可行性的产品功能规划和实施方案。其组成要素包括：产品的远景目标；目标市场和客户的描述；详细的产品功能路径描述；功能的优先级、价值、权重；初步拟定的进度迭代；产品的软硬件要求、性能要求等。

（二）产品需求的特性

1. 清晰、明确

如果说用户需求的涉及面广泛，那么产品需求一定是专注于特定的用户画像进行设计的；如果说用户需求是为了前期调查和深入剖析，那么产品需求一定是为了后期实施和价值呈现。因此，相较于用户需求的难以挖掘、笼统宽泛和模棱两可，产品需求显然更加清晰、明确，目标和实施路径更加细化。

2. 规范、严谨

除了简单的分析和整理，产品需求还需要经过很多特定的处理，如删减、优化、审核、创新等，最终形成一系列颗粒度统一的执行规范。它的存在绝不是灵感突现，也不是模仿抄袭，而是以用户需求为基础，结合产品定位、市场行情、竞品优势、成本投入、技术支持、运营策略等各项因素制定的功能设计、产品规划或解决方案，相对于用户需求来说，更加规范、严谨。

3. 可行性强

一般情况下，用户需求都是用户在遇到问题时提出的想法或诉求，具有一定的随意性，而且通常是从个人角度出发、基于已有经验提出相应的解决方法。而产品需求是由产品经理经过综合考虑、量化验证等一系列流程得到的，可行性强，具备相应的技术支持、发展条件和整体规划。对于产品经理来说，不管是产品从 0 到 1 的开发设计，还是在已有基础上的更新迭代，产品需求的可行性分析都是非常必要且必须完成的，因为产品需求的顺利实现是满足用户需求、提升产品价值、促进企业发展的切实保障。

二、产品需求挖掘与分析

任何需求都不是凭空捏造出来的，产品需求可能来源于公司内部，也可能来源于目标用户，甚至可能来源于竞品分析，产品经理要广泛收集、深入挖掘、细致分析，对不完整、不清晰、不成熟的需求进行严格的筛选和优化，形成既能满足用户需求又能实现商业价值的产品需求。在实施过程中，还要明确产品需求的价值和优先级，合理安排、长远规划，为实现产品目标、提升用户体验和促进企业发展奠定基础。因此，产品需求的挖掘与分析是问题能否解决、如何解决的关键所在。

（一）如何挖掘产品需求

1. 挖掘来自企业内部的需求

（1）从业务方向上挖掘需求。在进行业务开发的过程中难免会遇到一些问题，这些问题对企业来说也是挖掘产品需求的突破口。为了解决这些问题，企业会制定相应的战略决策，同时会发现产品存在的不足和发展的潜力。除此之外，产品经理基于长期对市场的接触和观察，也会有一些看法或者方向，还有来自运营、市场或者客服部门在办理业务的过程中发现的需求。需要注意的是，这些需求并不能直接被当成最终的产品需求，还需要更深入地挖掘并结合多方面的因素考量其合理性。

（2）通过头脑风暴挖掘需求。头脑风暴是指一群人围绕一个特定的范围或话题自由地思考和讨论，产生创新的思想和观点，是挖掘产品需求的常用方法之一。参与者最好有不同的阅历和学科背景，可以邀请产品经理、市场经理、运营经理以及一些思想敏锐、知识广博、阅历丰富的员工一起参加讨论。

需要注意的是，头脑风暴要有明确讨论的目的或议题，并且要注意引导和发散思维，让所有人都能够参与其中。同时，要鼓励参与者自由畅谈，不能批评他人的观点和说法，保证产生观点的数量和发散性。在讨论过程中最好使用录音、录像、拍照、思维导图或文档的形式进行详细记录，方便后期整理，避免遗漏重要内容。

（3）通过场景分析挖掘需求。产品经理需要经常考虑用户具体的使用场景，因此可以通过模拟场景和用户去挖掘需求。常见的方式有基于文本的场景模型和故事化场景。这个模式并不是一成不变的，可以按照自己的模拟方式开展，如使用文字并按照场景模拟一段故事，然后对这个故事进行分析，了解这个故事场景中的需求。

2. 挖掘来自用户的需求

用户需求虽然没有产品需求清晰明确、规范严谨，但是在一定条件下可以转化为产品需求。因此，可以通过深入了解用户来获取需求，用户访谈和调查问卷等都是挖掘用户需求最为直观有效的方法。在用户需求的基础上，产品经理可以结合产品自身的情况进行相应的优化和调整，进而挖掘出产品需求。

3. 挖掘来自竞品的需求

竞品分析不仅是挖掘用户需求的有效方法，也可以为挖掘产品需求提供帮助。通过分析竞品的市场定位、核心功能、亮点功能、前端架构、用户体验、盈利模式、用户评论以及反馈，能够清晰地看到竞品的发展方向、目标用户以及经营模式，在这个基础上，产品经理可以通过其他方法进行更深一步的了解和调研，从而获取相应需求，还可以将产品的信息架构图梳理出来并对其结构进行分析，以获得相应的启示和参考，了解其产品所解决的需求。

进行竞品分析并充分了解其优、缺点，既有助于产品经理对自身产品的需求查漏补缺，也有助于取其精华、去其糟粕。一般情况下，很多产品需求都是从同行业、同类型的竞品分析中发现的，这些需求或许恰好能够弥补同行产品中的某些不足而成为自己创造新媒体产品的源头。

4. 挖掘来自资料文献的需求

作为新媒体产品的产品经理，要清醒地认识到，市场的趋势和行业的发展无时无刻不在发生变化，这种快速而巨大的变化会极大地影响用户和产品，也会提供更多的需求信息。因此，产品经理必须及时更新知识、实时了解新闻资讯和行业动态，从各种信息中寻找信息，利用关键词展开精确搜索，挖掘产品的相关需求。

5. 挖掘来自运营和反馈的需求

（1）通过运营数据分析挖掘需求。产品经理必须具备强大的数据分析能力，包括调查数据和运营数据的统计分析。特别是进行产品测试的时候，需要密切关注数据的变化，如产品的访问量、用户数、流失率、点击率、转化率、留存率、活跃度等数据，要及时进行统计分析并得出结论。如果用户数过低，就查看是否是因为流程过于复杂；如果转化率过低，则检查是否是因为跳转的逻辑设计得不好。分析发生这些问题的原因，或许能够找到一些相应的需求。

（2）通过用户反馈挖掘需求。除了客观的运营数据分析，产品经理还可以通过用户反馈来挖掘产品需求。用户提出的问题、期望或建议都会给产品的设计、研发带来启发，产品经理需要重点关注产品官方反馈入口、产品 QQ 群、知乎、微博、微信、贴吧、论坛等渠道或者从客服处了解情况。

为了更加方便地从用户反馈中挖掘产品需求，需要获取大量的用户反馈数据进行分析，产品经理可以做一些有利于用户反馈的相关设计，建立反馈引导机制。可以通过反馈问题展示、回复、奖励被采纳建议的反馈者等方法，刺激更多的用户参与反馈。特别是产品初期，更加需要大量的用户反馈数据进行迭代需求挖掘。要想用户反馈的内容能够为己所用，必须将用户反馈的内容记录下来并进行整理和分析。

（二）如何进行产品需求分析

如果说用户需求分析是产品开发前的前期准备工作，那么产品需求分析就是开发过程中的落地实施环节。对于新媒体产品来说，仅仅分析用户需求是远远不够的，还必须进行深入细致的产品需求分析。所谓"磨刀不误砍柴工"，产品需求分析能够帮助产品经理回归本源，加深对产品本身的理解和认知，明确产品的基本属性、功能设计、使用场景、实际价值和可实施路径。总的来说,大致可以从以下三个方面入手。

1. 回归业务场景,梳理场景需求清单

与用户需求不同的是,产品需求不仅要服务于目标用户、符合产品定位,还要做到真正可实现,能够解决实际问题或发挥特定价值。因此,产品经理需要认真地思考业务场景及其相应的需求,可以通过哪些用户、在什么环境中、处于什么样的动机、做了哪些动作、达成了什么目的这五个要素来还原实际的使用场景。只有在实地调研中发现真实存在的问题,才能有针对性地制定切实可行的解决方案,研发出让用户满意的产品。

除此之外,产品经理还要具备梳理业务场景中各个环节需求的能力。一般来说,用户在同一场景下的不同时期会呈现出不同的需求,因此,产品不仅要从宏观上满足用户需求,同时要在微观上方便用户的使用。这就需要产品经理对业务进行调研、分析和求证,找到关联步骤或流程,根据流程还原每个流程下的代表性场景并拆解需求,在全面考量之后,打破业务壁垒,形成完整的场景业务需求清单。如果收集的信息不全、场景还原不到位或者需求梳理不完整,就无法真正理解用户,更无法研发出用户想要的产品,甚至导致"事倍功半"。

2. 学会利用竞品,完善需求分析

在挖掘产品需求时,我们使用竞品分析是为了了解其优缺点,扬长避短,趋利避害;而在进行产品需求分析时,我们使用竞品分析是为了帮助我们验证产品需求的真实度及合理性,通过全面细致的对比,梳理产品业务链条中的全场景。

竞品分析不是一劳永逸的模仿和照搬,而是帮助我们打破业务壁垒的工具。通过竞品分析,我们可以验证需求的市场价值,分析产品的功能实现,补充完善由还原场景得出的需求,使需求转化更加合理、产品研发更加高效。在选择竞品对象时,可以选择核心用户群高度相同的产品,也可以选择功能模块和服务流程比较相近的产品。通过研究不同竞品的功能,能够以更细的颗粒度还原场景,及时捕捉产品业务链条中的全场景及其需求,提升用户的使用体验。

3. 厘清需求价值,判断需求的优先级

需求的价值是由产品价值决定的。产品价值分为两类:一是用户为产品或服务付出的成本所产生的产品的商业价值;二是产品或服务满足用户需求所带来的用户价值。产品的商业价值既包括短期的财富收入,如用户的消费、企业的赞助、机构的采买或签约等,也包括长期的社会价值,如用户信任度、市场占有率等。用户价值指的是给用户带来物质或精神需求上的满足,如心情愉悦、生活便利、隐私保护等。可以说,产品或服务满足用户需求产生了用户价值,而用户价值又进一步促进了产品商业价值的实现。对于产品经理来说,符合产品的商业价值又符合用户价值的需求一定要满足,有商业价值而没有用户价值的需求不予考虑,有用户价值但商业价值很低的需求需要慎重考虑或暂且搁置。

与用户需求相同,产品需求也需要判断优先级。作为产品经理,一定要把握整体的发展大局,目标明确,取舍有道,深入剖析,主次分明,合理配置可用资源,制定产品实施方案,保障项目有序进行。

产品需求分析不是一个人的事情,不仅需要全员参与,更需要时间和市场的沉淀。只有经过深入细致的调研、挖掘和分析，准确理解用户需求，熟练掌握产品定位、功能设计、实施条件等具体情况，才能完成用户需求的合理转化，不断地优化产品，提升市场核心竞争力。

第四节　用户需求与产品需求的关系

通过前面的阐述，我们已经了解了用户需求和产品需求的概念，但是在实际操作中还有不少人容易将二者混淆，原因在于没有清楚地认识用户需求与产品需求的关系。那么，下面我们将围绕用户需求与产品需求的共性、区别，以及用户需求如何转化为产品需求三个方面来揭示二者的关系。

一、用户需求与产品需求的共性

从本质上来讲，用户需求和产品需求都属于需求，都是为了解决现实问题。当用户在生活中遇到困难或不满足现有产品所提供的功能时，就会产生相应的用户需求；当产品经理根据用户需求综合考量市场、竞品、技术等各项因素之后，就产生了产品需求。由此可见，无论是用户需求还是产品需求，都不是凭空出现的，而是基于现有情况产生的需求。换句话说，用户需求是用户需要解决什么问题，产品需求是用什么产品来解决用户的问题。例如，由于书本太多、太沉、不便携带，用户需求是改善纸张工艺以减轻重量，而产品需求是用电子阅读器这一产品替代书本，以解决书本太多、太沉、不便携带这一实际问题。

从价值上来讲，用户需求和产品需求都是必须考虑的因素，都将在产品的定位、设计、生产、营销等各个环节发挥重要作用。如果没有用户需求，我们就失去了方向，更无法针对性地开发产品；如果没有产品需求，我们就失去了方法，更无法解决实际问题和实现产品价值。因此，在产品发展的整个生命周期中，二者缺一不可。例如，某美食 App 中，用户提出能否提前预约，基于这样的需求，App 推出电话预约的功能；用户又提出能否缩短吃饭排队的时间，App 结合网络技术推出了线上排队的功能；而后用户反馈时间不好把握，提出能否及时提醒，于是 App 又对原有功能进行完善，增加了手机叫号的服务。

二、用户需求与产品需求的区别

尽管用户需求与产品需求之间存在共性，但是二者的区别也是非常明显的，主要体现在产生时期、出发角度、主要内容和可实施性四个方面。

（一）产生时期

通常情况下，用户需求先于产品需求而存在，即先有潜在用户，然后才会出现解决需求的产品。如果说用户需求是基于现实中遇到的问题而产生的，那么产品需求就是在用户需求的基础上结合产品自身情况产生的。举一个简单的例子，手动打扫卫生费时费力，这一场景的用户需求是更快、更省力地完成打扫；而产品需求是发明一款自动打扫卫生的机器人。很显然，我们不能说打扫机器人是在用户需求之前产生的。正是由于用户需求的提出，产品需求才能在此基础上不断优化和创新。

（二）出发角度

用户需求是从用户的角度出发，在特定场景中提出的诉求，用来解决用户实际遇到的问题或困难。而产品需求是从产品或企业的角度出发，着重考虑市场的主体趋势、产品的自身情况和企业的未来发展，提出切实可行的功能设计、产品规划或解决方案。由于二者所站的立场不同，也就直接导致了用户需求不等于产品需求。用户提出的需求往往是用户自己思考出来的以满足自身需要或欲望的办法，取决于自身的知识、经验和紧迫程度，不同的用户面对相同问题所提出的需求也会有所不同。而产品需求是通过一系列的功能、内容或服务的组合来满足用户需求、解决实际问题的，其出发角度相比用户需求来说较为客观。

（三）主要内容

用户需求通常是用户遇到了什么问题、希望如何解决、希望达到怎样的效果，而产品需求是针对用户需求形成的解决问题的思路、方案或产品规划。因此，用户需求往往是抽象的、模糊的，有时用户甚至无法清晰、准确地表达自己的需求，而产品需求是产品经理深入挖掘用户需求，全面分析各项数据之后得出的，内容通常较为完整。

（四）可实施性

用户需求往往是理想状态，无法直接开发实现，有时甚至是一些脱离实际的伪需求，可实施性较低。通常情况下，用户提出的需求都是基于自身考虑，表达对产品功能的期望，但对产品定位、设计依据、技术支持等方面并不了解，他们的建议往往不是该功能的最佳实现方式，更不能直接作为产品规划的依据。因此，实际开发中产品经理需要借助用户研究挖掘用户的真实需求或通过类似原型设计使需求具体化。而产品需求不仅要在用户需求的基础上进行筛选分析，还关系到市场行情、用户需求、成本投入、技术支持等各个方面，所以要进行市场调查、竞品分析、体验评估等，是一个较为严谨的产品规划和解决方案，可实施性较强。

综上所述，用户需求是用户基于自身角度提出的要求或亟须解决的问题，而产品需求则是以满足用户需求为目的和前提的能够解决实际问题的产品方案或思路。也就是说，用户需求关注的是遇到的问题和达成的效果，而产品需求关注的是如何解决问题并优化用户体验。

三、用户需求如何转化为产品需求

与产品需求相比，用户需求的来源较为复杂，可能是用户访谈，也可能是调查问卷，甚至可能是一条简单的用户反馈，往往不能直接指导产品研发。而产品需求通常是产品经理为了满足用户需求，综合考虑各项因素后确定的能够直接投入使用的产品规划或解决方案。可以说,产品需求是在用户需求的基础上加工改造的产物。那么,用户需求如何转化为产品需求呢?大致可以分为以下三个步骤。

(一)抽象用户需求

用户需求是用户在面对困难或现有产品无法满足的情况下产生的期望或诉求,往往不够清晰、可实施性较弱。因此,要想转化为产品需求并投入实践,就必须采取适当的方法对用户需求进行分析、整理和加工。

首先,从用户需求的深度和维度两个方面辨别需求本质,全面深入地剖析此需求的价值和真实性。用户需求的深度主要包括观点、动机和人性。观点指的是需求的表层描述;动机指的是用户内心真实的诉求;人性指的是马斯洛需求层次理论中人主要的五个基本需求,即生理需求、安全需求、社交需求、尊重需求和自我实现需求。例如,某用户需求的观点是希望文字聊天时可以发表情,那么他的动机就是想要聊天对象更准确地理解他所要表达的意思,实现更有效的沟通,他的人性就是为了满足社交需求。而用户需求的维度主要包括广度、频率和强度。广度指的是具有该需求的用户数量;频率指的是该需求出现的频次周期;强度指的是用户想要满足该需求的意愿。通过这样的分析,可以较为深刻地认识用户需求的内在本质,帮助产品经理理解它的真实性和重要性。

其次,要对用户需求进行一定的筛选,剔除价值较小和难以实现的需求。需求筛选应考虑的内容包括但不限于以下几点。

(1)该需求是否符合公司发展战略?
(2)该需求是否符合产品功能定位?
(3)该需求是否有良好的市场环境?
(4)该需求是否有足够资源保证产品的开发、推广和维护?
(5)该需求是否能够在一定期限内实现预定的经济效益?

最后,要对留下的用户需求进行优先级排序,这里的用户需求是一个广义概念,它的表现形式既有用户诉求,也有产品功能的描述和规划。在排序的过程中,要结合产品的现有框架、发展方向、技术条件、团队资源等综合考虑,优先实现的需求一定是对产品核心流程的强化,同时要和商业目标相契合,最大程度地提升产品的核心竞争力。常用的排序工具有 KANO 模型和四象限法则(在前面的章节中已有详细介绍,此处不再赘述)。

(二)需求实例化

完成对用户需求的分析和整理之后,就要设计解决方案了,也就是将需求实例化。在产品框架支持的基础上,可以通过设计产品功能、制定产品规划、形成解决方案来满足用户需求。例如,用户想要一个轻便的交通工具来代步,那么电动平衡车就是将该需求实例化的表现。这一过程是以用户需求为核心,结合产品、竞品、市场、资源等各项因素,为用户提供能够解决问题的功能或产品,实现产品需求。

(三)优化产品需求

对已经实现的产品需求进行优化,可不断强化用户体验。对于新媒体产品来说,可以通过优化产品 logo、颜色、提示音等各个方面提升整体竞争力。当然,在进行产品优化迭代的时候也一定要先满足亟须改进的需求。例如，在使用搜索引擎时，用户不会因为色彩搭配不美观而离开，但是会因为加载速度过慢或搜索结果不准确而放弃。因此，在进行产品优化的时候一定要衡量孰轻孰重，最好的方式是通过数据分析明确用户进入的最大路径，找到在哪个过程中流失得最多，对流失率最高的部分进行优化，优化之后再观察数据表现。以用户需求驱动产品迭代固然重要，但最终目标还是要落实到商业价值上，真正的好产品是可持续发展的，既要能满足用户需求，又要能实现商业价值。

在产品研发的过程中，设计产品的初衷源于用户，使用产品的是用户，做出最终判断和评价的也是用户，而这些评判又必将影响到产品的销量、口碑、利益和形象等。因此，在新媒体产品的开发设计过程中，要以用户为中心，深入挖掘和分析用户需求，做到研究用户、理解用户并满足用户。而产品需求是在用户需求的基础上，综合考量产品定位、市场行情、成本投入、技术支持等各个方面确定下来的。也就是说，产品需求的挖掘与分析能够帮助产品经理进一步明确做什么、如何做，实现资源的优化配置，及时满足用户需求，提升用户体验。

综上所述，用户需求与产品需求之间的关系非常微妙。一方面，用户需求不等于产品需求；另一方面，产品需求是由用户需求转化而来的，二者既相互区别又相互联系。作为产品发展过程中不可或缺的两个部分，用户需求是产品需求的基础，而产品需求又是为了满足用户需求而产生的，这也能够进一步帮助我们准确评估满足用户需求的产品或方案的可行性和实际价值。

---- 案 例 借 鉴 ----

36 氪 App 用户需求分析

---- 认 知 测 试 ----

---- 问 题 拓 探 ----

1. 新媒体产品的用户特征有哪些？为什么说它既有主动性又有被动性？
2. 如何进行用户需求分析？其意义是什么？
3. 用户需求和产品需求的含义分别是什么？二者之间存在什么关系？

4．用户的基本需求、核心需求和兴奋需求有什么区别？
5．用户画像的作用是什么？如何构建用户画像？

实 践 任 务

1．以某一新媒体产品为例，谈谈如何进行产品需求分析。
2．围绕某一主题设计调查问卷，并根据所学的步骤，结合调查数据构建相应的用户画像。

第五章

新媒体产品市场调研

> **问题导航**
> 　　了解用户需求和产品需求只是新媒体产品设计与开发工作的一部分，还需要了解广阔的市场背景和复杂的社会需求以及产品的发展变化趋势。产品经理要从宏观和微观两个层面对产品进行多维度的调研，从而开发出适销对路的新媒体产品。

第一节　新媒体产品市场调研概述

　　市场调研是伴随着商品经济的发展而出现的。起初，它只应用于实物产品的营销领域，后来被进一步应用于非实物产品的服务领域以及行政管理和决策领域。近年来，随着人工智能、大数据、区块链等各种新技术的涌现，许多物质类、信息类和智能类新媒体产品开始影响人们的生活。一个企业或创业者要开发一款新媒体产品，首先要对新媒体产品市场进行调研。这一调研活动不仅是企业市场营销的重要组成部分，也是企业开展市场预测和新产品开发的基础和前提。

一、新媒体产品市场调研的含义

　　市场调研即市场调查研究的简称。大部分教材和专著都是从商品和服务出发，将市场调研的主要含义概括为：对商品和服务从生产者到消费者的过程中所发生的与市场营销有关的情况进行系统的收集、整理和分析，以了解商品和服务的现实市场和潜在市场并得出结论的工作过程。

　　大部分专家和学者认为，市场调研是整个市场营销领域中的一个重要元素，它把消费者、客户、公众和营销者通过信息联系起来，这些信息具有以下作用：识别、定义市场机会和可能出现的问题，制定、优化营销组合并评估其效果。市场调研要确定说明问题所需的信息、设计收集信息的方法、监测和执行数据收集的过程、分析结果并把调查中的发现及分析结果提供给客户。[①]

我国台湾学者樊志育认为，市场调研有狭义和广义之分。狭义的市场调研（market research）主要是指针对顾客所做的调查，即以购买商品、消费商品的个人或工厂为对象，探讨商品的购买、消费等各种事实、意见及动机。广义的市场调研（marketing research）包括市场运营或营销（marketing）的每一个阶段，以市场运营所有的功能、作用为调查研究的对象。

美国经济学家菲利普·科特勒认为，市场调研是系统地设计、收集、分析和提出数据资料并提出与公司所面临的特定的营销状况有关的调查研究结果的过程。

根据美国市场营销协会（American Marketing Association，AMA）的定义（1988年），市场调研是通过信息的运用，把消费者、公众和营销者联系在一起的一种职能，是为了提高决策质量以发现和解决营销中的机遇和问题而系统、客观地识别、收集、分析和传播信息的工作。

国际商会与欧洲民意和市场调研协会在《市场营销和社会调查业务国际准则》中对市场调研进行了界定：市场调研是指个人或组织（工商企业、公共团体等）对有关其经济、社会、政治和日常活动范围内的行为、需要、态度、意见、动机等情况的系统收集、客观记录、分类、分析和提出数据资料。[②]

有人认为，市场调研有三层含义：一是市场调查的对象，即产品或服务的购买者或使用者以及市场运营的各阶段；二是市场调查的科学性，即系统地计划、收集、记录、分析及解释其资料；三是市场调查的作用，即支持管理人员的决策。[③]

以上国内外学者对市场调研的观点，虽然有不同的研究重点，也有认识上的差异，但大多是从市场营销的角度来定义的。本章所说新媒体产品调研是新媒体产品设计与项目管理活动的一个环节，如果仅把新媒体产品调研局限于市场营销，是狭隘的、不全面的。因为为市场营销所做的调研也只是新媒体产品调研的一部分，其他的如老产品升级迭代、新产品设计与开发等同样需要市场调研。

因而，本书将新媒体产品市场调研定义为：运用科学的方法收集并分析新媒体产品生命周期各阶段信息、为产品项目管理提供决策和工作依据的调查研究活动。创意萌动、设计开发、运营维护、迭代升级直到衰亡构成了新媒体产品全链条的生命周期，而在生命周期的不同阶段，新媒体产品的管理有不同的特点，需要调研的内容也有所不同。本章不在微观上讲述各个阶段的市场调研具体方法，只是从宏观上讲述新媒体产品市场调研的一般理论和技术。

---

① 胡瑞卿，董成武. 市场调研理论与实务[M]. 广州：中山大学出版社，2014：1.
② 许以洪，彭光辉. 精编市场调研[M]. 2版. 武汉：武汉理工大学出版社，2012：1.
③ 陆军，梅清豪. 市场调研[M]. 北京：电子工业出版社，2012：57.

二、新媒体产品市场调研的类型

本书所说的新媒体产品市场调研是为新媒体产品项目全流程管理服务的,所以从企业或单位的发展战略决策的角度出发,有已拟开发的特定的新媒体产品的市场调研,也有未拟开发的潜在的新媒体产品的市场调研;有已经运营的新媒体产品的市场调研,也有濒临衰落的新媒体产品的市场调研。在不同阶段有不同的新媒体产品市场调研类型。

其中,未拟开发的潜在的新媒体产品的市场调研是企业或单位根据自己的长远发展战略,对产品市场所进行的探索性调研,目的在于发现市场机会、挖掘潜在的新媒体产品需求、寻找某种新媒体产品的开发动机,以拓展企业的发展空间。而已拟开发的特定的新媒体产品的市场调研是指开发某种新媒体产品的战略动机已经产生,已经形成了管理层的决策,需要为设计人员提供这一产品的市场数据而进行的调研。

从新媒体产品开发与运营的动态流程来看,市场调研是伴随整个新媒体产品的生命周期的一项常规性工作,大体可以分为前期调研、中期调研和后期调研,下面只从这些类别中抽出几种典型调研加以介绍。

(一)产品趋势调研

要研究一个新媒体产品,必须在一开始就把眼光放在对市场趋势的研究上。这是因为,如果这个产品市场是有发展的、潜力很大的,企业就可以大胆进入;反之,如果这个产品是夕阳的、每况愈下的,企业就应该退出或谨慎对待。

例如,在对中国音乐类 App 市场进行分析时,一是要分析音乐类 App 的种类,其中包括社交型音乐 App、内容型音乐 App 等;二是要分析音乐类 App 的外部发展环境,其中包括各类音乐软件产业经济的运行、中国音乐类 App 的运行、中国音乐类 App 相较于国外音乐类 App 的竞争力等;三是要分析国际及中国音乐类 App 市场的特点;四是要分析音乐类 App 的发展前景,其中包括中国音乐类 App 的前景预测、中国音乐类 App 的发展趋势等。综合以上分析,从而得出"中国音乐类 App 产业前景光明、音乐类 App 运营前景看好"的结论。

(二)产品流行度调研

21 世纪,新媒体产品市场面临的最大挑战就是"产品流行化"和"品牌分化",所以必须加强对流行时尚的调研。依旧以分析中国音乐类 App 为例,对中国音乐类 App 产品进行市场调研时,需要分析中国现有各类音乐 App 的流行趋势,即什么样的产品最受受众喜欢、品牌接受度最高?

(三)用户行为、态度调研

在新媒体产品市场中,用户的行为和态度是至关重要的,市场的主体和核心是用户。在市场经济条件下,任何企业的生产经营活动都必须直接或间接地围绕着市场,即围绕着用户行为,以用户行为作为营销活动的出发点和归宿。用户行为、态度调研一般是通过问卷和座谈会的方式进行的。

问卷的问题设计应该侧重于了解用户的痛点、用户对新媒体产品的使用感受、用户使用新媒体产品的场景（时间、地点等）、用户使用新媒体产品的方法（频率、行为动作等）、用户使用新媒体产品的目的（自用、送礼还是给家人使用），具体可以针对三部分内容：一是决策要素，即用户在购买新媒体产品时主要看重哪些价值要素，对此，可以让用户对新媒体产品的一系列价值要素进行优先性排序；二是信息触点，即用户日常会看哪些媒体，通过什么渠道了解到品牌和产品等；三是购买行为轨迹，即用户在哪里购买、何时购买及其购买频次等。

（四）零售渠道、终端市场调研

任何一个商品都必须通过终端市场进行销售，如果生产企业的终端市场调研工作做得不好，那么销售流程就会脱节甚至中断，其产品就无法实现良好的销售，因此谁掌控终端市场，谁就是赢家。什么是终端市场呢？就是销售渠道的末端，是制造商产品的最终"出口处"，担负着向上联系厂家、批发、代理商、经销商，向下联系用户的重要责任。

一般来说，终端分为"硬终端"和"软终端"。"硬终端"包括产品陈列与展示，门面广告，招贴画、吊旗、展示柜、包装袋等。"软终端"包括销售人员的口碑推荐、现场促销、有奖销售、配赠销售等。良好的"硬终端"设施可以在提升产品品牌形象和品牌附加值的同时形成良好的购买氛围，激发用户的购买欲望。

新媒体产品调研必须到终端市场进行，必须走向零售业态、走向商场、走向其他市场。因此，零售渠道及其他市场的调研就显得非常重要。

（五）竞品调研

在新媒体产品市场调研过程中，竞品是非常重要的内容。简单从字面上看，竞品就是与企业自身产品存在竞争关系的产品。根据这种竞争关系体现的领域，可以从狭义和广义两个角度对竞品进行定义。从狭义上说，竞品是指在相同领域内产生竞争关系的产品，如同属于视频网站领域的爱奇艺、腾讯视频、芒果TV等就是狭义的竞品。另外，有些产品虽然处于不同的领域，但也存在竞争关系，如柯达公司作为世界上最大的胶片供应商之一，在数字科技飞速发展的背景下被数码相机"打败"。广义的竞品指的是所有能够产生竞争关系的产品，不论这种竞争关系是直接的还是间接的。例如，微信、抖音、小红书虽然是属于不同领域的产品，但它们都是针对用户休闲时间开发的产品，会产生间接的竞争关系，因此属于广义的竞品。

新媒体产品中的竞品调研是基于新媒体产品的设计、研发或者运营需求，解决特定问题的，以阶段或功能为基准点的横向调研，是对现有及潜在竞争产品的优、劣势进行比较、分析与评价的过程。进行新媒体产品竞品调研就是围绕具体的问题，找到与此相关的竞争对手，主要分析直接和间接竞品，同时要发现潜在竞品，具体内容包括：了解竞争对手的产品和市场动态；判断竞争对手的战略意图和最新调整方向；掌握竞争对手的资本背景、用户群体需求的满足情况、空缺市场现状、竞品运营策略；分析竞品在用户需求满足、产品架构、功能列表等方面的优势，从而进行行为移植或者经验借鉴。特别是在产品初创过程中，行业内的龙头产品可以为本品提供功能、结构、运营等参考信息。

竞品调研的重要性具体体现在以下三个方面。

（1）了解竞品市场规模，做好产品定位。竞品的多少不仅是行业市场发展的重要体现，也是企业决定自身产品进入此市场定位的依据之一。只有做好竞品调研，企业才能对自己的产品进行差异化定位。以我国短视频市场的发展为例，2020年，受新型冠状病毒肺炎疫情的影响，短视频再一次成为大众传媒的高频词汇，各类短视频平台爆发式出现，达到平衡发展的行业态势，抖音、快手、秒拍、西瓜、微视、梨视频等专业视频App进入高速发展的阶段。①那么，企业要为进入这个市场进行调研和数据分析，就要了解各短视频平台的市场规模、优点和特征，从而为自己的产品找到一个更充裕的发展空间。

（2）对比和提升。互联网的发展日新月异，不仅竞争者越来越多，用户也越来越聪明，"货比三家"已经成为用户的普遍消费理念。通过竞品调研，企业能够了解市场、竞争对手和用户需求，在与竞争对手的对比中发现自身的优势和不足，为提升自身产品的竞争力做好准备，进而占据有利的市场竞争地位，抢占更大的市场份额。

（3）验证和测试。一方面，验证和测试体现为对前期确定的产品发展方向的验证。竞品调研是一种目的性很强的工作，是为了解决问题而做的一种调研，产品经理在进行竞品分析之前其实已经有了应对和解决问题的大致方向和想法，而竞品调研和分析可以帮助产品经理确定市场机会点，从而验证已有方向的正确性。另一方面，体现为对产品优化效果的验证和测试。在产品上线新功能后或者运营一段时间后，产品经理需要进行阶段性总结，跟踪并查看新功能的效果或一段时间的运行效果，竞品调研无疑是最直接的方式。

第二节　新媒体产品市场调研常用方法

新媒体产品市场调研中最常使用的方法包括问卷调研法、焦点小组座谈会与深层访谈法。

一、问卷调研法

问卷调研法是传播研究中最经常使用的量化方法之一，尤其适用于大型的传播效果和传播者研究。它不仅能用于探索性传播研究，也能用于描述性和解释性传播研究。问卷调研法是指从总体中抽取一定的样本，利用设计好的问卷，从调研对象处获取所需要的具体信息的方法。

（一）问卷调研法的特点

第一，问卷调研法是一种实证研究方法，是调研人员通过直接或间接地接触调研对象来收集资料的方法。

第二，在应用问卷调研法时，问卷设计者跟调研实施者可以是不同的人，调研实施者应保持客观立场，不让自己的情绪或偏见影响调研对象，不干预调研对象的生活。

---

① 吴锋，宋帅华. 井喷增长、场景多元、分层传播：2020年短视频行业发展特征及趋势前瞻[J]. 编辑之友，2021（2）：53-58.

第三,问卷调研法有特定的研究工具(即问卷)和严格的研究程序,研究者对研究过程和研究对象的可控性强。

第四,比起其他研究方法,问卷调研法最大的特点在于它的研究对象往往是具有一定数量和规模的某个特定群体,因此问卷调研法不关心个案,也不关心调研对象中的特殊情况和例外。

(二)问卷调研法的类型

根据调研人员在调查过程中的作用不同,问卷调研可以分成访问式问卷调研和自填式问卷调研两种。访问式问卷调研就是调研人员按照事先设计好的问卷,面对面地向调研对象逐一提出问题的过程,主要包括入户访问、街头拦截访问和电话调查。在访问式问卷调研中,调研人员直接跟调研对象打交道,因此能够更好地控制调研过程和节奏,其结果比自填式问卷调研具有更高的信度。自填式问卷调研就是调研对象自己填答问卷,然后将问卷反馈给调研人员的过程,主要包括个别发送问卷、邮寄调查问卷和互联网调查。在自填式问卷调研中,调研人员看不到调研对象填答问卷的过程,因此对调研对象和调研过程所实施的控制措施较少,调研对象有更大的自主性。上述各类问卷调研法的特点如表5-1所示。

表5-1 各种调查法特征比较

特点	问卷调研方法					
	入户访问	街头拦截访问	电话调查	个别发送问卷	邮寄调查问卷	互联网调查
灵活性	高	高	中	高	低	低
代表性	高	低	高	高	低	低
无应答率	低	高	低	低	低	中
对调查对象的控制	高	高	中	低	低	低
数据的质量	高	中	中	高	低	低
提出复杂问题的可能性	高	低	低	高	中	中
调查员的影响	高	高	低	低	低	低
获取敏感信息的可能性	低	低	中	高	高	高
研究费用	高	中	中	高	低	低
研究速度	高	高	高	低	低	中

(三)问卷设计

1. 问卷设计的基本原则

研究者设计问卷时具有较强的主观性,针对同一个研究问题,不同的研究者可能设计出不同的问卷,问卷的标准化程度也因人而异,因此缺少正式、统一的标准来衡量问卷是否准确、客观、全面。在设计问卷时,应该遵循的基本原则主要有:第一,每一个问题都应该与研究主题相关;第二,保证测量的效度和信度;第三,争取调查对象的积极配合。

2. 问卷的结构

问卷是调研过程中用于收集资料或数据的重要研究工具,它在形式上表现为一系列具有有联系的问题和表格,其目的是将调研主题转变为调研对象能够回答的具体问题,用于测量有关调研对象特征、态度和行为的变量。一般来说，完整的问卷主要包括三部分内容：问卷封面、问题与答案、结束语。

（1）问卷封面。问卷封面包括问卷编号、问卷标题、封面信和辅助信息。

① 问卷编号。为了方便调研结束之后的数据录入工作和后续的复查工作，每份问卷都应该对应一个独一无二的编号，根据这个编号，研究者可以很快地找到对应的问卷，也能够很方便地对录入数据的准确性进行检验。研究者可以在问卷首页留出填写编号的空格，在数据录入人员录入数据时填写问卷编号；也可以在调研之前就给每份问卷填好编号，这样就可以知道某位调研人员负责哪些问卷，能够通过回收的问卷来考查调研人员的工作。

② 问卷标题。问卷标题需要以简洁的语言揭示调研主题，此外，在问卷标题的下方往往要注明调研的时间。

③ 封面信。封面信就是在问卷开头写给调研对象的一封短信，其目的在于消除调研对象的顾虑，激发他们参与调研的兴趣。封面信主要包括四个方面的内容：解释调研的目的和意义；解释调研人员的身份，强调将为调研对象保密；指导调研对象如何填答问卷；解释如何回收问卷。

④ 辅助信息。当进行大规模调研时，调研人员需要在问卷的封面上记录与调研有关的一些信息，如调研对象所在的地理位置和住址、调研的起止时间、调研人员的编号、调研对象的合作情况、调研人员对调研的评价等。问卷研究人员往往不是具体实施调研的人员，这些信息能够帮助研究人员了解调研实施过程，评估调研数据的质量。

（2）问题与答案。这是问卷的主体部分。根据数据收集的标准化程度，问题可以分成封闭式和开放式两种。封闭式问题就是研究者事先确定好问题和答案选项，调研对象只能在给定的范围内进行选择。在实际调研过程中，经常会出现调研对象的答案超出研究者列出的答案选项的情况，因此，封闭式问题往往会单列一个"其他"选项。研究者只提出问题、不提供答案选项的就是开放式问题，调查对象应根据自己的情况做出回答。

封闭式问题：

您为什么购买爱奇艺App的VIP？（可多选）

1. 内容丰富
2. 视频清晰度高
3. 弹幕丰富
4. 购买方便
5. 内容实用
6. 价格便宜
7. 其他_____

开放式问题：

您为什么购买爱奇艺App的VIP？

因为：_____

调查问卷里的绝大部分问题都是封闭式问题，因为它填答方便，调研对象只需勾出答案即可。由于所有调研对象都在同样的答案选项里进行选择，因此他们的回答内容清晰，可以直接进行比较，在进行数据分析时，省时省力。但是，封闭式问题限制了调查对象的思路，使得调研对象不得不对复杂问题做出简单的回答；当调研对象误解了问题的意思，调研人员也难以发现。封闭式问题适用于有明确主题的研究，不适用于探索性研究。

开放式问题能让调研对象表明自己的态度和想法，有经验的调研人员能够从中得出更深入、更准确的答案，这也对调研人员的素质提出了更高的要求，因为调研人员个人对调查结果的影响较大。针对开放式问题，调研对象的答案往往是五花八门的，通过调研所收集到的资料难以直接进行比较，也加大了编码和统计分析的难度。开放式问题适用于探索性研究。

（3）结束语。作为问卷的结尾，结束语一般包括三部分内容：第一，提醒调研对象对已经填过的问卷进行复核，避免出现漏填和错填的情况；第二，欢迎调研对象就调研主题发表看法；第三，对调研对象付出时间和精力参与调研表示感谢。

二、焦点小组座谈会

在新媒体产品市场调研领域，焦点小组座谈会是最常使用的一种定性研究方法。焦点小组座谈会（以下简称"焦点小组"）是一种小规模群体访谈，访谈时针对该群体与研究者有关的主题展开定向的或自由的讨论。换句话说，焦点小组座谈会是一种由主持人引导，围绕某些问题进行交流的小范围谈话。

（一）焦点小组座谈会的优点和缺点

1. 焦点小组座谈会的优点

（1）焦点小组最突出的优点是可以得到参会者对某一特定事件或问题的深层意见。焦点小组的开放、互动式讨论方法使得每一位参会者可以就相关问题进行广泛、深入的交流，可以为研究者提供诸多有价值的意见。

（2）就实施过程来说，由于不需要进行概率抽样，而且是集体访谈的形式，因此焦点小组座谈会可以在短期内完成，资料的收集时间快、效率高。

（3）就访谈的结构来说，焦点小组可以采用开放式、半结构式或结构式将调研和访谈结合起来，形式灵活多样。

（4）通过在访谈的过程中采用录音、录像设备，不仅可以记录参会者的发言内容，还可以记录他们的表情、语气等非语言符号，这些内容可以帮助研究者了解参会者的态度。

（5）与其他调研方法相比，费用比较低。

2. 焦点小组座谈会的缺点

（1）焦点小组座谈会对主持人有较高的要求，主持人的访问技巧会直接影响座谈的质量。

（2）参会者可能迫于群体压力故意隐藏个人意见或影响他人意见，从而使得研究者对结论的判断出现偏差。

（3）由于焦点小组是一种集体访谈的形式，参会者的回答可能出现杂乱无章、反复变化等情况，从而对后期的资料整理和归纳造成不良影响。

（二）焦点小组座谈会的实施步骤

焦点小组座谈会的实施主要包括以下三个阶段：制订研究计划及实施准备、实施访谈、分析与报告结果。

1．制订研究计划及实施准备

（1）确定研究问题。提出明确的研究问题是第一步，研究者应根据管理者的决策问题和相关的资料确定研究问题。例如，某个新媒体产品面临改版或形式的微调，目标受众对已有节目的评价和未来的期望是重要的参考依据，可以通过举办焦点小组座谈会的方式了解相关内容。

（2）确定参会者及参会人数。参会者的标准可按照人口统计特征（如性别、年龄、学历、地域等）、心理特征（动机、需求等）或行为特征（接触习惯等）等变量进行规定。焦点小组选择参会者时不需要概率抽样，而是采取非概率抽样的方式，如方便抽样、配额抽样和滚雪球抽样，滚雪球抽样是最常用的一种方式。焦点小组每一组的人数不宜过多，一般为8~12人，8人最为常见。如果研究涉及不同类别的人群，应该按照研究目的和经费来确定小组人数。研究者可以通过设计筛选问卷来明确参会者需要满足的特征，以便选出合适的参会者。

（3）访谈场所的确定及必要设备的安放。焦点小组的访谈场所通常是类似会议室的房间，房间内应放置圆形桌子。此外，可对会议室进行简单的布置，营造轻松、愉悦的氛围。会议现场还需要配置基本的录音、录像设备，这样有助于会后整理访谈内容，当然录音和录像前需要取得参会者的许可。专业的焦点小组通常将两个临近的房间组合起来使用，一间供访谈用，另一间则是研究者或管理者观察的地方。访谈现场还需要安排1~2名记录人员，负责记录参会者的现场发言及表情、动作等非语言符号，如实、准确的记录对后期资料分析和报告的撰写至关重要。

（4）确定主持人。焦点小组是一种集体访谈形式，主持人具有非常重要的作用，需要对访谈现场有很强的把握和驾驭能力，通常由受过相关专业训练的职业主持人或有丰富经验的专业研究人员担任。主持人不仅要有较强的沟通能力，而且要对所讨论的主题有足够的了解，在主持过程中要客观、自律、精力集中、认真倾听，不要过多地表达自己的观点，而是要引导参会者说出自己的看法，这样才能提高访谈结果的质量和价值。

（5）其他准备工作。确定了研究问题后，正式开始集体访谈前，主持人需要准备一份完整的访问提纲，列出访问的框架和需要重点提问的问题。如果在访问过程中，需要展示图片、音频、视频等内容，访问前也要备好相关材料。参会者的津贴也需要提前准备好，通常根据访谈的时间和研究经费的多少确定具体的金额。

2．实施访谈

焦点小组的访谈过程主要分三个阶段：开场、访谈进行中和访谈结束。

开场是鉴于参会者在访谈之前互不认识，为了营造轻松的氛围，由主持人进行的"暖场"活动，常见的形式有：主持人幽默地做自我介绍、主持人引导参会者进行自我介绍或者引导参会者进行互动。

开场之后，进入正式的访谈阶段。这个阶段，主持人需要向参会者说明：对所有问题的回答没有对错之分，不论评论是积极的还是消极的，都可以自由地表达自己的观点；可以把这次访谈当作一次非正式聚会，积极主动地回答问题。在访谈过程中，主持人要保持高度的警觉，对那些访谈意愿过于强烈的参会者，给予适时地打断或转移话题；鼓励那些消极沉默的参会者积极发言；由于各种原因使得访谈内容偏离研究主题时，及时纠正；控制整体访谈的时间。

访谈结束后，主持人需要向各位参会者表示感谢，如果访谈涉及封闭式问卷的填写或需要就某个具体问题进行书面回答，主持人需要确保相关材料的完整回收。

3．分析与报告结果

访谈结束后通常需要整理一份访谈记录，以文字的形式完整重现参会者的意见。在整理过程中，需要同时参考录音、录像资料，以便准确记录每一位参会者的发言内容，同时要记录参会者发言时的特殊表情、语气等其他非语言符号内容，作为分析其意见的参考因素。在对访谈内容进行完整记录后，需要对这些内容进行系统的分类处理和归纳，最后将这些内容汇集成最终的研究报告。我们可以通过以下案例来了解如何策划一场用户线下座谈会。

如何策划一场真实用户线下座谈会

三、深层访谈法

深层访谈是一种无结构的、直接的、一对一的访问，由掌握高级访谈技巧的调查人员对调查对象进行深入的访谈，用以揭示其针对某一问题的潜在动机、态度和情感。

（一）深层访谈法的优点和缺点

1．深层访谈法的优点

（1）深层访谈法能深入地了解被访者的内心想法和态度，其一对一的形式加上相对较长的访问时间可以让访问者充分了解被访者对研究问题的意见。

（2）访问者通过营造与被访者的良好融洽的交谈氛围，有时可以获得意料之外的收获。

（3）与焦点小组座谈会相比，深层访谈法一对一的形式可以就某些涉及隐私、较为敏感的问题或是需要保密的内容展开讨论。

（4）访问者记录被访者回答内容的同时可以观察被访者的非语言的反应，将之与其意见、态度整合到一起进行分析，从而丰富研究结果。

2．深层访谈法的缺点

（1）深层访谈虽然有访问提纲作为提示，但是访问本身是无结构的，对访问进程的掌控和访问结果的获得在很大程度上受访问者个人素质的影响。

(2) 被访者对某一具体研究问题可能会有不同的看法或者完全相反的意见，在这种情况下，由于样本量的局限性，对访问结果的解释将变得十分困难。

(3) 深层访谈的访问时间相对较长，访问对象通常需要选择某一领域的专家或社会地位较高的人，因此所需费用相对较高。

（二）深层访谈法的实施步骤

第一步，明确调研目的。在这一步，研究者必须与管理者进行讨论，厘清本次访谈需要解决的问题。

第二步，进行访谈设计。这一步包含两个方面的内容：一是对被访者进行定义，明确被访者应该具备的特征，通俗地说，就是确定应该选择什么样的被访者；二是设计访谈提纲，将调研目的转换成一套合适的访谈问题并按照由一般到具体的逻辑排序，使其成为深层访谈的"线索"。

第三步，选择、筛选预期的被访者。逐个筛选潜在的被访者，以保证他们符合预期被访者的选择标准。

第四步，和预期的被访者联系，提供提纲，营造轻松的访谈氛围，开始访谈。开始访谈前，访问者需要就录音获得被访者的许可。在访谈开始后，需要花几分钟提问热场问题，以便营造一种轻松的氛围，之后再开始正式访谈。

第五步，实施深层访谈。对每一个问题，调研人员都应根据被访者的回答采用追问方式，以便获得尽可能详细的信息。在深层访谈的实施过程中，还需要注意其与日常谈话的重要区别，因为深层访谈的问题及内容都是围绕研究目的确定的，有着明确的目的性，因此调研人员在访谈过程中提出的随机和互动问题都要和研究目的有密切关系。

第六步，整理、分析被访者的回答。访谈结束后，调研人员应根据录音及时整理访谈记录。访谈内容整理完成后，调研人员应该使用事先设定的分类系统解释每个被访者的回答。

第七步，将结果写成摘要报告。

第三节　新媒体产品调研常用报告

无论一个调查项目设计和实施得多么好，如果其结论不能有效地传达给需要的人，这个调查项目就是不成功的。有效的新媒体产品市场调研报告是能够使投入产品项目中的时间、精力、金钱完全实现其价值的报告。本节主要介绍新媒体产品市场调研中的三种常用报告。

一、市场分析报告

市场分析报告是对新媒体行业市场规模、市场竞争情况、区域市场状况、市场走势以及吸引范围等调查资料进行分析后形成的报告。市场分析报告的要点包括：第一，市场供给分析及市场供给预测，包括现在行业市场供给量估计和预测未来行业市场的供给能力。

第二，市场需求分析及行业市场需求预测，包括现在行业市场需求量估计和预测行业未来市场容量以及产品竞争能力。第三，市场需求层次和各类地区市场需求量分析，即根据各市场特点、人口分布、经济收入、消费习惯、行政区划、畅销牌号、生产性消费等确定不同地区、不同用户及用户的需要量以及运输和销售费用。第四，市场竞争格局，包括市场主要竞争主体分析、各竞争主体在市场上的地位以及行业采取的主要竞争手段等。第五，估计行业产品的生命周期和可销售时间，即预测市场需要的时间，使生产及分配等活动与市场需要量做最适当的配合。通过市场分析报告可了解产品的未来需求量、品种及持续时间，产品销路及竞争能力，产品规格品种变化及更新，产品需求量的地区分布等。

以下为市场分析报告的基本结构。

（1）标题。市场分析报告的标题一般有两种形式：一种是公文式，另一种是新闻报道式。它又分为单标题和双标题两种。双标题是指既有正题又有副题，正题揭示市场分析报告的主旨，副题表明市场分析的对象、内容等。标题的词句要精练，一般只用一句话，至多两句。

（2）导语。导语也称前言、总述、开头。市场分析报告一般要写一段导语，用来说明这次市场分析的目的、对象、范围、经过情况、收获、基本经验等，对于这些内容，实际操作时应有侧重点，不必面面俱到。如果是几个部门共同调查分析，还可在导语中写上参加调查分析的单位、人员等。总之，导语应做到文字精练、概括性强，应按市场分析主旨来写，紧扣中心内容，使读者对调查分析内容产生总体认识，唤起读者的重视。

（3）主体。主体是市场分析报告的主要部分，内容一般是调查的主要情况、做法、经验或问题。如果内容多、篇幅长，最好把它分成若干部分并分别加上小标题；难以用文字概括其内容的，可用序号标明顺序。主体部分有以下四种基本结构形式。

① 分述式。这种结构多用来描述对事物做多角度、多侧面分析的结果，是多向思维在谋篇布局中的反映，其特点是反映业务范围宽、概括面广。

② 层进式。这种结构主要用来表现对事物逐层深化的认识，是收敛性思维在文章谋篇布局中的反映，其特点是概括业务面虽然不广，开掘却很深。

③ 三段式。主体部分由三个段落组成：现状、原因、对策，此三段也是三个层次，故称三段式结构。

④ 综合式。主体部分将上述各种结构形式融为一体并加以综合运用。例如，用"分述式"来写"三段式"中的"现状"；用"三段式"来写"层进式"中的一个层次；用"综合式"来写"分述式"中的某一方面内容；等等。

（4）结尾。结尾的写法灵活多样，一般包括以下几种。

① 自然结尾。如果主体部分已把观点阐述清楚，提出了明确的结论，就不必再硬加一条"尾巴"。

② 总结性结尾。为加深读者的印象、深化主旨、概括前文，可对调查分析后对事物的看法进行再次强调，做出总结性收尾。

③ 启示性结尾。在写完主要事实和分析结论之后，如果还有一些问题或情况需要指出，或是为了引起读者的思考和探讨，或是为了展示事物发展的趋势、指出努力方向，就

可以写一个富有启示性的结尾。

④ 预测性结尾。有的报告在提出调查分析情况和问题之后又写出作者的预测、说明发展的趋向，指出可能引起的后果和影响，这是在更广阔的视野上深化主题。

二、竞品分析报告

竞品分析报告是系统地对竞争对手的优势和劣势进行分析、评价后所撰写的报告。写好这类报告的前提是做好分析。对新媒体产品进行竞品分析可以达到以下目的：第一，帮助自身产品实现市场定位；第二，为自身产品设计提供功能、可用性、关键技术等方面的参考；第三，提高自身产品的差异化程度。

竞品分析报告的典型结构有横向与纵向两种。横向是将需要做分析的相关方向列出来，然后分别观察和比较对手的情况，最后得出评分表、比较表、各式图形或结论陈述。纵向是将所有对手或相关产品列出来，分别撰写需要分析的点，最后得出详尽的各类产品的打分图或对比陈述报告。

竞品分析报告的写作内容应该包括：行业分析（市场规模、盈利情况、增长态势）；产品定位及发展策略；公司情况（员工数量、重要背景、融资情况）；用户情况（目标用户、用户数据）；市场数据（业务规模、市场占有率）；产品核心功能；产品的优、缺点；运营及推广策略；总结；行动点。

撰写竞品分析报告时可以从以下几点入手。

（1）客观分析。客观分析即从竞争对手或新媒体市场相关产品中圈定一些需要考察的角度，得出真实的情况，此时不需要加入任何个人的判断，应该用事实说话，主要分析市场布局状况、产品数量、销售情况、操作情况、产品的详细功能等。

（2）主观分析。这种分析主要包括用户流程分析、产品的优势与不足等。这是一种接近于用户流程模拟的结论，如可以根据事实或者个人情感列出对方产品的优、缺点以及自身产品的情况或者对手产品与自身产品相比的优势与不足。

（3）竞争对手的销售商品类别分析。分析竞争对手的新媒体产品销售数据对企业来说具有非常重要的参考价值。企业只有充分发挥自身产品的优势，避开对手的强势领域，才能在激烈的市场竞争中处于有利的地位。

（4）竞争对手的促销分析。竞争对手的促销情况对企业有着非常大的影响，因此企业应在经营过程中对竞争对手的促销手段进行合理的分析，注意扬长避短，发挥自己的优势，以便达到最佳的营销效果。

三、产品体验报告

产品体验报告是新媒体产品市场调研中按体验对象的性质划分的一种报告形式，报告的内容可包括产品性能分析、产品质量分析、产品价格分析、产品采购分析、产品工艺分析等。产品体验报告与竞品分析报告在实际操作过程中很容易混淆，它们的区别主要有两点：一是目的不同。竞品分析报告的目的是了解竞品情况，侧重点是对竞品的宏观分析；

产品体验报告则侧重于产品具体功能和用户体验。二是阅读对象不同。管理层会关注竞品分析报告，产品体验报告更多地被产品经理关注。

产品体验报告应该包括以下几方面内容。

第一，战略层的产品定位。产品体验报告战略层面的意义就是了解目标用户和目标用户希望通过该报告获得什么信息。

第二，范围层的基础功能。范围层是战略层的细化，是分析用户需求与商业诉求之后对产品内容做出的范围划定。产品体验报告的内容应该包括产品的市场分析、产品的需求分析、具体的产品分析、自身对产品的建议、产品常用工具的使用等。

第三，结构层的产品结构功能图。结构层最主要的结果——产品信息架构对应到产品体验报告就是文档的结构，具体来说就是文档的大标题、小标题以及每个标题的内容。

第四，框架层的页面框架。产品框架主要取决于产品体验报告的写作形式，目前来看主要有 Word 文档形式和 PPT 形式，两种形式各有优劣。对于 Word 文档形式来说，其优势在于内容较为丰富，劣势是形式较为单一、视觉效果不是很好。对于 PPT 来说，其优势在于视觉效果好，能通过具有表现力的形式有效地突出重点，劣势是内容较为浅薄且制作的时间成本比较高。

第五，表现层的视觉设计。表现层狭义上是指视觉元素的运用以及色彩、色调，可弥补框架层上的不足，一般遵循使用户的视觉焦点沿着一条流畅的路径移动的原则。对于产品体验报告来说，如果采用 Word 文档形式，则表现层能做的工作很少，但如果采用 PPT 形式，可以从框架层就开始划定 PPT 的格式。

---- 案 例 借 鉴 ----

网易邮箱产品调研及增长运营浅析

---- 认 知 测 试 ----

---- 问 题 拓 探 ----

1. 新媒体产品市场调研有何功能？其具体操作步骤是什么？
2. 影响新媒体产品市场调研方法选择的因素主要有哪些？

3. 设计问卷的答案选项时应该注意哪些问题?

实 践 任 务

1. 选择一个新媒体产品调研主题并设计调研方案。
2. 帮助某新媒体企业策划及实施新媒体产品用户购买行为的调研活动。

第六章

新媒体产品创意

问题导航

有人认为，创意高于一切，神秘而难以捉摸；也有人认为，创意可遇而不可求，需要天时、地利、人和。正是在这样的固有认知中，创意被逐渐神化。其实，创意并非遥不可及，它既不是闭门造车，也不是灵光乍现，而是根据实际需求，结合自身积累并经过创造性思考而产生的，是一种能够用不同角度解读人生和世界的智慧。本章将重点讲解新媒体产品创意的思维形式和具体方法，并通过实际案例展现创意的重要性。

创意是思维的灵动，是心灵的捕捉，是对生活的总结与延展。创意是与众不同的，会受到创意者知识水平、生活阅历和个人喜好等诸多因素的影响；创意是巧妙、新颖的，它意味着对现有思维的提升和对传统模式的突破；创意是不可替代的，它代表了创意者对未来的态度和对生活的热爱。创意无所谓大小，也无所谓多少，重在表现力和感染力。

好的创意是有情感的，能够激起他人的情绪和兴趣；好的创意是有趣味的，能够激发他人的分享欲望。在产品设计中，好的创意能够满足用户需求，这种需求可能是物质上的，也可能是精神上的；可能源自生产者本身，也可能源自消费者的反馈。总而言之，有趣是创意的前提，有用创意的是核心。

第一节 创 意 概 述

一、新媒体产品创意思维形式

如果说创意是一个想法，那么创意思维就是一种思考能力；如果说创意是一种改变，那么创意思维就是一种创新模式。可以说，创意思维既是创意的来源，又是长期创新思考而形成的行为习惯。就像胡雨霞在《创意思维》一书中所写的："思维是人脑对客观事物本质属性和内在联系的概括和间接反映，以新颖独特的思维活动揭示客观事物本质及内在联系并指引人去获得对问题的新的解释，从而产生前所未有的思维成果，称为创意思维，也称创意性思维"。①

创意思维的本质在于将创新意识的感性愿望提升到理性的探索上，实现创意由感性认识到理性思考的飞跃。任何事物的存在都有其内在价值理论和外在表现形式，创意思维自然也不例外。详细划分的话，新媒体产品的创意思维形式可以分为发散思维、逆向思维、想象思维、联想思维、突变思维和重组思维。

（一）发散思维

发散思维又称辐射思维，是指在思考或解决问题的过程中不拘泥于一个点或一条线索，而是沿着不同的方向积极思考，使思维呈现多维发散状，探求多种答案、解决方法或结论的一种思维方式。发散思维可以突破思维定式和功能固有的局限，重新组合已有的知识、经验，产生新的创意或多种问题的解决方案。

美国心理学者吉尔福特（J. P. Guilford）曾说："正是在发散思维中，我们看到了创意思维最明显的标志。"发散思维能够开拓思路，使主体在更大的范围内与客体进行信息交流，举一反三、触类旁通，从而使思维更加活跃、更加富有创造性。同时，发散思维不受已有经验和规则的限制，能够使主体多方面、多层次、多角度地看待问题，产生与众不同的看法和思路，获得尽可能多的创意和解决方案。

发散思维是一种开放性的，没有固定的模式、方向和范围的思维形式。它不受现有知识和传统观念的束缚，沿着不同方向多角度、多层次地思考、探索，形成辐射状路径，从而获得丰富的答案。因此，没有发散思维就不能打破传统的框架，也就不能提出全新的解决问题的方案。如同渔翁撒网，网撒得越宽，网到的鱼就越多一样，在新媒体产品设计构思过程中的"发散"创意，思考的范围越广、方向越多，设计构思的方案就越多，从而在一定程度上保证了创意的效率。

1967年，吉尔福特和他的助手们着重对发散思维进行了分析，提出了发散思维的三大特征，即流畅性、变通性、独特性。

1. 流畅性

流畅性是指在思维的过程中，通过扩展思维的广度，能在较短的时间内表达尽可能多的观点。单位时间内发散的量越多，流畅性越好。

2. 变通性

变通性是指能够突破固有的思维框架并沿着不同的方向扩散思维，在较大范围内联系起别的事物、观念和事件，表现出较大的灵活性、变化性和多样性。思维跨度越大，变通性越好。

3. 独特性

独特性是指在思维的过程中，能够产生异于他人的新奇反应或不同寻常的创新思维。

---

① 胡雨霞. 创意思维[M]. 北京：北京大学出版社，2010：5.

独特性是发散思维的最高目标。

（二）逆向思维

逆向思维也称求异思维，它是对司空见惯的、已成定论的事物或观点进行反向思考的一种思维方式。逆向思维要求创意者敢于逆流而上、标新立异，甚至从思想上要有意识地反其道而行之，要让思维向对立面的方向发展，就问题的相反面进行深入探索，树立新思想，创立新形象。

法国生理学家克劳德·伯纳德（Claude Benard）说过："妨碍人们创新的最大障碍，并不是未知的东西，而是已知的东西。"大多数人所关注的事物或方向通常很难有所突破，被大家所忽视的地方反而更容易产生意想不到的惊喜。逆向思维就是抓住这一特点，反向思考，用与原来对立的想法或者用表面上看来不可行的悖逆常规的方法来解决问题。

在实际生活中，人们往往习惯于按照常规思路去解决问题，以往的经验能够帮助人们快速、高效地找到解决办法。但是，长时间固定的思考方向容易使思维受到限制，使人死板僵化、缺乏活力。因此，我们要善于打破原有的思维定式，反向思考问题，尤其是在对待一些难以解决的特殊问题时，更要改变常规，反其道而行之，充分激发创造力，达到出奇制胜的效果。

要想灵活地运用逆向思维，就需要了解它的主要特征，即普遍性、批判性、新颖性。

1. 普遍性

逆向思维在各种领域、活动中都具有普遍适用性，每种对立统一的形式都对应一种逆向思维的角度。因此，不论哪种方式，只要从一个方面想到与之对立的另一个方面，就是逆向思维。当然，与常规思考方向相反的思维方式是逆向思维的应用。

2. 批判性

逆向与正向是相对而言的，没有绝对的逆向思维和正向思维。正向是指常规的、公认的或习惯的想法、做法与思维方式，而逆向思维则恰恰相反，是对传统、惯例、常规的反叛，是对以往定论的否定。只有克服思维定式，打破由经验和习惯造成的僵化的思维模式，思维才能具有一定的批判性。

3. 新颖性

惯性思维和循规蹈矩的解决方式虽然简单，但容易使人思维僵化、死板，受到习惯的束缚，得到的也往往是一些司空见惯的答案。但越是不想就越容易想不到，经验的帮助会让人产生惰性，忽视所处环境和影响因素的变化，长此以往，更难以有所突破。而逆向思维能够克服这一障碍，通过反向思考引发人们对细节的关注，从而带来新的创意和想法。

（三）想象思维

想象思维是人的大脑通过形象化概括，对脑内已有的记忆表象进行加工、改造或重组的思维活动。想象思维可以说是形象思维的具体化，是人脑借助表象进行加工操作的主要形式，是人类进行创新及其活动的重要思维形式。

爱因斯坦说："想象力是一种特殊的创造力，人类的发展过程离不开想象思维的参与。"想象思维是创新的基础，能够帮助人们在平凡的事物中发现不一样的惊喜，带来无限可能。

缺乏想象力的人对科学本质和自然界的事物都难以理解,在时间与空间的架构上往往具有一定的障碍。因此,在日常生活中,我们要多观察、多思考,充分发挥想象思维,有针对性地去发现、去创造。

作为创意的来源,想象思维具有以下三个特征。

1. 形象性

想象思维的基本单元是表象,即想象的根源所在。任何想象都是以现有的物质形态为基础进行构思的,因此想象形成的结果与原始表象往往具有一定的关联性,但不一定有必然的联系。

2. 概括性

想象思维实际上是一种思维的并行操作,即不仅可以反映已有的记忆表象,而且可以对这一表象进行加工和抽象,组合成新的形态、物体或原理,达到对外部事件的整体把握,所以说想象思维具有很强的概括性。

3. 超越性

想象思维最宝贵的特性就是可以超越已有的记忆表象的范围而产生许多新的表象,这是人脑进行创造活动最重要的表现之一。特别是一些重大的发明创造,都离不开超越性想象。

(四)联想思维

联想思维是指在人脑记忆系统中,由于某种诱因使主体从一种事物的表象或特征联想到另一种事物的表象或特征的思维活动。所谓的"由此及彼""由表及里""举一反三"等就是联想思维的体现。

联想思维的本质是在两个及两个以上的思维对象之间建立联系,帮助人们找到解决问题的答案。联想思维一般不能直接产生有创新价值的新形象,但它可以活化创新思维的发展空间,有利于信息的储存和检索,能够为其他思维方法提供一定的基础。

联想思维是一种把已经掌握的知识和某种思维对象联系起来,从二者的相关性中得到启发,从而获得创造性设想的思维形式。对于新媒体产品设计来说,这就要求设计者广泛收集相关资料,掌握市场上同类产品和类似产品的信息并认真分析它们之间的关系,为联想提供丰富的内容和可行的方向。

联想思维和想象思维有很多相似之处,二者在人们的思维活动中都发挥着基础性作用。不同的是,联想思维的操作过程是一维的、线性的、单向的,而想象思维则是多维的、立体的、全方位的。另外,想象思维的结果通常是虚构的或现实中没有的,其创造性更强,而联想思维则是发生在两个客观存在的事物之间且二者具有一定的相似性。

与想象思维相同,联想思维也具有形象性和概括性的特征,二者都属于形象思维的范畴,都能够在原有表象的基础上产生具象化思维成果。但联想思维不具备超越性,它是由此及彼、连续不断地进行的,可以是直接的,也可以是曲折的。因此,连续性是其最显著的特征之一。

(五)突变思维

突变思维往往是由于环境或心理因素而引起思维突然发生变化,它强调的是变化过程的间断或突然的转换，是对规律性的突破，是逻辑推理的意外改变。突变思维如同流星闪现，带来惊喜却又转瞬即逝。

与其他思维方式不同，突变思维没有什么特定的规律可以遵循，它的产生和消失都是不可预测的，我们不能根据需要随时使用。但是，其产生的效果是令人惊叹的。它往往能够彻底颠覆以往的思维模式和思考路径，带来意想不到的创意、想法或解决方案。因此，我们要善于抓住偶然性因素，把握那些看似不起眼的想法，通过思维的跳跃得到启发，展现创意的独特魅力。不过，突变思维也不是空穴来风、无中生有的，而是长久生活积淀的瞬间爆发，是情感专注沉浸某一事物的奖赏性回报。

（六）重组思维

重组思维指的是通过分解事物原有的构成，以新的构想对它们进行有目的的重新组合，打破固有的内在结构或外在形态，从而产生新形象的一种思维过程。重组思维能够在原有基础上有所突破，提升创意的层次感和表现力，是一种再创造的思维。它具有一定的随意性，不同形态、不同种类、不同功能的事物之间都可以进行重新组合，这些组合可能会改变事物原有的状态，也可能影响不同对象之间的关系，这些变化都将为设计带来新的灵感。

重组思维要求我们既要敢于突破，又要博学多才。一方面，要树立创新观念，在研究、分析、解决问题时，不要照抄照搬前人的经验和固有模式，而要坚持独立意识，努力激发创造性思维；另一方面，要广泛学习各个领域的知识、技能，提升个人文化素养，充分挖掘设计所需的潜在因素，为创意的产生提供肥沃的土壤。

二、新媒体产品创意原则

（一）批判性

在进行新媒体产品创意设计和开发的过程中，设计开发者要坚持批判性原则，运用合理的、反思的、开放的方式进行思考，从而完成清晰准确的表达、逻辑严谨的推理和科学合理的论证。很多人错误地以为批判性就是否定、拒绝乃至抨击，事实上，批判性不是要"关上窗"，而是为了"打开门"，要求设计开发者虚心接受各种不同的观点，用理性对各种观点进行评价，再根据评价结果决定自己相信什么以及采取哪些行动。对于新媒体产品来说，用户的想法和需求是需要优先考虑的，而这恰恰是他们基于现有状况有选择性地接受和有针对性地思考所产生的，因此批判性原则是创意产生的基础。

美国著名的批判性思维著作《走出思维的误区：批判性思维指南》写道："应该特别强调的是，我们做出的每一个决定都受到了大量个人因素的影响，如经验、梦想、价值观、训练以及文化习惯。然而，如果你想进步，就需要充分认识到这些情感的存在，再尽可能把它们搁置在一旁，摒除它们的影响。"[①]在现实生活中，尤其是当我们面对难以解决的问题或突发状况时，前人的经验和自己的惯性思维往往能够帮助我们在短时间内冷静下来并

---

① 布朗，基利. 走出思维的误区：批判性思维指南[M]. 张晓辉，马昕，译. 北京：世界图书出版公司，2012：64.

快速找到解决办法，但是，对于创意来说，这显然是不利的。前人的经验会让我们变得懒惰，惯性思维会使我们故步自封，长此以往，我们的思维将开始僵化，逐渐丧失思考的能力，难以突破观念的束缚和思维的枷锁，不可避免地陷入因循守旧、墨守成规的无限循环。

随着信息技术的快速发展和媒介市场的日益丰富，新媒体产品层出不穷。从生活资讯到健康运动，从购物旅行到社交娱乐，不同类型、不同风格的手机应用不断满足着用户的日常需求。在这种情况下，如何提供现有产品没有的功能，给用户带来意料之外的惊喜，才是创意的关键所在。因此，在新媒体产品研发设计前期，设计人员不能停留在常规思维中，要用批判性眼光看待已有产品或其他竞品，分析它们的优点和不足，取其精华，去其糟粕，在现有基础上进一步改进和完善。

即使在面对权威时，设计人员仍然要坚持批判性原则，因为任何人的想法都不可能是完全正确的，同样，也并不是所有成功的创意和方案都可以被照搬到其他产品上。批判性就是要改变视角、独立思考，从常态的思维习惯中跳脱出来，在想当然的答案和思维的基础上深入挖掘和分析，透过现象看本质，探究真正能够满足用户需求的创意和方案。

只有当一个人在某一领域提出高质量的问题，才能说明他真正理解并掌握了这个领域的知识。真正的创意、真正有价值的发现都是从提问开始的。提问是批判性原则的核心和精髓。因此，在新媒体产品的创意阶段，要敢于质疑、敢于突破，避免陷入前人的经验和固有化思维模式，要虚心接受各种不同的观点，理性地对这些观点进行评价，再根据评价结果决定自己相信什么以及采取哪些行动。即使已经初步完成了产品的创意构思，仍然要坚持批判性原则，不断地对现有的设计或想法提出疑问：这个产品有什么特别的功能或设计？能够满足用户的哪些需求？其他同类产品是否能够达到同样的效果？此项功能或设计有没有弊端？如何进行优化？这些疑问一方面可以帮助设计人员纠正不合理的固有认知，更准确地理解用户需求，激发创意，提升用户体验；另一方面能够使产品在现有基础上不断优化，突破瓶颈，精益求精。

（二）创新性

创新性是设计的核心，也是新媒体产品创意最根本的原则。从本义上来讲，创新是指以现有的思维模式提出有别于常规或常人思路的见解为导向，利用现有的知识和物质，在特定的环境中，本着理想化需要或为满足社会需求而改进或创造新的事物、方法、元素、路径、环境并能获得一定有益效果的行为。于产品而言，创新就是通过引入新概念、新思想、新方法、新技术或对已有产品进行革新来创造具有相当社会价值的事物或形式，主要包括原理、结构、技术、材料、工艺等方面的改进和突破。

创意是创造意识或创新意识的简称，因此创新性是创意的本质属性。一个创意能不能吸引用户，关键在于是否足够"新"，可以是从无到有的开创性或颠覆性创新，如产品的结构、性能、外部特征等方面的变革或创造；也可以是在一定基础上进行改进和优化，如产品的内容、设计、表现形式等方面的丰富或完善。

当然，创新的思维和能力并不是凭空而来的，而是经过不断实践、学习、充实、改进后积累而成的。在进行新媒体产品的创意构思时，一方面要善于捕捉有价值的线索，深入分析用户需求或现有产品，积极寻找还未发现或有待提升的地方，有针对性地培养创新思维;另一方面要勤于积累、勇于实践,反复研究和改进产品的设计思路和实施方案,着力提升创新能力。

创新不仅需要积累,也需要融合。在进行新媒体产品设计时,设计者要扩大自己的认知边界,以更广阔的视角看待当前的问题和未来的规划,通过不断打破自己的认知,实现不同领域的融合交流,激发更深层次的创意。近年来,"互联网+""物联网+""人工智能""区块链"等新技术掀起了新一轮的信息浪潮,这些从本质上来说都不是从 0 到 1 的创新,而是将新技术赋能传统生产、生活方式,对现有生产力、生产效率的有效升级,是跨界融合的产物。例如,通过互联网技术实现了青桔单车、滴滴出行等共享出行的新模式;通过机器学习、深度学习实现了智能安防、自动驾驶等解放劳动力的新设想;通过区块链技术实现了食物溯源、智能协议的应用与落地。

作为产品经理,长时间处于自己所在的行业当中可能会形成固化思维,无法真正地创新和改变。因此,要学会跳出当前的思维局限,扩大自己的认知边界,将不同领域值得学习和利用的知识应用到自己的行业,往往能够产生创新的想法或思路。

市场上没有永远畅销的产品,这是由产品生命周期理论决定的,在不同的周期,用户对产品的要求也会有所差别,对于新媒体产品来说更是如此。为了满足用户需求,企业大量运用智能化算法分析用户数据并集中配置资源,这使得产品的同质化趋势愈加明显,创新的难度也越来越大。同时,技术的发展加快了产品更新迭代的速度,无形中也对创新提出了更高的要求。能够适应用户需求的产品才能在市场上占有一席之地,过时的、不能满足用户需求的产品则会失去价值而被市场所淘汰。竞争是残酷的,用户是挑剔的,产品不会因为以前得到过用户的青睐就永远受人欢迎。因此,坚持创新性原则是灵感创意的来源,也是产品永葆生命力的关键所在。

(三)价值性

价值性是创意最重要的原则,也是决定产品生存的关键指标。价值既有其客观的存在形式,又有其主观的反映形式。一个创意是否具有价值,要看它能够带来什么,可以是产品功能的实现、用户数量的增加、经济效益的提升等可供量化的客观价值,也可以是企业文化的宣传、用户情感的满足、竞争优势的凸显等不可量化的主观价值。

以喜马拉雅为例,其早期推出的大多数课程是免费的,还花费精力推出了积分商城和会员体系。在当时看来,这些创意和做法并未在短期内带来巨大的经济效益,其产生的长期价值却令人惊喜:通过免费课程和精细化分类获得用户收听数据;通过建立积分体系鼓励用户签到、分享,有效地提升了用户的活跃度和转化率;通过建立等级制度,鼓励用户多听节目,培养用户的使用习惯;通过定义各大年度盛典,快速抢占用户对知识付费理念的认知。如今,喜马拉雅俨然已经成为在线音频市场的领跑者,拥有过半的市场占有率、庞大的用户体量和成熟的商业模式。由此可见,衡量创意的价值不能局限于眼前的利益,要长远考虑、统筹规划。

在新媒体产品的设计与开发过程中,创意的价值性原则要求产品经理始终以发展的眼光看待产品,把握市场趋势,抓住行业热点,充分挖掘潜在资源,综合考量多种因素,努力开拓新思路,构建新格局,实现整体效益的最大化。具体来说,应该从以下三个方面入手。

1. 满足目标用户的需求

在传播内容和传播方式急剧变化的全媒体时代,简单的信息发布早已无法赢得用户的关注,更无法实现稳定的收益,而打破此僵局的关键在于是否能够满足用户需求、创造产品价值。新媒体产品既不是孤版信息,也不是热点追踪,而是持续化生产、个性化表达,是为特定用户服务的输出某种价值观的产品。

2. 提供优质的原创内容或创新服务

面对海量的信息,用户有限的时间和无限的需求之间的矛盾越发激烈,再加上生活节奏、阅读方式和消费习惯等方面的变化,用户渴望参与、渴望分享并表现出对优质原创内容的大量需求。在这种内容消费逐步升级的趋势下,知识付费的时代已经到来并被广大用户所普遍接受。付费激励优质内容的生产也有利于用户进行高效的信息筛选,二者相互激发,形成良性循环,有利于不断形成完善的交易市场和生态。

那么,在各种新媒体产品的激烈竞争之下,如何提高内容或服务的质量呢?首先,要在设计和生产的过程中形成自己的风格和特色,提高辨识度,为产品价值或品牌传播树立目标;其次,要抓住市场短板,坚持创新,做到人无我有、人有我优、人优我特,提升竞争优势;最后,要精准定位,深度匹配用户属性,建立多产品或多服务的消费矩阵,全方位地满足用户需求。

3. 实现及时、精准、有效地传播

创意的最终目的是实施,而传播是新媒体产品实施过程中的关键环节。第一时间拉动热点、事件、线索、话题和言论的全面互动,通过持续不断地发酵,可以帮助产品或内容实现在深度和广度上的传播优势。同样,要利用新媒体的即时性与互动性,随时关注来自用户的反馈,及时进行调整和改进,实现与用户之间良好的双向沟通和互动。

同时,要做到精准、有效地传播,就必须正确管理用户认知,即对"真正有需求的用户,在合适的时间,提供有价值的资讯"。因此,首先,要深入挖掘用户的刚性需求和弹性需求,锁定传播目标;其次,要对产品或内容进行整合,进一步优化创意策略和实施方案;最后,要对用户行为数据进行深入剖析,以实现智能化信息推送或产品服务。

(四)简洁性

追求简单易用是人类的本性,尤其是对于更新迭代速度较快的新媒体产品来说,简单易用更是赢得用户的关键。很多时候,产品经理总是期望设计一款产品来满足用户的所有需求或者把自己当成所谓的用户,每个功能都想保留,每个创意都要展示出来,但是结果往往适得其反,要么有些功能的使用频率和实用价值不高,要么功能设计得太过复杂,造成产品使用不便,进而影响用户体验。

国际知名交互式设计专家贾尔斯·科尔伯恩在《简约至上:交互式设计四策略》一书中写道:"当你设计公园的一条路,你可能设想很多路径,最后发现很多没有规划的路径也有人在那行走,不妨简单一些,让用户替我们试试,也可以和用户一起参与进来。"科尔伯恩同时提出了简化产品的四个策略:删除——去掉不必要的,直到减到不能再减;组织——按照有意义的标准划分成组;隐藏——隐藏不重要但不能删的功能;转移——将部分功能转移到其他设备①。

2007年，乔纳森·卡普兰和艾瑞布朗斯坦发明了一种简单的便携式摄像机——Flip，在美国便携式相机市场上掀起了一股狂潮。索尼和松下等公司为了抢占市场，不断在自己的产品中增加一些高级功能。相比之下，Flip相机很原始，它的分辨率不高，而且没有物理变焦等基本功能，看似毫无竞争优势。但卡普兰敏锐地发现大多数人使用便携式摄像机只是为了记录生活或即兴拍摄，同时希望可以快捷地将照片上传至网络与他人分享，而太过复杂的功能不但无法满足用户的核心需求，反而使产品变得烦琐难用，因此Filp相机的目标就是尽可能简单，甩开一切不必要的功能，没有连接线，因而不会有配件丢失和找配件的烦恼，只有一个弹出式USB接口，整个相机只有几个按键，其中包括最大的一个拍摄键，也无须驱动程序，所有的驱动都保存在相机内，第一次将相机连入计算机的时候，就会自动载入。由此可见，过多的预设和功能不仅不会优化用户体验，反而会拉低之前带给用户的满足感。简洁性要求对人性进行深入洞察后用最少的资源满足用户刚刚好的需求，无须追求极致②。

产品经理必须认识到，产品不是为了满足专业人员，而是要考虑大部分的普通用户，他们才是使用产品的主流用户。因此，简洁性原则要求产品在功能上能够满足用户最本质的需求，同时用户无须耗费过多的时间学习就能够掌握使用的技巧；不必试图考虑所有因素，应删除不必要的设计，保留主要功能，留下几个辅助功能，也可以预留可能增加的功能，把产品做得尽可能简单实用。

（五）生态性

从本义上来讲，"生态性"是指生物同环境的统一。在产品设计中，生态性是指将环境因素纳入产品设计，从而帮助确定设计的决策方向。也就是说，在产品的整个生命周期中均要考虑环境因素，减少其对环境的影响，最终引导产生一个更具有可持续性的生产和消费系统。结合新媒体产品创意的内涵，生态性原则强调的是实现产品的可持续发展。具体来说，一方面要做好内容和用户的细分，精准定位，进行垂直领域的深度挖掘；另一方面要充分利用资源优势，借助数字技术实现多领域、多层次、多维度的协同合作。

在新媒体时代，用户掌握了更大的主动权，他们能够选择自己感兴趣的内容，能够及时表达自己的想法，能够积极参与各类媒体活动，甚至能够自由地生产并传播信息，他们的需求也日益呈现出多元化趋势。因此，对于新媒体产品来说，集中、粗犷的内容生产已经被淘汰，取而代之的是精细化运作模式，即通过对内容和用户的细分，运用大数据和智能算法得到不同的用户画像，搭建立体的用户需求场景，做到精准定位、专项服务，实行差异化内容推荐和运营策略，持续满足用户的个性化需求。同时，要在满足需求的基础上逐渐形成专门性分区，对各个垂直领域进行深耕，吸引更多的用户参与其中，不断降低用户分享和获取高质量信息的成本，使产品或服务向垂直化、深度化、个性化的方向发展。

当然，精准化推送和个性化服务不可避免地会限制用户的接触范围，造成信息茧房。

---

① 科尔伯恩. 简约至上：交互式设计四策略[M]. 李松峰, 译. 北京：人民邮电出版社，2021：462.
② 王咏. 简洁的力量[M]. 北京：机械工业出版社，2017：135.

长此以往，用户就会被算法推荐所钳制，失去自主阅读和鉴别的能力。因此，我们还需要利用技术、人才、文化等方面的优势，通过不同领域之间的交流融合维持媒介生态环境的稳定发展。

以非遗文化的传播为例，近年来，很多非遗小镇通过互联网技术推动对传统文化的保护传承、创新发展和产业开发，利用新媒体、多媒体等手段打造具有当地非遗元素的文化娱乐产品或活动，如举办非遗新媒体艺术节、拍摄宣传非遗文化的影像作品、创建非遗小镇的官方微博或公众号等，同时逐步将 VR、AR、AI 等前沿科技应用到非遗小镇文化事业和文创产业发展上，改善小镇文化服务内容和方式，如在小镇非遗博物馆建设中设置文化交互体验，虚拟还原出非遗历史场景等。可以说，非遗数字化是互联网时代非遗小镇发展的必然趋势，也是媒体、文化、技术等多方面融合的成果，其生态性原则主要体现在两个方面：一是以数字技术改变了非遗的既有存在形态和传播方式，借助计算机技术对非遗进行采集、存储、转化、管理、展示和传播，更加易于保存和传承，避免了文化资源的浪费；二是由此创意打造出的文化内容产品或服务有利于非遗的广泛传播和互动分享，为非遗内容资源的开发、传播和消费打下了良好基础。

三、新媒体产品常用创意思维方法

创意并不等同于灵感，除了创新的想法和思路，它还包含一系列与认知和行为相关的协同功能，即通过协调思维、推理方案、观察事物、发掘联系及试验尝试等过程来形成创造性设计。因此，创意所指向的是一种具体而现实的价值趋势。

对于产品来说，创意是生命的源泉，是思想内涵和核心价值的体现。好的创意能够使产品充分凸显优势，实现可持续发展；反之，没有创意的产品就会缺乏力量，难以吸引用户，更无法在市场上立足。

在产品研发的过程中，大多数人总是停留在"创意可遇而不可求"的误区中或者被自己的固有思维所禁锢。其实，创意虽然没有固定的模式和程序，但也有其自身的规律可循。它不仅来源于外部的学习，也来自于内部的探索和积累。以下几种具体方法可以帮助设计者拓展思维空间、细化设计环节、提升探究能力，更好地激发创意。

（一）头脑风暴法

头脑风暴法是由美国创造学家阿里克斯·奥斯本（A. F. Osborn）于 1939 年首次提出、1953 年正式发表的一种激发思维的方法，用于激发群体智慧，产生创意，又称为智力激励法、激智法、自由思考法。头脑风暴法可分为直接头脑风暴法和质疑头脑风暴法。前者是在专家群体决策的基础上尽可能地激发创造性，产生尽可能多的设想；后者则是逐一质疑前者提出的设想、方案，发现其现实可行性。此法经各国创造学研究者的实践和发展，已经形成了一个发明技法群，如奥斯本智力激励法、默写式智力激励法、卡片式智力激励法等。

1. 头脑风暴法应遵循的基本流程

（1）确定议题。会议开始前必须明确会议的目标和议题，同时不要限制可能的解决方案的范围。一般来说，具体的议题能够使参会者围绕主题快速展开思考，而抽象和宏观的议题可能需要较长的思考时间，但其产生的想法具有较强的创造性。

（2）会前准备。为了提高会议效率，应该提前收集一些相关资料提供给参会者，如背景材料或业界动态，使参会者在开会之前对要解决的问题有所了解。另外，可以适当布置会场并在会议前进行一些小测试来活跃气氛，促进参会者创意思维的发散。

（3）确定参会者。一般情况下，参会人数以 8~12 人为宜。人数太少不利于交流信息、激发思维；人数太多则不容易掌握议程且每个人的发言机会也会相对减少，同时会影响会场气氛。

（4）明确分工。要确定 1 名主持人和 1~2 名记录员。主持人的作用是启发、引导参会者，掌控会议进程，做归纳总结并适当活跃会场气氛。而记录员需要及时对参会者提出的想法进行编号并在黑板等醒目处做简要记录以供参考。同时，记录员应随时提出自己的想法或创意，切忌置身事外。

（5）规定纪律。根据头脑风暴法的原则，参会者要集中注意力、积极参与，发言要针对目标、言简意赅，不可消极被动，也不可私下议论。而且，所有参会者要相互尊重、平等相待，切忌相互贬低、攻击等。

（6）掌握时间。会议时间由主持人掌握，不宜在会前定死，通常以 30~45 分钟为宜。时间太短，则参会者难以畅所欲言；时间太长，则参会者容易产生疲劳感，影响会议效果。经验表明，创造性较强的想法一般在会议开始 10~15 分钟后逐渐产生。

2. 头脑风暴法应遵循的原则

（1）禁止批评和评论他人，同时不要过分自谦。
（2）目标集中，追求设想数量越多越好。
（3）鼓励巧妙地利用和改善他人的设想。
（4）参会者一律平等，将各种设想全部记录下来。
（5）主张独立思考，不允许私下交谈，以免干扰他人思维。
（6）提倡自由发言，参会者可畅所欲言、任意思考。
（7）既要以集体利益为主，又不能因多数人的意见阻碍个人新观点的产生。
（8）延迟评判，会议当场不对任何设想做出评价。

头脑风暴法经过多年的实践，现在已经衍生出了很多种形式，有智暴法或卡片法，即参会者在数张逐人传递的卡片上反复轮流地写上自己的设想；也有"635 法"，即 6 个人在一起，针对一个问题每人写 3 个设想，每 5 分钟交换一次，互相启发，这样就很容易产生新的设想；还有"反头脑风暴法"，就是参会者专门挑剔他人的设想，加以责难，以达到不断完善创造设想的目的。

（二）思维导图法

思维导图法是英国著名作家托尼·博赞发明的一种创新思维图解表达方法，已经在全球范围内得到广泛应用。它可以将每一种进入大脑的资料记录下来，无论是感觉、记忆、想法，还是文字、数字、符号、食物、味道、颜色、意象等，都可以成为一个思考中心并由此中心向外发散出成千上万的节点，每一个节点代表与中心主题的一个连接，而每一个连接又可以成为另一个中心主题，再向外发散出成千上万的节点，而这些节点的联结会留存在记忆中，形成个人数据库。

思维导图又称为心智图、概念图，是一种将放射性思考具体化的方法，也是一种表达发散性思维的有效图形思维工具，主要应用于记忆、学习、思考等领域，帮助人们发散思维、产生创意。它运用图文并重的技巧，把各级主题的关系用相互隶属与相关的层级图表现出来，把主题关键词与图像、颜色等建立记忆链接，同时充分运用左、右脑的机能，利用记忆、阅读、思维的规律，协助人们在科学与艺术、逻辑与想象之间平衡发展，从而产生更多的创意。

思维导图能够将数据按照彼此间的关联性分层分类管理，使资料的储存、管理及应用更加系统化，提高大脑运作的效率。具体的绘制方法：准备一大张白纸或黑板，在正中间用一幅图像或一个关键词表达出中心主题；根据对中心主题的理解，把脑子里想到的各类信息写下来或画下来，这一类信息称为一级信息；将每一个信息用小圆圈圈起来，围绕在中心主题四周，再把一级信息圈和中心主题连接起来；同理，把从每个一级信息联想到的关键词记录下来，这类信息称为二级信息，再把二级信息圈和一级信息圈相关的主题相连；以此类推，不断分级扩展，产生更多、更好的创意。

根据托尼·博赞以及国内外有关专家对思维导图的研究，思维导图的制作过程需要注意以下几点。

1. 突出重点

中心主题应写在白纸或黑板的中心位置，从这个中心开始把所有能够想到的点都记录下来并发散出去；尽可能使用图形或文字来表现整个思维导图中的信息；图形应具有层次感，字体、线条应尽量多变，做到结构合理、重点突出。

2. 使用联想

在围绕每个主题进行发散思考时，必须时刻谨记中心主题并在此基础上展开联想，所想到的点也必须和中心主题相关；不同层级之间要进行连接时，可以使用箭头。

3. 清晰明了

思维导图中的每条线上只能写一个关键词；关键词都要写在线条上；线条与线条之间要相互连接；中心主题应着重加以表达；对不同的主题应使用不同的颜色加以区别。如果生成了一个附属的或者分离的图，就要标识这个图并且将它和其他图连接起来，整体上要详略得当、清晰明了。

（三）SET 因素分析法

SET 因素分析法是在识别产品机会缺口的要求下，对社会（society）、经济（economy）和技术（technology）三个方面的因素进行综合分析、研究，以识别新产品的开发趋势并找到匹配的技术和购买动力。此方法主要应用于产品设计前期，可以帮助设计人员快速发现机遇，形成丰富的产品创意。

1. 社会因素

社会因素指的是文化和社会生活中相互作用的各种因素，包括家庭结构、工作模式、健康因素、政治环境、技术条件、体育活动、娱乐产业、旅游环境、图书杂志等。

2．经济因素

经济因素指的是消费者拥有的或者希望拥有的购买能力。经济因素受整体经济形势，如国家贷款利率调整、股市震荡、原材料消耗、消费者实际拥有的可自由支配收入等的影响。在经济因素方面，开发团队在寻求机会缺口时重点关注的还有谁挣钱、谁花钱、挣钱的人愿意为谁花钱等问题。随着社会因素的改变，人们的价值观、道德观、消费观都在改变，经济因素也会随之发生变化。

3．技术因素

技术因素指的是新技术、新材料、新工艺和科研成果以及这些成果所包含的潜在能力和价值等因素。技术因素是促进产品研发、推动人类进步的强大动力，如计算机技术、网络技术、基因研究等都完全改变了人类的生活方式。

（四）设问法

设问法是以提问的方式来发现问题和激发创意的一种方法。它主要用于新产品开发前期，通过对已有产品或事物的提问，研发人员可发现产品设计、制造、使用、营销等过程中需要改进的地方，寻找到解决问题的方法和途径。

从一定程度上来说，提出一个好的问题就意味着问题解决了一半，而创造力强的人一般具有善于提问题的能力。设问法以提问的方式帮助研发人员进一步明确产品目标，有针对性地思考问题，引发创意，为新媒体产品的设计和开发提供多种方法和路径，从而实现多样化创新和全方位的突破。

设问法是发掘产品创意、促进产品研发的常用方法，其作用主要体现在以下两个方面：第一，发现现有产品存在的问题或不能满足消费者要求的地方，进而确定产品创新的切入点或突破口；第二，深入分析产品，把要实现的目标分解成若干个需要具体回答和解决的问题，提出创造性构想并制定可行的实施方案和具体的实施步骤。设问法有很多种形式，主要包括5W2H分析法、奥斯本检核表法、行停法、和田十二法等。

1．5W2H分析法

5W2H分析法又称七问分析法，就是分别从七个方面对策划创新的对象、目标进行设问，发现解决问题的线索，寻找创意思路。它简单、方便，易于理解和使用，既可以作为分析角度，也可以是产品创意和策划的分解程序。七问分析法被广泛应用于企业管理和技术领域，对于决策和执行性活动措施也非常有帮助，有利于研发人员全面地考虑问题。

5W2H分析法有助于实现思维路径条理化，突出目标，厘清步骤，避免思维的盲目性、随意性和资源浪费。5W2H即5个以w开头的英语单词和2个以h开头的英语单词，如图6-1所示。

what——何事？目的是什么？做什么工作？

when——何时？什么时间做？什么时机最适宜？

where——何地？在哪里做？

who——何人？由谁来做？

why——何因为什么要做？可不可以不做？有没有替代方案？

how——如何做？如何提高效率？如何实施？方法是什么？

how much——何价？做到什么程度？数量如何？质量水平如何？费用产出如何？

图6-1　5W2H分析法构成

2. 奥斯本检核表法

奥斯本检核表法是根据研究对象的特点或针对某种特定要求制定相应的检核表，然后逐个核对、讨论，从而发掘出解决问题的大量设想。它是一种效果比较理想的技法，能够引导人们根据检核项目全面、细致地分析问题，获得严谨、周全的创意思路和解决方案。

奥斯本检核表法可以使思考问题的角度更加具体化，从而产生大量的原始思路和原始创意，对人们的创新思维有较强的启发作用。但需要注意的是，它是改进型创意产生方法，必须先选定一个有待改进的对象，然后在此基础上设法加以改进。具体的实施步骤：先根据创新对象明确需要解决的问题；然后根据需要解决的问题，参照表中列出的问题，运用丰富的想象力，强制性地一个个核对、讨论，写出新设想；最后对新设想进行筛选，将最有价值和创新性的设想筛选出来。奥斯本检核表法最大的优势在于使人们突破了不愿提问或不善提问的心理障碍，在进行逐项检核时，强迫人们发散思维、开拓创新，用多条提示来引导思考、激发创意，大大提升了产品的整体效果。

奥斯本检核表法主要用于产品的改进和研发，引导人们在创造过程中对照相应的问题进行思考，直接激发思维活动，促进人们产生新设想、新方案。奥斯本检核表法是在研究和总结大量近、现代科学发现、发明、创造事例的基础上归纳总结出来的，主要包括九大问题：有无其他用途、能否借用、能否改变、能否扩大、能否缩小、能否代用、能否重新调整、能否颠倒、能否组合。这九大问题为创新思考提供了最基本的思路，可以使人们尽快集中精力，朝提示的目标方向去构想和创新，提高了创意的效率。

3. 行停法

行停法是由奥斯本总结整理的，通过"行"——发散思维（提出创造性设想）与"停"——聚敛思维（对创造性设想进行冷静分析）的反复交叉进行，逐步接近需要解决的问题。

行停法的操作步骤如下。

"行"——思考、列举与所需要解决的问题相关联的要点因素。

"停"——对上一步的要点因素进行详细的分析和比较。
"行"——思考解决问题有哪些可能用得上的信息。
"停"——思考如何方便地得到这些信息。
"行"——提出解决问题的所有关键点。
"停"——判断、确认最好的解题切入口。
"行"——尽量找出验证试验的方法。
"停"——选择最佳的试验验证方法。

以上步骤循环往复,直至思维创新达到预期目标,获得所需的创意和方案。

4. 和田十二法

和田十二法又称"和田创新法则",是由我国学者许立言、张福奎在奥斯本检核表法的基础上加以改变而提出的一种思维技法。它是指人们在观察、认识一个事物时,可以考虑是否能够在其基础上稍加改变实现创新。与其他创意方法相比,此方法更加通俗易懂、简便易行。

和田十二法包括12个"一",具体如下。

"加一加"——加高、加厚、加多、组合等。
"减一减"——减轻、减少、省略等。
"扩一扩"——放大、扩大、提高功效等。
"变一变"——改变形状、颜色、气味、声音、次序等。
"改一改"——改掉缺点、不便或不足之处。
"缩一缩"——压缩、缩小、微型化。
"联一联"——确定原因和结果有何联系,把某些似乎不相干的东西联系起来。
"学一学"——模仿形状、结构、方法,学习先进。
"代一代"——用别的材料代替或用别的方法代替。
"搬一搬"——换个地区、换个行业、换个领域,移作他用。
"反一反"——判断能否把次序、步骤、层次颠倒一下。
"定一定"——定个界限、标准,能提高工作效率。

和田十二法是一种扩展创新思维、提供思考方向的"思路提示法",只要按照这12个"一"的顺序对目标进行核对和思考,就能从中得到启发,产生创造性设想。

(五)借鉴法

受到年龄、地域、职业、教育水平与个人阅历等方面的影响,每个人都会形成自己固有的思维认知。借鉴法较适用于短平快但又注重细节的项目。当我们缺乏想法或创意时,可以适当参考相关的资料,借鉴其他产品或设计方案中的成功之处,从其中的一个点出发,拓宽创意思路并结合具体情况,产生创意、优化设计。

借鉴法能够使我们从周围事物、相关因素或成功的案例中获得启发,促进创意的产生,同时可以帮助我们养成细心观察、勤于积累的好习惯,做到及时了解行业趋势,丰富知识和阅历,为创意的产生提供良好的基础。

（六）情景（情感）映射法

情景（情感）映射法要求思维深入纵向发展，切忌横向发散，适用于短平快、对情感有一定诉求的项目。在实际生活中，由于性格、阅历、成长环境等方面的差别，每个人都会形成自己独特的想象力、理解力和判断力，面对同一件事物时，不同的人会产生不同的情感反映，因此在日常创作的过程中会出现不同的视觉风格和不同的创意想法。

情景（情感）映射法是把人们所要表达的概念化、抽象化的东西（如文案、主题等）丰富化、立体化，把这些所要表达的概念逐步地从低级抽象向高级抽象演变，直至获得满意的创意表达为止。例如，想到春天时，我们的脑海里会出现不同的元素，如绿色、和风、细雨、春泥、青草、风筝、燕子等，每个人对于春天的印象都不一样，所产生的情感反映也会有所差别。由此，我们可以充分发挥主观能动性，根据不同的主题组合形成相应的创意。

（七）"三境界"法

"三境界"是由清末民初国学大师王国维在其代表作《人间词话》中提出的，可以形象地描述创意产生的过程。

第一境界——"昨夜西风凋碧树，独上高楼，望尽天涯路"，是对目标、对象和环境的高视点、多角度、全方位的观察（搜集）、整理和分析。

第二境界——"衣带渐宽终不悔，为伊消得人憔悴"，是根据经验、标准、规律等参照系对前阶段经过分解列举的各个关联要点进行筛选、判断，是不断地去伪存真、去粗取精的艰辛过程。

第三境界——"众里寻他千百度，蓦然回首，那人却在，灯火阑珊处"，是经过不断的探索、比较、验证的思维过程，终于顿悟开朗的创新时刻。

王国维的"三境界"被广泛地运用在需要创新的工作领域，无论是学习还是研究，无论是创意策划还是产品设计，都能从该理论中获得启发。

（八）六顶思考帽法

六顶思考帽法是"创新思维学之父"爱德华·德·博诺（Edward de Bono）博士开发的一种思维训练模式，可使混乱的思考变得更清晰，使团体中无意义的争论变成集思广益的创造，使每个人都变得富有创造性。

六顶思考帽法提供了"平行思维"的工具，强调的是"能够成为什么"，而非"本身是什么"，巧妙地用六种不同颜色的帽子代表六种不同的思维模式。

白色思考帽：白色是中立而客观的。戴上白色思考帽，人们思考时关注的是客观的事实和数据。白色思考帽代表中立视点，即根据客观资料和数据判断。

绿色思考帽：绿色代表茵茵芳草，象征勃勃生机。戴上绿色思考帽的人富于创造力和想象力，善于创造性思考、头脑风暴、求异思维等。绿色思考帽代表创造视点，即创造性思维。

黄色思考帽：黄色代表价值与肯定。戴上黄色思考帽，人们从正面考虑问题，表达乐观的、满怀希望的、建设性观点。黄色思考帽代表乐观视点，即正向性思维。

黑色思考帽：黑色代表否定判断。戴上黑色思考帽，人们可以运用否定、怀疑、质疑的态度，合乎逻辑地进行批判，尽情发表负面的意见，找出逻辑上的错误。黑色思考帽代表批判视点，即批判性思维。

红色思考帽：红色象征着浓烈的情感色彩。戴上红色思考帽，人们可以表现自己的情绪，还可以表达直觉、感受、预感等。红色思考帽代表直觉视点，即根据直觉判断。

蓝色思考帽：蓝色思考帽负责控制和调节思维过程，负责控制各种思考帽的使用顺序，规划和管理整个思考过程，同时负责做出结论。蓝色思考帽代表思考视点，即根据理性思考来判断。

戴上不同颜色的帽子，人们可以分别从不同的角度看待问题，得到不同的结果，综合考量这些结果往往可以得到最佳的创意和方案。

第二节 新媒体产品创意案例

一、新媒体硬件产品创意案例

（一）智能音箱

提起智能音箱，想必人们都不陌生。从亚马逊的 Amazon Echo 到谷歌的 Google Home，从小米的小爱同学到阿里的天猫精灵……智能音箱凭借简单的操作、实用的功能和低廉的价格走进人们的生活。智能音箱是在传统音箱功能的基础上升级换代的产物，主要采用语音的方式进行交互，可以点播歌曲、听取新闻资讯，也可以对智能家居设备进行控制，如打开电视、设置冰箱温度、调节灯光亮度等。

近两年，智能设备市场呈现爆发趋势，越来越多的智能设备开始进入人们的视野。一份来自 Strategy Analytics 的最新研究报告指出，2023 年全球智能家居设备销售量可达 19.4 亿，而增长最快的品类可能会是智能音箱。

随着智能音箱产品在大众生活中的普及度越来越高，其承载的前沿人工智能技术也突飞猛进。从过去单一的点播歌曲、语音播报、设置闹钟等到如今的智能交互、游戏娱乐、远程监控等，与其说它是生活助手，倒不如说它是"灵魂伴侣"。

以百度推出的小度智能音箱为例，其搭载的是百度对话式 AI 操作系统 DuerOS，不仅拥有海量内容资源，还能提供领先的人工智能技术，不断地学习控制者发来的语音内容，拥有个性化推荐、偏好记忆、场景串联等功能，只需一声"小度小度"，即可满足用户的各种需求。

2018 年 3 月 26 日，百度发布了第一代带屏音箱——小度在家（见图 6-2），由李彦宏亲自站台并以"百倍易用"来形容产品卖点。2018 年 6 月，百度正式发布首款自有品牌智能音箱"小度智能音箱"（见图 6-3）。2019 年 2 月，第二代带屏音箱——小度在家 1S 发布（见图 6-4），在软件和硬件上做了四十多项升级和改进，拥有比上一代更好的音质以及更顺畅的交互体验。2019 年 4 月，百度发布小度人工智能音箱 1S。2019 年 7 月，小度正式升级至 5.0 版本，以全双工免唤醒为代表的技术能力让用户拥有了自如交互的体验。2020 年

3月，小度推出2020年首款智能屏，拥有家庭全场景多维度覆盖、丰富全面的内容服务资源和超强的学习陪伴能力。2020年10月，百度正式推出新一代旗舰智能屏产品——小度智能屏X10，专为家庭场景设计，更贴合家庭使用场景和使用习惯，就外观设计、性能配置、影音资源、语音操控等各方面对产品细节上进行了全新升级（见图6-5）。可以说，小度的出现颠覆了智能音箱的常规功能，真正实现了智能音箱的大众化、生活化、交互化，使智能音箱不再是音箱，而是人工智能的强大载体。

图6-2　第一代带屏音箱——小度在家

图6-3　小度智能音箱

图6-4　小度在家1S

图6-5　小度智能屏X10

（二）智能手表

与其他的新媒体产品相比，智能手表经历了较长时间的发展演变。最早的机械式智能手表甚至可以追溯到1941年，之后随着电子科技的发展，拥有某些运算功能的智能手表不断推陈出新，但大多服务于专业工程或商务人士群体。在早期的定义中，智能手表是指将手表内置智能化系统、搭载智能手机系统连接于网络而实现多功能，能同步手机中的电话、短信、邮件、照片、音乐等的智能硬件产品。但如今的智能手表显然已经拥有了更强大的功能，例如，收发短信、语音通话、健康监测、音乐播放、实时定位等。在 2020 年 9 月的秋季新品发布会上，苹果公司推出了 Apple Watch Series 6（见图 6-6）和 Apple Watch SE（见图 6-7）两款智能手表。Apple Watch Series 6 采用全新升级的 Apple S6 芯片，新增了血氧检测功能。

图 6-6 Apple Watch Series 6

图 6-7 Apple Watch SE

就像智能手机曾经历过翻盖机、滑盖机、全面屏等多个发展阶段一样，智能手表在每个时期的侧重点也有所不同。前几年，计步功能非常火热，几乎每款智能手表都能够统计步数、距离，测算热量消耗值。而近两年，健康监测功能又成为一个新方向，Apple Watch Series 6 的血氧检测就是其典型代表。

从严格意义上来说，2013 年是智能手表的元年，没有背景的 Pebble 智能手表通过众筹取得了惊人的表现，它配备了电子墨水屏，能够通过蓝牙与智能手机同步，随时显示来电、短信、电子邮件和日程安排等信息。同年 9 月，三星推出了智能手表 Galaxy Gear，可以与 Galaxy Note 3 智能手机搭载使用，具备通话、游戏、收发电子邮件和消息、存储和传输数据信息以及跟踪或管理个人信息等功能。2014 年 9 月，苹果公司在秋季新品发布会上正式发布新产品——Apple Watch 智能手表，它拥有个性化表盘，可以让用户根据需要自定义表盘的设置，还可以通过苹果商店下载应用，对于我国用户有适配的微信、微博等应用。

根据互联网消费调研中心的一份调研数据，有 31.9%和 29.5%的被调研者更关注智能手表的健康监控和运动健身功能，这也是智能手表相较于智能手机最大的优势——便携性强。随着生活水平的提高和自我意识的觉醒，人们对运动和健康的重视程度越来越高，传统的计步器已经无法满足用户的需求，而智能手表可提供更加全面的运动和健康数据，因此成为可穿戴设备领域的热门产品。

二、新媒体软件产品创意案例

（一）腾讯睿知智能导诊

随着网络技术的发展和医疗服务的完善，网上挂号、预约就诊已经逐渐普及。但是由于患者缺乏专业知识，经常面临"知症不知病""知病不知科""不会选医生"等情况，甚至导致治疗的延误。为了帮助患者顺利就医、缓解医院导诊咨询的压力，腾讯基于人工智能、自然语言理解、语音识别等技术，推出了一款疾病预判的 AI 引擎——腾讯睿知。它的主要应用场景是智能导诊，通过人机对话，患者能找到最合适的医生，医生也能筛选出与其专业方向匹配的患者，让导诊服务从传统的"依图找科室"升级为"精准找医生"，提升医疗服务的效率和患者的就医体验，有效解决医疗资源与医疗需求错配的问题。目前，腾讯睿知已经落地广州妇女儿童医疗中心，为诊前患者提供智能导诊服务。

腾讯睿知主要是基于大数据打造的知识图谱，结合 AI 算法模型，实现了对疾病及病程的预判。数据上，该引擎基于权威、完整、动态的医学知识图谱；技术上，它以自然语言处理技术（natural language processing，NLP）为核心，结合医学图像光学字符识别（optical character recognition，OCR）、深度学习等 AI 算法模型构建引擎。具体的呈现形式：患者登录接入腾讯睿知的医院公众号，直接口述病症就可以获取有关具体疾病、对应科室、合适医生的信息，最终实现精准挂号。

腾讯睿知智能导诊拥有权威的疾病知识、准确的医生就诊画像、识别疾病的缓急、自然语义理解、支持语音输入、准度验证机制六大核心能力，能够完美模拟医生的导诊过程，真实还原患者的就医感受。其运行过程大致可以分为三个阶段。

（1）从海量文献中抽取丰富的医学知识，这一抽取过程相当于学习和记忆医学知识。

（2）对所抽取的知识进行理解和加工，包括比对医学专业术语与患者语言、推理症状与疾病间的对应关系和问答逻辑。

（3）结合场景进行应用，如在智能导诊场景中，结合医生的专业特长和过往的诊疗经历，刻画出全面、详细、实时的医生画像，通过智能问诊，为患者匹配最佳的医疗资源。

腾讯睿知产品总监姜军军介绍，从广州妇女儿童医疗中心试行腾讯睿知智能导诊三个多月的效果来看，其疾病判断准确率约为 94%，医生推荐准确率在 96%以上。

除了智能导诊，腾讯睿知还在探索助力分诊的更多应用场景，如在复旦大学附属肿瘤医院上线精准预约功能，根据本院患者的历史检查结果以及外地患者拍照上传的报告，智能预判病情，以病情优先为原则，为疑难杂症、重症、疾病患者开通专属预约通道，还能识别就医需求，为需要预约检查、住院的患者提供快速通道。

（二）腾讯教育智脑

早在 2015 年，智慧教育就被明确提出并被视作教育改革和未来发展的重要方向，受到社会各界的普遍关注。智慧教育即教育信息化，是指在教育领域（教育管理、教育教学和教育科研）全面深入地运用现代信息技术以促进教育改革与发展的过程。其技术特点是数字化、网络化、智能化和多媒体化，基本特征是开放、共享、交互、协作、泛在。以教育信息化促进教育现代化，用信息技术改变传统模式。

2017 年，国务院发布了《国家教育事业发展"十三五"规划》，鼓励各级学校积极利用大数据技术、AI、云计算技术等精准分析和反馈学生行为特征、推动个性化学习、实现因材施教的针对性教学。同时，国家投入大量的资源支持智慧教育的发展，扩大市场规模，鼓励各级各类学校积极探索智慧校园的建设,充分利用互联网、大数据、人工智能以及 VR 技术打造面向未来的教育新模式。

腾讯教育在 2019 年 12 月召开的首届 MEET 教育科技创新峰会上发布"腾讯 WeLearning 智能教育解决方案"。它是腾讯教育能力的集中体现,由三部分构成:腾讯教育中台、应用场景生态和用户平台。通过腾讯教育中台,开发者可以实现教育应用的统一开发和统一接入;教育管理部门、老师、学生、家长、教育机构等也可以通过 WeLearning 实现教育应用的统一调用和统一管理。同时,开发者和用户可以灵活地将相关技术、数据、内容整合到教学、学习、管理和服务等智慧场景中。

2020 年 9 月 10 日,腾讯高级执行副总裁汤道生在腾讯全球数字生态大会智能教育专场上宣布在"腾讯 WeLearning 智能教育解决方案"的基础上正式发布"腾讯教育智脑",希望更深入地满足教学场景全流程的需求,让教学当中的各个环节可测量、可优化,最终助力教育管理部门、家长、老师、学生实现一体化精准管理、智能化精准服务、陪伴式家校沟通以及个性化、多元化精准教学。可以说,在曾经突如其来的新冠肺炎疫情的倒逼之下,规模空前的线上迁移和信息化实践已经迫在眉睫,市场环境和用户需求也都发生了巨大的变化,数字技术与教育行业的长期深度融合成为大势所趋。

此外,腾讯教育智脑也通过开放生态、联动各界,以教学场景当中各个环节的需求为基础,构建了一整套高效、便捷的教育应用体系,希望针对痛点场景,解决实际问题。而其所具备的结构化知识图谱则可以帮助实现教与学的个性化。汤道生提到,通过与人工智能等技术的结合,腾讯教育智脑希望助力老师完成那些标准化、重复性教学工作,助力老师从知识点的传递者转变成学生潜能的激发者,实现真正意义上的因材施教。

---- 案 例 借 鉴 ----

腾讯发布 WeLearning 解决方案　搭建智能教育业务平台

---- 认 知 测 试 ----

---- 问 题 拓 探 ----

1. 新媒体产品创意的具体方法有哪些?设问法有什么优势?

2．新媒体产品创意原则有哪些？它们之间存在什么关系？

----- 实 践 任 务 -----

1．运用创意的具体方法构思一个新媒体产品并详细阐述其体现了哪些创意原则。
2．结合所学知识列举一个新媒体软件产品创意案例并撰写相应的创意分析报告。

第七章
新媒体智能硬件产品设计与开发

> **问题导航**
>
> 新媒体硬件产品的发展趋势是什么？新媒体智能硬件产品有哪些设计要素？它的设计与开发要经过哪些流程？新媒体硬件产品设计与开发需要什么工具？就这些问题，本章从理论到实践为学习者提供一些启迪性思路和实践操作的方法。

从新媒体硬件产品的角度来看，计算和通信的深度融合将信息产业带入了"后个人电脑时代"。个人电脑、手机、电视和平板电脑之间的区别正在模糊化，具备统一功能的智能硬件渐渐成为市场主流。智能硬件是新媒体物质载体产品（即新媒体硬件产品）呈现出的最新形式，它通过软、硬件结合的方式加载、运行移动应用软件，升华了传统设备或延展了新的硬件，通过移动网络和算法的控制，拥有了智能化功能，形成"云＋端"的新型架构，具备了大数据的附加价值。

前面说过，新媒体硬件产品有智能和非智能之分，而如今已经进入万物皆媒、万媒皆智的泛媒体时代，新媒体硬件产品的智能化已经成为这一行业的发展趋势。所以本章把新媒体智能硬件产品作为重点进行阐述。

从发展历史来看，2016年是新媒体智能硬件产品的市场启动期，而后，随着产业链的成熟，芯片、传感器的更新换代，智能硬件平台与大数据服务平台的搭建，基于创新的服务类产品逐步成熟。"智能"其实是一个很宽泛的词，表达的是用户使用一款产品的主观感受，具体体现在减少了人为操作，让用户感觉省事方便。但智能不一定要结合创新技术才能实现，最重要的是产品思维，即充分地把握用户的心理需求，解决痛点。

物联网实现了人与物、物与物的泛在连接，在此基础上，人工智能技术的加入为连接在这一网络上的新媒体产品赋予了更智能化的特性。举例来说，日常家居场景中，当用户只有一个智能家居时，其生活质量并不会有显著的提升，如智能音箱在用户尝鲜之后很容易闲置，因为其主要功能的可替代性强，即能播放音乐的设备不是只有它。但是当用户有一整套智能家居，智能音箱就能作为用户和所有智能家居的连接入口，用户只需动口就能向所有设备发出指令。当发展到主动智能阶段，甚至无须用户主动提出需求，智能家居系统就可以根据用户的行为偏好、用户画像、环境等信息主动提供适合用户的各类服务。

本章中，新媒体硬件产品的设计与开发主要指的是新媒体智能硬件产品的设计与开发，包括新媒体智能硬件的设计与开发及其配套软件功能的设计与开发。

第一节　新媒体智能硬件产品的设计

一、新媒体智能硬件产品的设计要素

（一）新媒体智能硬件产品的外观设计

这一部分通常是产品的工业设计（industrial design，ID），以下简称 ID 设计。ID 设计环节包括 ID 评审、打板验证、调整优化后再次打板验证、确定 ID 等步骤，如图 7-1 所示。

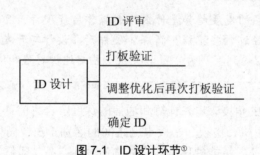

图 7-1　ID 设计环节①

ID 设计中需要注意两点：一是产品外观设计形体必须能开模。其实，设计完一件产品的外观，能否开模制造出来取决于拆件，而拆件又与装配顺序、外观美观性和成本紧密相关。二是产品外观设计必须考虑能否装配主板或其他电子器件。首先要保证所设计的产品主板能够放到所设计的盒子内部，而且盒子的强度要足够大，然后要确保所设计的产品能够很好、按顺序地拼装在一起。ID 设计通过评审后就可以通过打手板进行进一步的检验和评估，在评估合格后即可进行结构设计。

（二）新媒体智能硬件产品的结构设计

新媒体智能硬件产品的结构设计（见图 7-2）包括结构设计，基本确定电池、PCB②等元件尺寸和位置，结构评审，结构打板验证，结构设计封板等步骤。在结构设计过程中，需要根据 ID 和主板等配件设计可以兼顾两者的内部结构，同时要考虑产品的坚韧度、组

---

① 贾明华. 智能硬件产品开发全流程解析[EB/OL]．（2019-01-25）[2022-12-08]. https://www.woshipm.com/pmd/1873778.html.
② 印制电路板（printed-circuit board）：用电子印刷术将覆盖在绝缘基材上的铜箔刻蚀为满足元件连接要求的导电线路，从而形成的可安装并连接电子元件的电路板。

装难度、脱模难度，有运动部件的产品尤其需要注意运动部件的结构灵活性和稳定性。结构设计好后可通过 3D 打印等技术进行打样拼装验证设计。

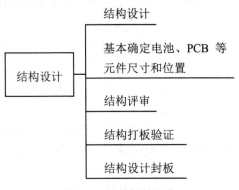

图 7-2 结构设计环节

（三）新媒体智能硬件产品的电子设计

新媒体智能硬件产品的电子设计（见图 7-3）包括 PCB 设计①、电子元件选型、打板验证、优化修改、再次验证、确定 PCB、出电子物料清单（bill of material，BOM）等步骤。在电子设计过程中需要特别注意的是 PCB 设计和电子元件选型这两个步骤。

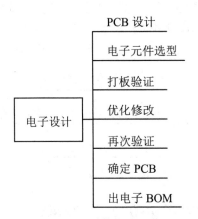

图 7-3 结构设计环节

PCB 设计要考虑走线、SMT②难度、分离模拟电路与数字电路以及元件和电路之间的电磁干扰等相关问题。尤其要注意干扰问题，因为这样的问题常常是隐性问题，倘若在产品大规模生产后出现问题，那么会造成严重的后果。

在电子元件选型过程中要避免使用非常规版元件，因为这类元件随时会面临停产或者与其他元件难以兼容，有时更换一个元件会因为引脚（pin）或驱动不兼容而带来大麻烦。

---

① PCB 设计是指印制电路板的设计，是以电路原理图为根据，实现电路设计者所需要的功能。印刷电路板的设计主要指版图设计，需要考虑外部连接的布局。

② SMT 是在 PCB 基础上进行加工的系列工艺流程的简称，是指表面安装技术或表面贴装技术（surface mounting technology），是电子组装行业里最流行的一种技术和工艺。

对于产品来说，使用成熟、稳定的元件不仅能提升产品的稳定性，有时甚至能降低产品的成本。

在主板设计好后即可打板出样品了，样品出来后即可烧录固件对其进行测试和优化。在这个阶段，相关 App、固件、电子、结构都已经出了 1.0 版本，此时就可以对产品进行整机的组装和验证。在整机验证阶段，除了要对产品进行各方面的测试验证，还需要将产品拿到实际的应用场景中，请用户使用测试，这一步不仅可以从用户的角度测试产品的性能，还能发现产品场景设计和需求以及产品体验等方面的问题。例如，360 创始人周鸿祎在大学期间做了一款硬件产品——Master 防病毒卡，它是用来清除计算机病毒的外接卡设备，然而仅仅卖出几十份之后，该产品就遭遇到毁灭性打击，因为没有考虑到不同用户使用的设备配置和使用场景的千差万别，Master 防病毒卡在用户计算机上的表现与其在测试时的表现几乎有着天壤之别。最终，周鸿祎放弃了 Master 防病毒卡这一产品。

（四）新媒体智能硬件产品的包装设计

经过电子设计阶段后，产品的基本外观、功能、配置就已经敲定了，此时就可以进行包装设计了，如图 7-4 所示。如果距离量产的时间较长，那么可以在包装设计打样确认后过一段时间再进行生产，以免产品因长时间存放而出现问题。产品经过多次测试后，在 ID、结构、电子都不需要改动的情况下，就可以开模了，电子元件也可以开始备料。通常开模的时间至少需要 2 个月，在这段时间内也可以继续迭代优化软件。在开模这段时间里，产品经理和结构设计师需要定期检查开模进度和质量，避免出现较大的进度延迟或失误，而后就是整机验证、产品内测、小批量试产、大批量生产阶段。①

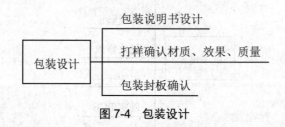

图 7-4 包装设计

二、新媒体智能硬件产品的设计流程

一个新媒体智能硬件产品项目最基本的流程包括前期的市场调研，产品定义，需求分析，方案设计，外观结构的设计，软、硬件的设计，物料的采购，试生产，测试和整改，生产管控，质量控制，量产出货，售后跟踪等。下面按照前期分析、中期设计、后期完善进行梳理。

（一）前期分析

智能硬件产品设计中，前期准备工作是否充分将直接影响设计合理性和市场竞争能

---

① 连诗路. 产品经理的硬能力，从 0 开始设计智能硬件产品[EB/OL]．（2019-01-11）[2022-06-22]. http://www.woshipm.com/ai/1832140.html.

力,其重要性不言而喻。前期准备工作主要包括项目规划和对应准备工作、集合不同类别划分不同区域、针对性搭设和完善。以某产品经理负责的智能试衣魔镜产品为例,一开始,企业端口(to B)是按照服装品牌公司的用户需求定制,用户端口(to C)是按照产品经理对用户的调研理解定制。那么对于 to B 的需求,可以请外观设计师和工业结构设计师一起进行分析并对功能模块进行规律性划分,针对每一个功能模块进行电路的选择,尽可能选择市场上的主流元件。

在这个过程中,模块搭设需要根据图纸选择元件,尽可能选择寿命长的元件,然后对元件进行测试,测试正常后方可使用并做好记录工作,为后续相关审核提供依据。前期准备工作是否完善直接关乎后期工作能否顺利展开,因此需要予以高度重视。例如,某产品经理负责智能防丢器产品,在选择硬币形状电池时,既要考虑电池的耐用性,又要考虑电池的成本,同时要支持产品的应用场景。在需要防水的场景中,产品经理要考虑如下问题:防水层层数太多就会阻挡电磁通信;如果防水层不严实,防水效果会大打折扣。

对于 to C 的智能硬件产品,要提早绘制产品的用户画像,确定产品价格、产品生命周期、产品差异化、产品亮点。

产品经理在前期准备时的工作具体包括如下两个方面的内容。

(1)梳理需求,确定需求,定义产品方案,寻找适合的工业结构设计师、工程结构设计师,配合元件、原理图工程师进行元件测试,敲定产品的功能和性能。

(2)输出产品市场需求文档(market requirement document,MRD)、竞品分析、用户需求特征清单。

(二)中期设计

1. 参与原理图绘制,赋予原理图以产品的功能内容

在元件原理图绘制中,结合不同区域和元件绘制功能模块的原理图,标记审核无误后封装起来。原理图绘制是 AI 助力的硬件设计的核心内容,需要对整体设计进行剖析,挖掘其中潜在的漏洞并予以及时、有效的修改。所以,原理图的绘制十分重要,可以客观地反映出电子产品硬件设计的功能性。

在信息电子工程师绘制原理图时,产品经理需要做好以下工作。

(1)协同信息电子工程师,在原理图上绘制每一个功能模块的原理图并进行确认,不同的部分需要用不同的符号表示,同时用不同的标记进行连接。在原理图绘制完成之后,要保证没有错误之后才可以对每个元件进行确认和封装。

(2)再次确定原理图的功能、性能。

(3)输出确定的产品原理功能和性能表,如图 7-5 所示。

图形符号	名称与说明	功能	性能
|	动合触点	开关	220V
TX/E/ANT	天线	信号	工作频率

图 7-5 产品原理功能和性能表(示例)

2. PCB 图绘制

PCB 图绘制是电子产品硬件设计中的重要环节，原理图元件封装导入 PCB 图，放置元件。需要注意的是，应该把握元件和顺序之间的联系，结合实际布局来确定元件尺寸，优化硬件设计，同时要合理地优化硬件设计，尽可能避免重叠连接问题的出现，因为这会影响硬件设计的合理性。不同智能硬件产品的需求不同，产品经理需要从整体角度进行分析和检查，避免出现不必要的误差。

在 PCB 图绘制过程中，产品经理的工作具体包括以下内容。

（1）监督。布局的时候，需要先放置进行定位的元件，这些需要进行机械定位的元件要按照相关的要求来放置，确保每个功能模块的元件都能够放置在一起，并且按照部件的规范，手动对关键部分进行布置。

（2）验证 PCB 的功能、性能。

（3）参与寻找和确认 OEM（original equipment manufacturing，定牌生产/原厂委托制造）供应链，开启板卡并进行加工制造。

（4）输出。根据 PCB 输出功能文档，输出系统、软件需求。

3. 关注可维修性，建议产品经理遵循极简主义思维

智能硬件产品与软件产品运营最大的不同在于智能硬件产品涉及售后实体运维。销售产品产生利润的前提条件是开源节流。开源就是要让产品有更多的附加值、增加产品的价值和销售量。为此，需要强化产品的实用性，通过舒适和便捷的操作提升用户的体验感，让产品外观变得更时尚，以产品的外观和应用性能博得用户的青睐，激发用户的购买欲望。节流就是以可维修性为核心，让生产成本都成为产品的纯利润。成本包括维修人员的薪资、差旅费等各种人工费用，同时包括备件、库存费用和维修工具购置费用等。可维修性的设计不仅要从节约成本的角度来考虑定性的要求，同时要进行功能的权衡分析，对相同或者类似的功能进行合并，剔除没有必要的功能，这样可以让产品更加简洁、可维修性更强。

产品经理在早期设计功能时，需要使产品的构造更加简洁，让产品的层次以及组成的单元数量更少，也需要对零件的形状进行简化，需要提前对磨损或者漂移等原因引发的故障进行排除，同时要进行调整，让组合件可以自由拆卸，使局部更加便于维修，减少相互之间的牵连并可以进行反复调试。

4. 输出 CMF

在经过上述智能硬件的基础搭建以后，产品经理需要安排内部或者外部的工业设计师进行颜色、材料、表面处理（color-material-finishing，CMF）的深度设计，既要输出满足用户/用户需求的工业设计稿，又要确认好产品的颜色、材料和工艺。

（三）后期完善

1. 用 AI 助力硬件产品

企业要想超越竞争对手，使自身产品具有差异化优势，就要注重产品的智能化，这样才能给用户带来更好的产品体验。

产品经理在用 AI 助力软、硬件协同产品时需要做好以下工作。

（1）策划与对手产品竞争的差异化人工智能版本功能点。

（2）准备算法、数据、模型。

（3）确认需求实现方案。

（4）安排开发、关注硬件层之间的驱动。

2．输出软、硬件协同的 PRD

这一阶段，产品经理需要做如下工作。

（1）整理文档，梳理、确定第一个版本的需求。

（2）查漏补缺，设计好软、硬件系统产品的交互体验。

（3）输出完成的 AI 助力的软、硬件协同产品需求文档（product requirement document，PRD），其中包括物理清单。

（4）监督供应链工厂对智能硬件产品的测试报告，直至合格。

（5）撰写智能硬件上对应市场的资质认证，如 3C、CE[①]等认证。

（四）总结

总之，从 0 开始搭建智能硬件产品可迅速提升产品经理的能力。做 AI 助力的软、硬件协同产品能够磨炼产品经理的软件能力、硬件能力和 AI 能力，拓宽产品经理的认知格局。当产品经理负责 AI 助力的软、硬件协同产品时，一般还需要负责这款产品的市场运营，甚至是资本市场的相关事宜。当产品经理负责资本市场相关事宜时，会发现智能硬件产品启动时的变现能力往往很强，但是到 B 轮融资以后往往不如软件类产品容易融资，这就需要智能硬件产品经理拔高产品视觉，拓展产品生态，做大智能硬件的供应链，同时向 to B/to C 用户发展。

三、新媒体智能硬件产品的开发逻辑

新媒体硬件产品因硬件开发耗时长、成本高等特点，一旦交易完成，硬件性能也就固定了，不会再迭代，此处主要介绍新媒体智能硬件产品配套的软件功能的开发过程，总结为五个方面：用户、流程、逻辑、现象及原因。

（1）用户：都有哪些用户会用到这个页面或功能？

（2）流程：用户的使用流程如何？

（3）逻辑：产品的底层逻辑（业务流程）是怎样的？

（4）现象：哪些用户出了什么问题？

（5）原因：为什么会出问题呢？

最后要找出问题的关键点，制定多种解决方案，方便后期对比和评估效果，在对开发的难度和效果进行评估后，选择合适的解决方案。开发完成后一定要进行产品功能效果测试，复盘开发过程，总结经验。

---

① 3C 认证的全称为"中国强制性产品认证"，英文名称 China Compulsory Certification，英文缩写 CCC。CE 认证，即只限于产品不危及人类、动物和货品的安全方面的基本安全要求，而不是一般质量要求，协调指令只规定主要要求，一般指令要求是标准的任务，因此准确的含义是：CE 标志是安全合格标志而非质量合格标志，是构成欧洲指令核心的"主要要求"。

(一)好产品开发的底层逻辑

好产品开发的底层逻辑需要从产品定位入手(见图 7-6)。一个产品如何定位?则需要考虑该产品的目标用户,以及该产品目标用户的特定需求和目标用户特定需求的解决方案。目标客户去哪里寻找?则需要综合考虑产品的客户定位及产品的市场定位,寻找产品最大卖点与用户利益点相匹配的人群。用户买的不是你的产品,买的是解决他们的问题的方案。一旦用户感受不到你的产品解决了他们的什么问题,给他们带来什么利益,推销产品就有可能花费巨大的营销成本,也可以从侧面反映出,他们可能不是你的目标用户。

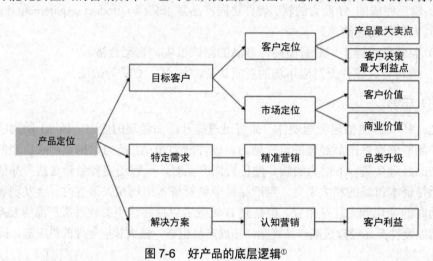

图 7-6 好产品的底层逻辑①

以下为新媒体硬件产品设计开发的底层逻辑。

1. 从用户需求的角度看

新媒体软件产品主要着手解决用户的痛点,对于 C 端产品来说,痛点就是指个人想解决而无法解决的问题,如用户想要美化自己的照片但不会使用复杂的 PS 软件,美图秀秀就可以解决这个痛点。新媒体智能硬件产品(在互联网产品中运用人工智能技术的产品)则是要满足用户的兴奋需求,如将情感分析运用到电商的产品评论中,用户可以通过可视化数据展示对产品有全面、直观的了解,而不再需要自己一页一页地翻看评论内容。

2. 从产品设计角度看

新媒体软件产品的主要关注点在于用户需求、流程设计、交互设计、商业模式等,着眼于设计满足用户需求的产品,通过合理的流程设计、交互设计达到产品目标,进而实现商业目标。其典型的思路:发现用户需求→设计满足用户需求的产品→迭代完善、产品运营→商业变现。

新媒体智能硬件产品的关注点在于模型的构建,它不再是对布局、交互的推敲,而是通过选择合适的数据,构建合适的模型,最终呈现最好的效果。什么是好的效果呢?这就需要引入测评指标。互联网上的评测指标有人们熟知的留存率、转化率、日活跃等,那么新媒体智能硬件产品主要通过哪些测评指标呢?以情感分析为例,把情感分析看成一个分

---

① 灰度认知社. 一款好的产品,有哪些底层逻辑[EB/OL]. (2019-11-15) [2022-12-08]. https://www.woshipm.com/pmd/3091404.html.

类问题，则可以使用 P、R、A 值来描述。

（1）查准率（precision）：P 值，衡量某类分类中识别正确的比例，如情感分析中，有 10 条被分类为"正向"，其中 8 条是分类正确的（由人工审核），那么 $P=8/10=80\%$。

（2）查全率（recall）：R 值，又叫查全率和召回度，指的是某类被正确分类的比例。同样以情感分析为例，100 条数据中有 10 条是正向的，机器分类后，这 10 条中有 7 条被分类为正向，则 $R=7/10=70\%$。

（3）精确度（accuracy）：A 值，就是被准确分类的比例，也就是正确率，如 100 条数据，90 条是被正确分类的，则 $A=90/100=90\%$。

以上指标数值越高，说明模型效果越好。因此，新媒体智能硬件产品开发设计的底层逻辑要关注数据、模型、评判、呈现等要素。[1]

（二）产品配套功能点开发的业务流程

新媒体智能硬件产品配套功能点开发指的是对新媒体智能硬件产品配套软件功能点的开发设计，一般需要经过三个阶段：① 确定任务，拟定总体设计方案；② 硬件和软件设计；③ 系统调试与性能测试。下面简单叙述各阶段的工作内容和设计任务。

1．确定任务，拟定总体设计方案

（1）确定产品的功能点、技术指标及设计任务。首先，应明确新媒体智能硬件产品开发必须实现的功能点和需要完成的开发任务，要考虑开发功能的数据来源、模型构建、评判方式以及呈现方式。其次，要考虑产品的外部结构、外形尺寸、研制成本、功能的稳定性、可维护性及性能价格比等。最后，在综合考虑上述各项内容的基础上，提出总体设计方案。

（2）总体设计。通过调查、研究和对总体方案的论证，即可开展新媒体智能硬件产品配套功能点的总体设计工作。完成总体设计后，才能将开发任务分解成若干子课题，展开具体、深入的设计工作。

2．硬件和软件设计

在开发过程中，硬件和软件设计应同时进行，在设计硬件、研制功能模板的同时即着手进行应用程序的编制。同时，软、硬件设计工作要相互配合，尽可能缩短研制周期、提高设计质量。

（1）硬件产品设计和功能点模板的研制。根据总体设计，将整个系统分成若干个功能模块分别设计，在完成设计之后，即可制作相应的功能模块。在设计、制作功能模块时，要保证技术上可行、逻辑上正确。

（2）软件框图的设计和程序的编制。将软件总框图中的各个功能模块具体化，逐级画出详细的框图和流程图，作为编制程序的依据，用户源程序一般采用汇编语言、C 语言或者其他合适的计算机语言进行编写，通过编译系统变为可运行的目标代码。采用汇编语言编写的用户源程序代码效率高，可节省程序存储空间，程序运行速度快，设计中还应进

---

[1] 程宝田. 智能硬件之配套软件产品设计总结（1）[EB/OL].（2019-05-08）[2022-12-08]. https://baijiahao.baidu.com/s?id=1632957250518751807&wfr=spider&for=pc.

行程序的优化工作,注意程序的可读性和可移植性。

鉴于新媒体智能硬件产品设计中计算机一般属于嵌入式应用,硬件和软件设计工作联系紧密、相辅相成,必须齐头并进。设计人员不仅要懂得系统的硬件,而且要熟悉软件,如此才能设计出较为理想的新媒体智能硬件产品。

3. 系统调试与性能测试

在新媒体智能硬件产品配套功能点的设计开发过程中,需要进行硬件产品和软件的调试和性能测试,以排除设计错误和各类故障,使所研制的智能硬件产品样机符合设计要求。新媒体智能硬件产品的调试包括硬件调试、软件调试和样机调试三个部分。新媒体智能硬件产品硬件部分和软件部分的研制一般独立且平行地进行。软件调试在硬件产品研制完成之前即开始进行,硬件产品也必须在无完整应用软件支持的情况下进行调试。这就必须借助各种开发工具和开发系统,以创造良好的硬件和软件调试环境。样机调试是指在硬件产品和软件分别调试完毕后在样机上进行的硬件产品和软件的联调。调试→找出设计错误和故障源→修改硬件产品和软件→再调试,此过程需反复进行,直至排除所有错误并达到设计要求。

如何新增一个新媒体智能硬件产品配套软件功能点?

首先,要明确新增功能的目的。可以从以下几个方面展开思考。

(1) 对用户:对哪类用户具体有什么好处?有没有受影响的用户?
- ❏ 增加内容,提升准确度(如何选择标签)。
- ❏ 减少操作,提升便利性(推荐入口)。
- ❏ 功能补充,提升体验。

(2) 对平台(内):对内部数据、操作人员是否提高了效率?
- ❏ 增加渠道,引入新用户(分享功能、支持微信登录)。
- ❏ 减少重复的操作。
- ❏ 数据分层,提升精准度。

(3) 对商业:是提高了收入还是提高了转化率?
- ❏ 拉动付费转化率(两人付费,一人免单)。
- ❏ 增加新产品,创造高的收入点(在线订座)。
- ❏ 对原有数据做重新组合,提高数据转化率(地图找房)。

其次,明确功能的基本逻辑,即要达到目的,大概的逻辑是什么?可以从以下几个方面考虑。
- ❏ 用户的操作过程。
- ❏ 数据的流向。
- ❏ 难点可能是什么。

再次,调研相关的新媒体产品功能。明确调研目的,可以从以下几个方面着手调研。
- ❏ 观察用户、场景、需求是否被满足了。
- ❏ 猜测底层的逻辑。
- ❏ 分析产品的流程。

❑ 产品亮点和结论。

然后，制定功能方案。可能的解决方案有哪些？梳理每个方案的简单业务流程，有针对性地进行分析，选择合适的方案。要注意分析开发难度、见效、用户场景等要素。

最后，完成软件的原型设计和需求文档。通过业务流程获得页面流程，完成原型设计（基于真实场景、真实文案的黑白灰产品原型），撰写需求文档（或直接用原型标注解决），进行需求评审。

新媒体智能硬件产品设计案例：智能行车仪

第二节 新媒体硬件产品设计与开发工具

一、新媒体硬件产品设计与开发常用工具

（一）原理图与 PCB 设计：AD、Cadence SPB 和 PADS 软件

AD（Altium Designer）是目前常用的硬件设计工具，为中小型企业员工和学生所熟知，是 Protel 的升级版。Cadence SPB 是高端 PCB 设计领域最流行的电子设计自动化（electronic design automation，EDA）工具之一，由于功能强大，被众多企业视为高端产品必备工具，自身集成一条龙的原理图、PCB、仿真工具，适合具有一定设计经验和仿真知识的工程师使用。PADS 是一款制作 PCB 板的软件，包括 PADS Logic、PADS Layout 和 PADS Router。PADS Layout（Power PCB）提供了与其他 PCB 设计软件、CAM 加工软件、机械设计软件的接口，方便了不同设计环境下的数据转换和传递工作。

（二）电路仿真：Multisim、Cadence PSpice

Multisim 模拟电路仿真效果极佳，适用于前期原理图设计阶段的原理性验证，可以节省开发时间，和 Cadence PSpice 一起能够完全满足原理图设计的验证需要。

（三）PCB 板级仿真

前仿真：HyperLynx、Cadence PCB SI。
后仿真：HyperLynx。
前、后仿真：适用于 PCB 设计阶段的布局、布线以及整版功能仿真，尤其适合高速信号的仿真，可以为企业降低制板成本，加快产品开发进度。

（四）阻抗计算：Polar SI9000

Polar SI9000 应用于信号完整性仿真中传输线的阻抗匹配及板层叠结构的参数设置，通过它可以得到 PCB 上面各元器件相关参数的设定及板层层数、厚度的确定。

（五）库封装制作：LP Wizard

LP Wizard 集成业界常用 PCB 元件封装的尺寸，让你轻轻松松绘制出 PCB 封装库。

（六）场求解器：ADS、ANSYS、ANSOFT maxwell

1. 板级热分析：Flotherm.PCB（专业的电路板电子散热分析软件）

硬件设计过程离不开各种辅助设计工具，掌握这些工具的使用方法是设计开发人员的必备技能。当然，此处所说的"工具"不仅仅包括绘制原理图、PCB 图的 EDA 工具，也包括查找元件 datasheet、制作 PCB 下单、采购元器件渠道、信号仿真、原理仿真等。对于初学者来说，市场上能搜索到的各类诸如"合格硬件工程的必备技能"所描述的要求过于详尽，让初学者望而却步。

当然，在日常设计中，这些所谓的必备技能仅有一部分是必须要掌握的，另一部分只有在项目有特殊需要时才需要掌握，还有一些是个别要求，如多片 DDR4 的信号质量仿真及优化涉及的热效应、多片高速信号的拓扑及信号完整分析等内容只存在一些特定行业产品中。目前，智能硬件产品，如智能家居、车载电子、小型工控、电力设备等，大部分属于中低速硬件设计，需要精细考虑的设计要求其实并不需要控制得很严格。下面的介绍针对的是刚接触硬件设计或者想要从事硬件设计的初学者。

硬件设计目前使用的两种主流设计工具是 Altium Designer（见图 7-7）、Cadence。Altium Designer 比较容易上手，操作性更强一些。Cadence 的学习过程稍长一点，专业性比较强，目前很多手机硬件厂商都使用该工具。

图 7-7　Altium Designer

对于 Altium Designer 工具，有些初学者会有疑问：Protel、DXP、Altium Designer 这三个工具到底应该用哪个？其实它们是一脉相承的，主要的发展过程是 Protel 99SE、DXP 2002、DXP 2004、Altium Designer 6.0、Altium Designer 09、Altium Designer 19。它们的设计理念和操作方式大同小异，只是顺应时代的发展增加了很多新的辅助功能，如早期的

Protel 99SE 版本就没有 3D 查看 PCB。无论使用哪个版本，软件生成的 PCB、原理图文件都可以兼容查看。当然，笔者建议使用最新的，因为使用操作方面更加人性化。

对于 Altium Designer 的使用，此处不做过多介绍，因为在前期阶段有很多操作都用不到，全面学习这些操作反倒会造成一定的学习障碍。下面列举在前期硬件设计中必须要掌握的内容。

（1）创建 PCB 工程项目。
（2）添加原理图并按照设计要求编制原理图文件。
（3）将原理图转为 PCB 文件，绘制 PCB 线路图。
（4）添加元件库。
（5）生成 gerber 文件。
（6）导出 PCB 丝印图及钻孔文件。
（7）了解 PCB 层叠设计及每个层的含义。

Cadence 产品（见图 7-8）涵盖了电子设计的整个流程，包括系统级设计，功能验证，IC 综合及布局布线，模拟、混合信号及射频 IC 设计，全定制集成电路设计，IC 物理验证，PCB 设计和硬件仿真建模等。其操作教程在此不做描述，网上可以找到，需要掌握的内容与上述 Altium Designer 一样。

图 7-8 Cadence

2．仿真工具

仿真工具包括两个层面：原理性仿真、信号完整性仿真。常用的两种工具是 Multisim（见图 7-9）和 Allegro SI。

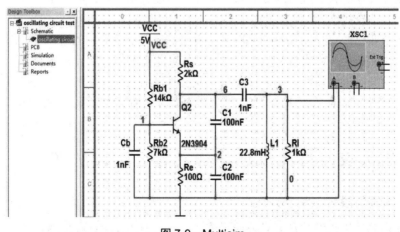

图 7-9 Multisim

Multisim 是美国国家仪器有限公司推出的以 Windows 为基础的仿真工具，适用于板级的模拟/数字电路板的设计工作。它包含了电路原理图的图形输入、电路硬件描述语言输入方式，具有丰富的仿真分析能力。用户可以使用 Multisim 交互式地搭建电路原理图并对电路进行仿真。Multisim 提炼了 SPICE 仿真的复杂内容，无须懂得高深的 SPICE 技术就可以很快地捕获、仿真和分析新的设计，这也使其更适合初学者对设计的电路进行仿真验证。通过 Multisim，可以完成从理论到原理图捕获与仿真再到原型设计和测试的一个完整的综合设计流程。

高速 PCB 的前仿真包括以下几个方面：信号完整性（signal integrity，SI）仿真、时序（timing）仿真、电磁兼容性（electromagnetic compatibility，EMC）仿真、信号完整性（SI）后仿真、电源完整性（power integrity，PI）后仿真、电磁兼容性（EMC）后仿真。对于这部分技能，如果你设计的板件暂时未涉及 200 MHz 以上或者信号的上升、下降时间并不会导致硬件问题，那现阶段可以不用学习该工具的使用。当然，一个完备的硬件设计需要通过设计、仿真、验证的过程，实际工作中因工作时间投入问题，并不一定能完全按照该过程进行。在有能力把握情况下，通常按照经验进行，哪一块容易出现问题就进行信号完整性仿真和时序仿真测试。从这个层面来说，硬件设计要考虑资源投入和产出的权衡。

Allegro PCB 能够根据叠层的排序、PCB 的介电常数、介质的厚度、信号层所处的位置以及线宽等判断某一 PCB 线条是否属于微带线、带状线、宽带耦合带状线，并且根据不同的计算公式自动计算出信号线的阻抗以及信号线的反射、串扰、电磁干扰等，从而可以对布线进行约束以保证 PCB 的信号完整性。在布线时利用 Interconnect Designer 工具设置各种约束条件，这些约束条件包括范围广泛的物理和电气性能参数，如常见的 PCB 线宽、过孔数目、阻抗范围、峰值串扰、过冲特性、信号延时、阻抗匹配等，用仿真的结果在 PCB 中对时序、信号完整性、电磁兼容、时间特性及其他相关问题做出最优化设计。

3. 查找元件工具

硬件设计不仅要掌握设计工具，还需要选择元件。到底该用哪个厂商的什么型号的元件来满足产品设计？这就需要找到元件 datasheet（元件规格书）并且知道从何处购买。刚开始接触硬件设计的人对于从何处获得这些信息可能很陌生。有一些企业有比较标准的硬件设计库和元件查找仓库，但是很多中小型、微型企业并没有足够的资源来支持这些资料。如果你所在企业已经有长期供货的供应商或者已经自建了企业用的选型库，那么在设计时可直接咨询供应商的技术支持（FAE），也可以从企业内部的公共元件库获得资料并参考企业以往的使用案例进行设计。如果你所在企业没有以上元件库资源，那就需要自行从网络上查找相关资料，如嘉立创（提供 PCB 在线制作、元件采购、元件封装库、元件技术资料等服务）、e 络盟。

二、新媒体硬件产品设计与开发各个阶段的常用工具

（一）前期阶段

产品前期的讨论强调的是创意或展示流程的核心概念，设计师们关注的是设计方向的可行性和用户体验，同时要提出问题。简单的手绘在前期阶段发挥着不可替代的作用，除了用纸、笔手绘线框，还可以使用尺子画出界面通用的控件或基本元素。

第七章 新媒体智能硬件产品设计与开发

（二）过程阶段

（1）思维导图工具。思维导图工具比较多，如常见的有 Xmind、MindManager 等。

（2）低保真原型工具。低保真原型工具也有很多，如早期的设计人员都用 Visio（现在大多是 IT 从业者在使用）。

（3）Axure。Axure 是目前的主流工具，配合组件库，可以快速调出需要的控件、基本元素、窗口等进行交互原型制作，也可以制作交互动画，以清晰展示原型的流程，如图 7-10 所示。

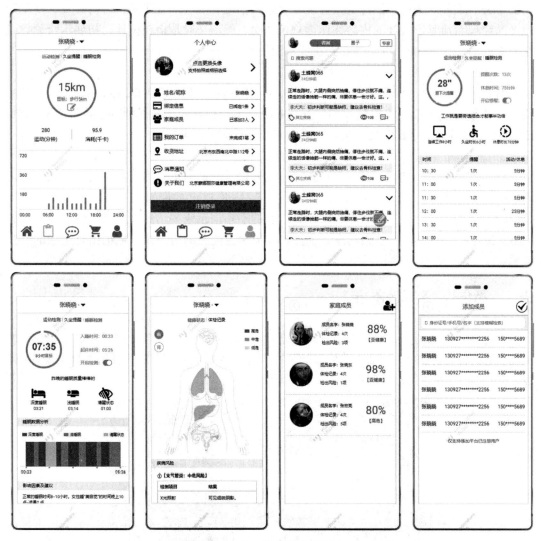

图 7-10　产品原型图示例

（4）Illustrator。Illustrator 是矢量工具，其特点是操作麻烦，需要手动添加控件，输出效率较低，常用于文档输出，新手或者早期的原型设计不推荐使用。

（5）Keynote/PPT。Keynote/PPT 是 Mac、Windows 环境下的"标配"，使用场景不多，优点是可以快速地制作一些动效，有助于概念阐述，缺点是没有模板，不利于长期修改。

（6）OmniGraffle。OmniGraffle 是一款绘图软件，曾获得 2002 年苹果设计奖，但只能运行在 Mac OS X 和 iPad 平台之上。它可以绘制普通图表、树状结构图、流程图、页面编排等，基本上涵盖交互设计所涉及的所有内容。

（三）展示阶段

展示分为静态与动态两部分。静态一般是指文档规范，如用 Keynote/PPT/InDesign 输出的 PDF、文档、表格、图片等，要求交互注释清晰、流程一目了然，可供开发、视觉乃至产品经理看清楚所设计的内容并作为规范。动态展示一般是指在设计之初展示给领导或用户看的演示（Demo）以及设计上线展示给用户的演示。

1．PC 端

常见的有 Flash、After Effects、Premiere Pro、Keynote/PPT、UI Design、Axure 等软件。输出有两种：一种是可点击/拖曳的交互 Demo；另一种是演示的视频，这类多使用 After Effects、Premiere Pro 软件进行视频的剪辑和交互动画的展示。

2．移动端

这里推荐 POP、快现、UID Player 这三款软件。它们简单易用，用手机拍手绘草图，添加热区，就可以在 iPhone/Android 上演示原型，同时 POP 内嵌的交互动作如侧滑、展开、消失和快现的"摇一摇"等功能可以满足一般的动态演示需要，另外还有一些在线生产的动效。除了上述内容，一些素材库、字体、模板等也能帮助用户高效地输出有质量的交互文档。

三、案例：智能音箱

智能音箱（见图 7-11）最大的特点是语音智能交互，基本功能支持语音输入指令，如放歌、简单聊天，它的功能可与其他智能家居产品产生协同效应，如开启其他智能设备（开窗、开电视），解放用户的双手，用户只需动动嘴。

图 7-11　智能音箱

智能音箱为什么能实现语音智能交互呢？因为进行语音交互时，后台有一系列 AI 算法做支撑。

（1）远场拾音：检测到语音后，通过麦克风阵列前端处理算法进行预处理，如降噪、消除声学回音、去除混响，同时对目标说话人声音进行增强。

（2）语音识别（automatic speech recognition，ASR）：将预处理后的语音信号转化为文本。

（3）语音唤醒（小型语音识别模块）：目前，智能音箱一般在检测到唤醒词如"小度小度""天猫精灵"后才会开始进行语音采集和识别，主要是为了保护用户隐私和减少误识别。

（4）自然语言处理（natural language processing，NLP）：NLP 是人类和机器之间的翻译器，可以让彼此相互理解，然后进行沟通。

（5）两个核心模块：一是自然语言理解（natural language understanding，NLU），负责理解自然语言；二是自然语言生成（natural language generation，NLG），负责生成自然语言。

（6）文本—语音转换（text to speech，TTS）：根据给定的文本进行语音输出，如 AI 有声书。

---- 案 例 借 鉴 ----

一款智能语音机器人的完整拆解

---- 认 知 测 试 ----

---- 问 题 拓 探 ----

1．新媒体硬件产品与软件产品有什么区别？

2．智能硬件产品与传统硬件产品有什么区别？可以从底层逻辑、业务流程、产品功能点进行思考。

3．新媒体硬件产品功能点设计与开发流程及要点是什么？

4．新媒体硬件产品迭代功能设计与开发流程及要点是什么？

5. 如何打造一款智能硬件产品?

实 践 任 务

1. 自选新媒体硬件产品进行功能点调研及分析。
2. 模拟项目训练:根据市场需求,设计开发一个全新的智能硬件产品,如何顺利完成这个项目?注意事项有哪些?

第八章
新媒体软件产品的设计与开发

> **问题导航**
>
> 作为互联网与智能媒体技术环境下诞生的全新载体形式,以信息作为载体的新媒体软件产品在设计与开发方面也形成了一套与传统产品不同的逻辑。一款好的产品可以得到众多用户的肯定与喜爱,否则就会被市场淘汰。什么是产品底层逻辑?如何规划产品功能模块与产品业务流程?怎样合理、有效地为新媒体软件产品新增与删减功能?产品原型图是什么,应当怎样绘制?上述问题正是本章学习的重点和难点,只有找到这些问题的答案,掌握新媒体软件产品设计与开发的一般方法,才能打造出经得起检验的优秀产品。

如果说第七章所讲的新媒体硬件产品是与报纸、广播、电视等传统信息载体一脉相承的物质形态载体,那么本章所讲的新媒体软件产品无疑是在当今互联网与智能媒体技术环境下所呈现出的一种新的载体形式,即前文所说的以信息为载体的、能满足人们个性化智能交互传播需要的软件,也可称作新媒体软件产品,如基于智能手机实现各类功能的网页、App、小程序等。从基础的需求分析、项目管理等角度来看,新媒体软件产品的设计和开发与新媒体硬件产品的设计和开发存在一定的相似性,因此,许多相关理论知识与实践经验都能够类比应用,但若从设计与开发环节本身来说,新媒体软件产品具备自身的显著特点。

第一节　新媒体软件产品设计

一、新媒体软件新产品设计

（一）产品底层逻辑

新媒体软件新产品的设计是一款产品从无到有、从 0 到 1 的过程。满足市场和用户的真实需求、解决用户痛点是产品设计成功的基础。因此，在实际开始设计一款新的新媒体软件产品之前，首先需要明确产品的底层逻辑。

逻辑是事物发展的内在规律，广义的底层逻辑则是指关于某种事物基础认知的思维逻辑，区别于意识形态所对应的上层逻辑，如"能量守恒定律"正是隐藏在万事万物能量转化背后的底层逻辑，不论热能、动能还是势能，无一不遵循这一逻辑。从新媒体软件产品设计的角度来看，产品底层逻辑具备相应的狭义理解方式，即某个产品的基础规则也就是这个产品是如何运转的。实际上，人性正是隐藏在研究产品、定义产品背后的底层逻辑，而这种产品底层逻辑是否明确则决定了能否设计出一款好的产品。[①]

明确了人性这一产品底层逻辑之后，就能够理解为什么某些产品最初的设想很好，却没能真正获得用户的青睐，甚至最终被验证为一种"伪需求"。周鸿祎在《极致产品》一书中提到的一款名片扫描仪就非常典型。在没有手机名片和微信之前，找名片曾是困扰很多人的问题。绝大多数人在收到对方递来的名片后都会习惯性地随手一放，等到需要用时再手忙脚乱地四处翻找，因此有产品经理设计出名片扫描仪，希望借此满足人们整理名片的需求。然而，在了解人类"懒惰"的本性之后会发现，该设备不符合人性的需求。对收到的每张名片都扫描整理需要花费较长时间，而其中有很多名片日后的使用概率极低，甚至压根用不上，这才是大多数人宁愿花时间找名片也不肯一张张扫描的根本原因。从产品底层逻辑的角度来看，名片扫描仪确实能够满足少量用户需求，但它不符合人性，所以应用的频率并不高。

（二）产品设计步骤

基于产品底层逻辑进行新媒体软件新产品设计，就是要辨别符合人性的真实需求，剔除"伪需求"。为了实现这一目的，可以思考一些具体的问题，如某个产品有几类用户、这些用户使用这个产品时的核心需求是怎样被满足的、满足的程度如何等。通过调查研究，了解市场情况、用户需求、竞争对手以及企业和项目团队内部资源等情况，进而对拟设计的产品进行充分的论证，定义产品大致的功能范围，确定产品对用户的价值、意义。

1. 确定产品的目标市场

确定产品的目标市场就是确定"为谁服务"，即所设计的新媒体软件产品面向的用户

[①] 艾菲. 直击本质：洞察事物底层逻辑的思考方法[M]. 北京：天地出版社，2020：137.

群体是谁。①一方面，许多人开始设计一款产品时往往会觉得产品所能够覆盖的用户群体越多越好，这种想法在实践过程中是不具备可行性的，尤其是在互联网逐渐由某个行业变为大众基础设施的今天，各类新媒体软件产品层出不穷，激烈竞争所带来的就是不可避免的市场细分与垂直化趋势，任何一种产品的目标用户都不可能是所有人。另一方面，选定目标用户群体也不是随心所欲的，最根本的依据还是产品想法诞生的初心，产品一开始想要解决的是谁的什么核心问题，那么产品的目标用户群体就应该是谁。

2. 确定产品的核心需求

确定产品的核心需求实际上就是界定所设计的产品要解决目标用户的什么问题、满足目标用户的什么需求。在定位目标市场时，已经明确了产品的目标用户群体，而进一步对核心需求的确定正是基于这部分用户的需求价值来确定的，而非简单根据产品类别或用户的表面特征做判断。真正好的产品可以满足用户痛点需求、给用户创造满足感。以传统行业中的时装设计为例，这个行业只有一百年左右的历史，简单来说就是样式、材质、长短、颜色的各种排列组合，但了解这些就可以成为时装行业的引领者吗？并不是这样。作为一名产品经理，需要意识到的是，设计并售卖的产品本质上并不只是一件衣服，还包括给用户带来的美的感觉。对于时装产品的消费者来说，时装本身并不是他们的核心需求，自信、漂亮才是。

新媒体软件产品设计也是同样的道理，当决定要设计一款产品时，许多产品经理会直接采取模仿的方式，即模仿同行业内做得好的产品。但显而易见，这种方式的出发点是产品类别，这种模仿型产品往往只能在发布时借助营销手段吸引一部分用户，真正使用之后却让用户觉得不过如此，这就是因为产品经理没能合理把握自身产品所应满足的核心需求。产品价值组合是由产品功能组合实现的，不同的用户对产品有着不同的价值诉求，需要为目标市场包含的目标用户提供与他们诉求点相同的产品。目标用户的核心诉求就是产品的核心需求。

3. 确定产品的核心卖点

一款新媒体软件产品被设计出来并推向市场后，并非一定会受到用户的认可甚至追捧，因为市场上总是有各种各样的竞品，所以要想让产品顺利地在市场上占据一席之地，就需要赋予产品与其他类似产品不同的差异化特色，使用户体验更好。

用户对于产品的态度往往可以分为三个层次：可以使用、需要使用和离不开。可以使用对用户来说意味着也可以不使用，多数产品都停留在这个层次。需要使用则代表一部分用户对产品产生了需求依赖，这时产品具备一定的差异化优势，用户与产品之间存在一定的黏性，但仍旧面临着替代和竞争的问题。第三个层次——离不开才是确定产品的核心卖点想要达到的最终目的，即用户一旦使用了该产品就很难再离开，如微信和抖音。用户形成了产品使用习惯，高度认同产品所提供的技术和体验，进而产品就在市场中形成了足够高的壁垒，自然而然地形成了实现盈利的空间。

作为产品经理，在规划设计一款新媒体软件产品之初，就应当对产品的核心卖点了然于心，否则很容易设计出和其他产品雷同的产品，失去竞争力。

---

① 目标市场概念来源于市场营销领域，是指具有相同需求或特征的、企业决定为之服务的消费者群体，即按消费者的特征把整个潜在市场细分成若干部分，根据产品本身的特性，选定其中的某部分或几部分的消费者作为综合运用各种市场策略所追求的销售目标。一般来说，目标市场的选择与营销由市场细分、目标市场确定、市场定位三个步骤组成。

4. 确定产品的实现形态

设计一款新的产品，在确定了市场、需求和核心卖点之后，还需要确认一件事，就是产品的实现形态。产品形态是指通过设计、制造来满足用户需求，最终呈现在用户面前的产品状况，包括产品传达的意识形态、视觉形态和应用形态。其中，意识形态是指产品传达的精神属性，视觉形态是指产品传达的包装属性，应用形态是指产品传达的使用属性。简单地说，就是产品最终要做成什么样的东西。新媒体硬件产品的实现形态主要依赖于产品的 ID 设计[①]，而新媒体软件产品的实现形态则更为多样化，如操作系统、网站、App、小程序等（见图 8-1）。

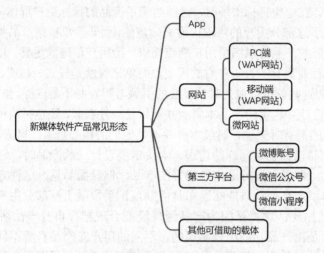

图 8-1 新媒体软件产品常见形态

产品经理需要根据产品功能和用户使用场景确定产品的实现形态。值得注意的是，随着行业的发展与技术的进步，如今许多产品都是"硬件+软件"的形态，在产品设计的过程中，需要结合新媒体硬件产品和新媒体软件产品，二者相辅相成，共同解决用户的问题。

5. 确定产品的商业模式

确定了产品的目标市场、核心需求、核心卖点和产品形态之后，最终所需的新媒体软件产品的设计方向就基本确定了。但从产品底层逻辑来看，还有一个方面是不能忽略的，那就是产品的商业模式。在传统行业，商业模式被定义为企业如何创造价值、传递价值和获取价值的基本原理[②]，换言之，商业模式就是考虑如何赚钱[③]。商业模式之所以这么重要，是因为除了极少数提供完全意义上的公共产品的行业，无论是做企业，还是做产品，最终一定要实现盈利并且创造价值，这是健康长远发展的必要条件。

但对于新媒体软件产品而言，比起企业，其商业模式更多是从产品角度来解读，因为设计、开发新媒体软件产品进而将产品推向市场的企业往往都是以产品驱动的互联网公司，其产品是自主研发并作为企业核心业务的。一般来说，考虑产品的商业模式时会从产

[①] ID 设计即工业设计，是对硬件产品的外观造型、使用方式、人机交互进行设计的一个过程。它是一个产品的有形体现，使得产品与人高效、舒适、和谐地交互，甚至产生情感的交流，成为情感的一种寄托。
[②] 奥斯特瓦德. 商业模式新生代[M]. 黄涛, 郁婧, 译. 北京：机械工业出版社，2016：47.
[③] 孙陶然. 创业 36 条军规[M]. 北京：中信出版社，2015：121.

品为用户提供什么价值开始,到如何通过产品盈利以及通过怎样的方式将产品送到用户手中进而实现其价值,可以简单理解为用户价值、盈利模式和运营方式三个方面。根据产品的不同盈利模式,不同公司制定的运营方式也是不同的。需要注意的是,虽然盈利模式是商业模式中很重要的一个部分,但不能将二者完全等同,好的商业模式可以给产品的所有利益相关方创造收益,包括但不限于产品运营方、用户以及投资方等。

(三)产品功能模块

一款新媒体软件产品的大框架确定以后,就可以按照规划的框架进行具体的细节设计,也就是确定产品功能模块。通俗地讲,产品的功能模块就是模块化地定义一款产品可以用来做什么。

1. 从需求出发定义场景

不管是哪一类产品,立足点都是需求。不同于从 1 到 n 的产品,上线后的需求或反馈都是来自真实用户的声音,设计新产品时往往需要产品经理主动地对比、分析竞品,解析产品的市场背景、规模和场景范围。当然,竞品分析不是为了照搬他人的产品,而是结合分析得出自己的观点和想法。

产品的使用场景是功能使用的具象化,主场景作为该功能的一个核心定位。例如,设计一款企业办公平台类新媒体产品,目标用户群体就是企业,而具体到产品使用者则比较多维,包括企业决策者、管理者和执行者。从企业的整体角度来看,用户的核心需求是通过平台提高工作效率;针对不同维度的用户,具体需求则存在差异。

2. 产品功能模块梳理

在新媒体软件产品的需求管理阶段,经过需求的采集、分析、评估和筛选,最终确定的产品功能列表就界定了产品的功能。上文提到的企业办公平台类产品需要实现的功能一般包括即时沟通、办公审批、员工考勤、任务安排、文档管理等,这也是目前市面上各大企业推出的办公平台类产品都具备的标准化功能。但这里所列出的功能只是做了大概的需求点的列举汇总,为了更清楚地展示产品逻辑,还要将这些功能特性按照某种逻辑进行模块化归集,这个过程就是产品功能模块梳理设计的过程。目前市场占有率很高的智能移动办公平台钉钉正是基于其完善的产品功能,在新冠疫情期间为广大企业员工居家办公和各类学校开展网络教学提供了有效支撑。钉钉官网在给出的功能介绍中明确划分并展示了其产品的主要功能模块,如图 8-2 所示。

图 8-2 钉钉的主要功能模块

对产品的功能模块进行梳理设计是具体化产品需求的第一步，旨在从全局的高度、逻辑化视角描绘产品的整体宏观架构。一般来说，新媒体软件产品功能结构的设计以该产品的核心定义为中心，首先梳理、规划出大的功能模块，再对大的模块进行细分功能的界定，某些细分功能还要进行进一步的细分功能界定，这样就形成了产品的结构功能。其中大的功能模块具有场景简单、标准化程度高和容易实现的特点，但这也意味着这类产品功能划分的可复制性强，容易被替代，竞争壁垒较低，更需要产品经理把握自身产品的特点，进行细分功能的梳理与创新，以实现产品的差异化竞争。

3．思维导图呈现产品功能结构

在新媒体软件产品的实际设计与开发过程中，产品经理往往需要处理较为复杂的产品功能，把复杂功能模块化的过程以图表的形式呈现出来，形成产品功能结构图。在产品功能结构图中，产品的功能不再只是简单罗列或者按类别、优先级排列，而是按照产品的组成逻辑进行模块化展示。这样一来，同一优先级的功能就可能展示在不同的模块之间或者同一模块的不同层级之间。依旧以钉钉为例，除了用图8-2中官网功能介绍的模块划分方式，也可以从办公场景的角度对其功能结构进行进一步梳理，以产品功能结构图的形式展示，如图8-3所示。

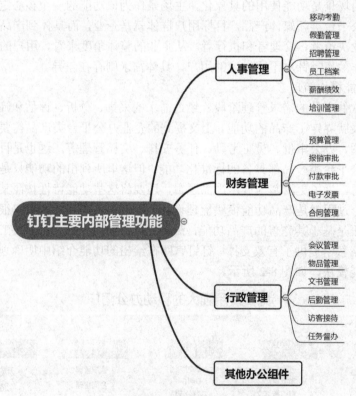

图8-3 钉钉企业内部管理功能结构图

因此，对产品功能模块的梳理和设计从产品设计的进程上可以理解为是对产品需求界定时所得出的功能列表进行结构化的过程。在这个结构化的过程中，可能基于逻辑性或产品有机构成完整性等考虑，对产品的功能再次进行优化界定，让产品功能更具结构，让产品的概念越来越清晰、可理解，也是给产品不断赋予意义的过程。在产品经理的日常工作中，常常使用思维导图来梳理产品的功能结构，绘制思维导图的常用工具会在本章第三节做详细介绍。

（四）产品业务流程

当一款新媒体软件产品的底层逻辑和功能模块都明确之后，整个产品的框架基本上就搭建完成了。但是，这时候很多具体的功能都还只是具备粗略的概念，并不能形成具体和明确的操作流程，需要进一步整理整体产品功能之间的关联性，即用户实际使用产品时所进行的操作，明确梳理出具体的环节和转接关系，确定先后顺序。换句话说，就是要进行业务流程的分析与设计。

"流程"在《牛津词典》中的解释是"一个或一系列连续有规律的行动，这些行动以确定的方式发生或执行，促使特定结果的实现"。而国际标准化组织在 ISO 9001：2000 质量管理体系标准中给出的定义则是"一组将输入转化为输出的相互关联或相互作用的活动"。将上述定义简化，再从新媒体软件产品设计的视角来看，可以简单地将这里所说的流程理解为用户每一个行为活动的前后顺序。凡事都是有流程的，如最简单的刷牙流程是拿起牙刷、牙膏，挤好牙膏，刷牙，漱口，再洗干净牙刷并放好；用户使用抖音拍摄并发布短视频时，首先需要进入拍摄页面进行拍摄设置，然后开始拍摄，接着进行视频编辑、发布设置，最后发布，结束整个流程。

也就是说，新媒体软件产品的业务流程是在业务逻辑基础上分解出具体功能、展现出产品具体功能点的流程，它可以说明业务逻辑是如何具体实现的，而将上述流程用图形化方式呈现出来就形成了业务流程图。业务流程图是一种描述管理系统内各单位、人员之间的业务关系、作业顺序和管理信息流向的图表，其作用是表达清楚业务需求在产品线的各个阶段中在各个功能模块之间的轮转。

一般来说，业务流程图由以下六大要素构成[①]。

（1）参与主体：这个业务流程的参与主体是谁？例如，设计一个帮助餐厅经营管理的辅助系统，这里的主体可能是顾客，可能是餐厅服务员、收银员，也可能是餐厅负责外卖业务的客服人员和厨师。

（2）活动：业务流程的参与主体做了什么事？如点餐、结账等。

（3）次序：业务流程的参与主体所做的事发生的前后顺序如何？哪件事是其他事情的前置条件？例如，餐厅开展优惠券赠送活动的前提是顾客在餐厅消费满 100 元，那么即使是消费金额达标，顾客不结账，系统也不会产生赠送优惠券的行为。

（4）输入：每一件事的开始取决于什么样的条件或指令？例如，餐厅的厨师开始做菜之前需要通过接收某种信息来掌握顾客点的具体菜品。

（5）输出：每一件事结束后会生成什么样的结果或指令并传递给下一个环节的参与主体？例如，在餐厅的厨师做好顾客点的菜品后，又要通过某些指令让负责传菜的服务员知道菜已经做好了。

（6）标准化：绘制产品业务流程图时，需要采用一套标准化符号，以便使流程图的使用者更加方便、准确地理解所包含的信息。

---

① 吕海波，陆布林，李言蹊，等. 互联网产品设计[M]. 北京：中国铁道出版社，2018：172.

从定义和上述六大要素可以看出，在某种程度上，可以将新媒体软件产品的业务流程图看作一种具有沟通性质的图形化语言。要实现其沟通属性，产品经理就必须掌握业务流程图的标准化符号，这种标准化符号是以图形的样式来代表某些类型的动作，如以菱形框表示判断决策，以长方形框表示具体的步骤或操作，以圆角矩形框则表示开始或结束等（见表8-1）。

表 8-1 产品业务流程图常用符号

样　式	名　称	意　义
▭	操作处理	具体的步骤或操作
⬭	开始或结束	流程图开始或结束
◇	判断决策	对于流程的检查、审批、审核
▱	文件	输入或者输出的文件
→	路径	连接各要素的路径，箭头代表方向
⌐	注释	解释说明

产品经理利用这些符号，可以清晰地描述产品业务流程的顺序和使用逻辑。其实从新媒体软件产品设计的角度来看，业务流程分析是需求分析细化的核心内容，在业务流程图中，一个业务往往代表了多个需求，是多个需求的集合，因此在绘制业务流程图时，需要全局思考，必须将主干及所有的分支都考虑进去，确保功能的完整性，直观地展示产品的整个过程。

在实际工作中，基于流程的梳理分析是从用户出发还是从产品出发，可将产品业务流程图分为普通流程图和泳道图两种类型。其中，普通流程图关注用户在使用产品过程中的操作流程和页面跳转方式，泳道图则重点梳理产品本身各项功能的实现以及在这一过程中，包括用户、运营者在内的不同参与主体的行为。

1. 普通流程图

普通流程图又称为任务流程图，就是将产品功能分解到各个任务层，说明每个任务具体是如何操作的。以上文提到的抖音为例，从用户角度来看，使用抖音来拍摄并发布短视频会经过拍摄设置、拍摄视频、编辑视频、发布设置与正式发布等环节，这一过程可以清晰明确地展现在流程图中（见图8-4）。

可以看出，以体现任务活动步骤为主的普通流程图主要体现了为达成某项任务而需要经历的若干活动步骤，但对于某个步骤的活动责任主体仅局限在用户一方，没有进行明确

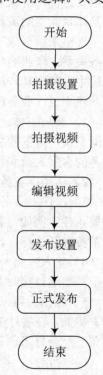

图 8-4 抖音视频发布普通流程图示意

的梳理。这种流程图具有如下几个特点。

（1）只展现用户的操作，不展现后台的判断。

（2）只展现正常流程，不展现异常流程。

（3）只可查看用户的工作流程，无法作为开发的参考依据。

因此，若仅依靠这种普通流程图来完成后续工作，则容易造成产品整体设计层面的疏漏，导致多页面、多主体的功能操作不流畅等问题。

2．泳道图

泳道图又称为跨职能流程图，是从战略层分析整个业务流程，因为绘制出的图形像游泳池里的泳道，有横向的泳道，也有纵向的泳道，因此被如此命名。泳道图是处理多角色、多系统、多模块的复杂需求的最好方法之一，它的本质是通过对参与主体的角色和产品功能系统、模块的划分，将复杂的功能梳理切割清晰，因此多模块之间的关联要尽可能单一。

绘制泳道图前，需要对所梳理功能的整个业务模式进行分析，考虑清楚以下几个问题：第一，功能涉及哪些主体；第二，每个主体都有哪些任务；第三，各个主体之间是怎样联系的。以上文抖音用户拍摄和发布视频这个功能为例，涉及的参与主体其实不只有用户，还包括抖音平台的管理系统、审核系统和发布系统，这些参与主体的任务就可以很好地用泳道图来体现（见图 8-5）。

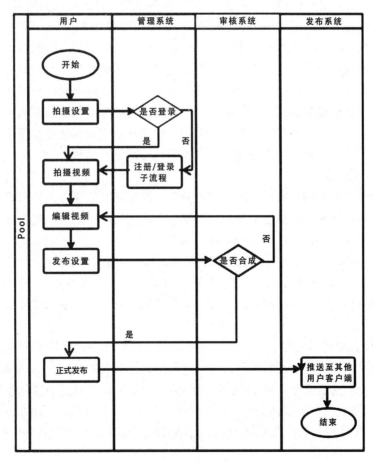

图 8-5 抖音视频发布泳道图示意

泳道图的优点是突出了系统中各种活动的逻辑关系，同时清楚地表现出各个参与主体之间的责任关系，能够比较宏观地把控产品系统的功能结构，可以直接作为开发的参考依据。这种流程图的绘制较为复杂，一般来说，可以依据以下步骤绘制。

（1）按阶段划分业务，如电商类产品可以分为下单和支付阶段，共享单车类产品可以分为提车、骑行和停车阶段。

（2）列出每个阶段参与的功能模块，如电商类产品的下单阶段包括商品查看、登录/注册、信息记录、个人中心等功能。

（3）按照时间顺序，画出业务需求在各个功能模块之间的流转情况。

毫无疑问，产品的业务流程直接决定了产品功能的实现方式，也决定了开发人员如何设计算法、编写代码以实现新媒体软件产品设计所给出的产品功能逻辑。因此，不管是绘制普通流程图还是绘制泳道图，重点都应该放在产品功能的逻辑关系上，而不是图形本身的细节。在最初进行产品设计时，经常会出现流程缺失、流程逻辑关系出错以及版面混乱等问题，绘制流程图有助于进一步梳理逻辑关系，不断地优化流程，是必不可少的过程。

（五）产品原型设计

从新媒体软件产品设计的进程来看，当产品经理梳理并确定产品的所有业务流程后，产品的概念就得到进一步强化，产品的功能逻辑也更加明确和具体，产品经理的头脑中已经大致形成基本产品轮廓，因此离产品设计成型也越来越近，下一步要做的就是产品原型设计。

原型这个概念最早出现在工业设计领域，是设计师用来更好地呈现设计理念、验证产品、打磨产品的一种方式，同时能够起到节约成本的效果。这个概念被引入新媒体软件产品的设计时所表达的概念是基本相同的。产品原型是将抽象的想法、需求转化为具象的产品的过程，它可以将产品直观地呈现给开发团队中的其他成员甚至是早期用户，用于验证产品的合理性，通过高效率、低成本的方式来表达、测试并验证产品。

1. 产品原型的类型

根据使用场景的不同，可以将产品原型分为手绘草图、低保真原型和高保真原型。在团队内部沟通时，低保真原型使用得更加频繁；而在产品设计的最终阶段或在面对早期用户的验证产品阶段，则往往较多使用高保真原型。

（1）手绘草图。手绘草图一般由产品经理直接画在笔记本或者空白纸张上，辅以适当的标注和文字说明（见图8-6）。这种类型的产品原型最大的优点就是绘制过程简便易行，每当有灵感的时候，产品经理都可以及时记录想法和思路，这些草图经过后续完善会形成基本的产品样式。

（2）低保真原型。低保真原型又叫作线框图，是相对高保真原型而言的，主要按照原型与真实产品的接近程度进行区分。与未来所设计、开发的真实产品越接近，就越符合高保真原型，反之则是低保真原型。绘制低保真原型时，审美方面的视觉效果应当尽可能简化，因此，低保真原型可以帮助产品经理平衡保真度与设计速度，不用在意产品的细枝末节（见图8-7）。但即使是低保真原型，也必须能够表达设计思想，不能遗漏任何重要的部分。

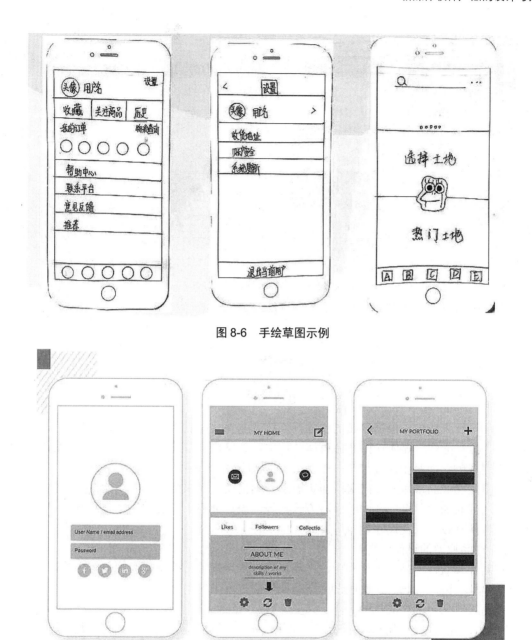

图 8-6　手绘草图示例

图 8-7　低保真原型示例

（3）高保真原型。有些产品的要求较高，希望产品原型所呈现出的样式和产品实际开发出的状态一样。高保真原型的优势是可以显著降低沟通成本，产品的流程、逻辑、布局、视觉效果、操作状态等均一目了然，而它的缺点是制作难度大、花费时间较长（见图 8-8）。

图 8-8　高保真原型示例

资料来源：西京学院第六届中国国际"互联网+"大学生创新创业大赛作品，作者为肖园缘等。

"一呼医应"项目演示视频

　　产品设计人员可以根据产品的实际开发状态来决定是否需要绘制高保真原型。值得注意的是，在实际的新媒体软件产品设计过程中，高保真原型的绘制往往不是由产品经理一个人来完成的，而是由产品经理、交互设计师与视觉设计师[①]共同协作完成。其中，产品经理负责定义产品，即探索需求、确认需求并确定实现需求所需要的功能；交互设计师负责定义功能布局与各页面之间的跳转方式；视觉设计师的工作则是定义产品样式，包括颜色搭配、图标设计以及尺寸规范等。

2. 产品原型的设计原则

　　在新媒体软件产品设计过程中，产品界面、使用场景、操作流程等都会影响用户对于产品的体验。因此，产品经理在设计产品原型的过程中应当遵循一定的产品设计原则，以最大化地提升用户的产品体验。

　　（1）产品页面流程清晰。产品原型设计中，对于页面流程的展示需要做到结构完整、流程清晰。也就是说，在向他人展示产品原型之后，不仅可以令对方了解产品中的具体页面，还需要明确页面之间如何跳转以及存在何种逻辑关系，必要时最好辅以标注或文字说明，从而便于梳理产品的功能结构是否完整、是否有遗漏的环节，增强沟通效果，提升团队工作效率。

　　（2）产品交互体验简单。在一款产品中，完成一次交互任务的步骤尽可能控制在三个之内，实现一个功能所花费的精力越少越好，简单的交互体验可以有效降低用户的学习

---

① 新媒体软件产品领域内的视觉设计师常常被称为 UI 设计师。UI 即 user interface，本义是用户界面，UI 设计是指从事软件的人机交互、操作逻辑、界面美观的整体设计工作的岗位，涉及范围包括高级网页设计、移动应用界面设计等。

成本，提升用户体验。因此，无论是在产品的设计环节还是在开发环节，都要尽可能地调整、平衡，把复杂留给系统，尽量把简单的界面呈现给用户。

例如，无论用户是在家里点外卖还是在单位点外卖，无须每次都重新选择收货地址，系统会自动检测用户当前的地理位置，从而给出合适的选择。而对于快递收货，用户有可能在家里下单却选择在单位收货或者在单位下单而在家里收货，这时就不能根据用户当前的地理位置进行自动选择了。

（3）产品界面风格统一。同一款产品应尽量保持界面风格统一，强化用户使用的流畅感与对产品的心理认知，培养用户形成使用习惯；可利用大众对颜色寓意的理解，使用适当的颜色强化产品定位，打造均衡与对称的构图，使产品界面整体具备稳定性。

（4）产品视觉层次清晰。设计产品原型时要突出重要元素、弱化次要元素[①]。产品页面是由元素组成的，这些元素包括线条、形状、按钮等，要做到层次清晰，就要对重要的元素进行强化，对次要的元素进行弱化，如通过调整颜色的饱和度突出重要按钮，通过调整面积突出重要形状等，引导用户将视觉焦点放到重要的元素上。

3．原型测试

原型测试是产品原型设计的最后一个步骤，即让真实用户使用高保真原型，以测试产品创意。原型测试的目的在于基于用户的真实反馈，加深产品经理对产品设计的理解，避免在后续产品开发环节中造成技术开发团队浪费了时间和精力却开发了没有把握的产品的后果。产品原型测试分为选择测试者、测试准备、实际测试和更新产品原型四个步骤。

（1）选择测试者：为产品原型的测试工作选择参与测试的用户，这是原型测试的准备环节。如果是针对企业提供服务的产品，在同类产品的展销会上寻找目标用户并邀请他们作为测试者是比较好的方式。如果是针对个人用户提供服务的大众产品，则设计开发人员可以邀请自己的亲朋好友参加测试，但需要注意的是，测试者的选择不能仅限于亲友。

（2）测试准备：预先设想原型测试可能遇到的问题，确定引导测试者的方式与测试内容并拟出问题，在实际测试环节结束后就产品的价值向测试者提问。

（3）实际测试。这一阶段是产品原型测试的核心环节。实际测试正式开始前，不宜与测试者交谈过多，但务必告知测试者产品原型体现的是初步的产品创意，不是正式产品，请测试者不必顾虑，尽可能说出真实的看法，尤其是负面的看法。与市场调研类似，原型测试时应尽量让测试者保持平稳的情绪，避免他们陷入吹毛求疵的状态，做到多观察测试者的操作、少听测试者的抱怨。除此之外，测试时应尽量保持安静，避免给测试者引导性提示。

（4）更新产品原型。原型测试的作用是理解目标用户如何看待产品及产品功能，发现产品原型与用户期望、用户直觉和用户使用习惯等不一致或不相符的地方，找出产品原型中需要修改和优化的部分，及时纠正问题、弥补缺陷，提高产品原型设计的可用性和价值。

在设计新媒体软件产品原型前，要清楚什么是产品原型、为什么要设计产品原型，然后根据一定的方法进行原型设计。原型并不是越复杂、越真实越好，而是根据使用对象和使用场景设计出最适合的原型，而判断什么样的原型才是最适合的恰恰体现了一个产品经

[①] 产品设计中可以使用视觉流结构来设计产品的视觉层次。视觉流是指视觉焦点形成的轨迹，由于生理结构的限制，人眼在某时刻只能产生一个焦点。这一视觉特性使得人们的视线运动通常表现为点到点的跳跃，而不是平滑移动。平稳的视觉流结构能帮助用户快速理解逻辑路径，减少用户的认知成本。平稳的视觉流结构有两个原则：第一，视觉焦点不宜过多；第二，视觉焦点的路径逻辑应尽量简单。

理的核心能力。

二、新媒体软件产品新增功能设计

上文对新媒体软件新产品设计的具体方法做了介绍。但是,在实际开展工作时,产品经理面对最多的情况并非从 0 到 1 地设计一款新产品,而是在产品已经存在的情况下对产品功能进行增加和完善,也就是这里所说的新媒体软件产品新增功能设计。任何一款产品的用户体验都是由一个一个功能组成的,如果无法做出好的功能,自然就无法设计出好的产品,更无法给用户提供好的产品体验;而在产品正式上线后,功能的增加和完善则关系着产品运营是否顺利、产品能否长期吸引用户。因此,做好产品新增功能的规划和设计对于产品的长远发展来说尤为重要。

(一)产品新增功能设计规划

产品新增功能的设计规划非常重要,对于产品经理而言,最核心、最困难的并非如何对产品功能进行设计,而是准确判断是否要为新媒体软件产品新增功能以及应当新增怎样的功能。对于新增功能的设计,不成熟的产品经理常常会犯这样的错误:盲目添加新功能,如市场上同类型的产品具备某一功能,就想当然地为自己的产品也增添相似的功能,却忽略了新增功能与原有产品逻辑的契合度,导致产品的新增功能不如竞品的体验好,甚至造成新增功能和用户的使用习惯相违背。此时,最坏的结果并非新增功能不能很好地满足用户需求,而是对原有用户产生了不良影响。

2014 年,知乎上出现了一个热度很高的问题:支付宝手机客户端有哪些体验不好的地方?针对该问题,许多用户都发表了自己的观点,其中获得赞同最多的主要有两点:第一,作为支付工具的支付宝功能过于臃肿,从生活服务、金融投资到公益活动、社交互动,可谓面面俱到,实际使用时体验却并不好;第二,软件的每一次大规模改版都会大量更改 UI、布局,甚至底部栏都有改动,导致老用户被迫改变使用习惯,产生使用困难。

类似问题不止出现在支付宝身上,许多移动社交软件都有在基础社交功能都没有做好的情况下就盲目添加短视频、交通出行、移动支付之类的功能,造成产品越来越臃肿,用户体验显著恶化的问题。导致这一问题的原因正是在规划产品新功能时没有立足于本产品的定位及用户体验,而是为了满足流量、时长和活跃用户标准等要求,通过繁杂和臃肿的功能设计迫使用户使用时长提高。

针对上述问题,2022 年 4 月,支付宝在版本更新中提供了"简洁模式"供用户选择。"简洁模式"允许用户自由选择希望展示出来的内容,除了必要的扫一扫、收付款、小程序、消息盒子等功能,用户基本可自行开启与关闭其他栏目的展示。如果进一步分析用户调整之后的展示页面,可以看出被关闭或隐藏的栏目,最典型的就是首页的活动推荐卡片(见图 8-9)。所谓的首页活动推荐卡片其实就是支付宝的官方广告位,主要内容包括"天天抽大奖""做任务领黄金"等,引导用户使用支付宝提供的其他服务。而将这一栏目关闭之后,整个界面瞬间简洁了许多。

除了活动推荐卡片,经过后续的不断调整,目前支付宝首页的小程序、底部的生活频道入口以及商家服务动态等功能均已支持用户自行开关(见图 8-10)。经过设置的支付宝首页简洁了很多,再也没有那些纷繁复杂的功能和推荐广告,显得更加干净利落。

第八章 新媒体软件产品的设计与开发

图 8-9 关闭活动推荐卡片前后支付宝首页对比

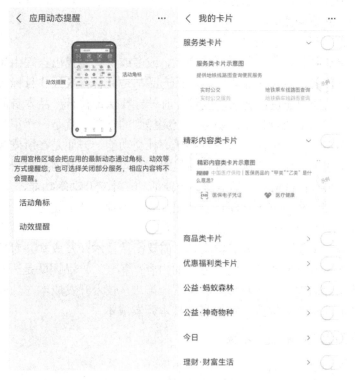

图 8-10 支付宝支持用户自行开关功能

但是，没有相关卡片并不代表经过设置后的支付宝就无法使用相关功能。用户在需要的时候，依然可以通过搜索找到相关功能，而且很多常用功能都能设置在小程序里面。从各平台针对支付宝"简洁模式"的相关评论来看，这一更新获得了众多用户的认可。

（二）产品新增功能的设计原则

新媒体软件产品新增功能的设计应遵循以下原则。

1．能够为用户提供长期价值

评价一款产品的标准之一就是它能够为用户提供什么长期价值，评价产品的具体功能也是如此。也就是说，评价一个产品新增功能的标准是能够在什么场景下、为用户解决什么问题。理想状态下，产品的新增功能应当能够为当前目标用户解决某一方面长期存在的困难或者痛点；而能够为多少用户解决痛点也是产品所提供长期价值的评价标准。当然，这里讲的痛点与长期价值也不一定是局限于用户的。例如，某电子商务平台的运营人员提出当前平台接触用户的渠道过少，不便于开展营销业务，要求添加功能解决这一问题且整个平台80%以上的运营人员都面临这一困境，那么这也算是非常有价值的需求功能了。

2．能够为公司业务带来实际帮助

即使已经明确了某一功能的增添能够解决用户的痛点，也必须考虑该功能对公司的业务是否有帮助。例如，对于一款外卖平台产品而言，用户提出希望能够增加"下单后修改订单配送时间"的功能。站在平台产品与公司的角度来看，如果支持在订单的任意环节修改配送时间，则会对整个供应链造成巨大的压力。在这种情况下，相关功能的新增不但不能给公司业务带来任何帮助，反而会增添困难。因此，即使用户有需求，产品经理也不该将这个功能规划为新增功能。

3．符合公司和产品的战略目标

产品经理如果想要将一个功能新增进产品，或多或少总能找出点理由说明该功能确实为用户解决了一些问题。但大部分新媒体软件产品都是具备自身战略目标且聚焦于精准目标用户的，因此产品经理在设计新增功能设计时一定要保证符合产品本身的定位与公司的战略目标，为产品的大多数目标用户服务。上文提到的支付宝就是一个很好的例子，作为支付产品，偏离原本基础定位而加入各种娱乐、社交功能一方面是在所难免的，因为作为拳头产品，支付宝对于多样化的探索符合阿里巴巴公司的目标战略；另一方面则需要慎重规划与合理设计，比起盲目增添生活服务、公益活动、社交互动等功能，在突出支付本身、保证用户体验的基础上实现剩余功能，显然更加符合产品本身的定位。

4．合理的技术开发成本

除了评估价值，在设计产品新增功能时也需要衡量技术开发成本并对功能的实际可实现性进行评估。技术开发成本涉及两个方面的内容：第一，产品团队是否有足够的资金、人员等资源支撑功能的设计、开发与后续运营；第二，技术开发成本与功能价值之间的权衡，原则上新增功能带来的价值一定要高于技术开发成本。

（三）产品新增功能的设计步骤

1．明确功能目的

明确功能目的就是要在设计新增功能之前明确以下问题：新增这个功能的目的是什

么；新增功能之后对于产品有什么样的正面意义以及意义有多大、新增功能的目标用户群体是什么样的；新增功能解决了这类用户群体在什么使用场景下的什么需求；如果新增功能，是否会对现有用户产生负面影响。只有明确了上述问题，才能更好地判断是否应该为既有新媒体软件产品新增功能，进而更好地对功能的具体实现形态进行设计。

2．进行功能调研

所谓的功能调研，就是调研市场上同类型产品的类似功能是如何实现的，分析其功能实现过程中存在的优点与不足，从而为自己的功能设计提供思路。产品功能调研类似于新产品设计前的市场调研中常说的竞品分析，只是分析对象聚焦在具体的功能上。一般来说，进行功能调研时，设计人员首先应选择调研的主要竞品和行业领先产品，看看这类产品有没有实现自己将要新增的功能，如果它们做了，则记录它们是怎么做的。功能调研的核心关键点是功能的逻辑、相互之间的差异点以及优、缺点。

但需要注意的是，在功能调研环节中对相关产品的功能进行分析不代表只要竞品或行业领先产品具备的功能，设计人员就必须为自己的产品复制一份。进行功能调研的前提一定是已经基于产品本身的特点明确了功能目的并决定新增某一功能。

3．梳理功能逻辑

明确了新增功能的目的，并且经过产品团队验证最终决定实施这一新增功能的目的后，就需要梳理实现功能目的所需的大概逻辑。这里所谓的逻辑梳理，类似于新产品设计中的产品功能模块和业务流程确定，并且会将重点更多地放在新增功能与原有功能之间的契合度与逻辑关联上，尽可能将其合理化的同时提升新功能带给用户的体验。

在这一环节，除了基本的功能逻辑梳理，还需要找出功能开发环节中可能存在的难点，及时与技术团队沟通。如果存在所设计功能无法实现的情况，必须重新考量，尽早规避风险。

4．穷尽可行的功能实现方案并选出最优解

基于功能逻辑的梳理，产品经理需要设想在具体设计环节可行的所有功能实现方案并推敲每一种实现方案的简要业务流程，最后结合开发难度、实际效果、用户场景等因素综合分析，选择其中的最优方案。

此处的功能实现方案设想着重考虑单一功能实现的业务流程，要求产品经理尽可能穷尽能够想到的解决方案，这样才能确保最终选择的方案是最优的。只有非常了解现有相关产品的功能实现方式，才能保证尽量不遗漏可能的方案，同时在最优方案的选择环节做出准确的判断。

5．细化最优方案

选出最优方案后，后续步骤就同新产品设计的流程类似了。首先，细化所选择的最优方案，重新梳理、优化业务流程，考虑可能发生的异常情况。相较于新产品的设计，产品新功能的设计与开发往往有更严格的时效性要求，因此在这一环节，产品经理需要多和开发团队沟通，以确保后续流程顺利进行。其次，为新功能的实际应用情况制定考核指标，方便功能正式上线后评定实现的效果。最后，绘制出详细的业务流程图。

6．设计功能原型并进行原型测试

此步骤是新媒体软件产品新功能设计的最后一步，通过绘制好的业务流程图筛选出可能发生改变或新增的产品页面，进行原型设计，最后进行原型测试与需求评审。

第二节　新媒体软件产品开发

一、产品开发子项目管理

当一款新媒体软件新产品或既有产品的新增功能设计完成后，就进入了产品开发阶段，即新媒体产品的实现阶段。作为产品设计主要负责人的产品经理在这个阶段的主要任务不再是直接的产品开发工作，而是计划、协调、推动技术开发、视觉设计等人员的配合协作，按确定好的产品需求确保产品功能和体验效果的开发、实现。也就是说，在这个过程中，产品经理主要负责子项目管理工作。

产品项目管理包括总项目管理和子项目管理。总项目是对项目涉及的全部工作进行有效管理的过程，即本书第二章所讲管理主体为了实现其目标所利用的各种有效手段，涉及对时间、成本、团队、资源、文档、风险、质量等方面的管理。

新媒体软件产品开发子项目管理属于总项目管理的一部分，是对产品总项目下面的子项目的管理。具体来说，产品开发子项目管理可以按流程分为以下阶段：项目启动、项目计划、项目执行和监控以及项目收尾。根据战略规划启动项目之后，在接下来的几个阶段中，产品设计的主要责任人——产品经理往往都会参与其中，尤其是对于初创团队，产品经理可能会直接兼任项目经理的角色。只有做好产品开发阶段的子项目管理（为叙述方便，本章简称项目管理），才能够保证产品顺利上线。

（一）项目启动阶段

1. 项目启动会

产品正式进入开发阶段，在将其作为一个项目交付于技术开发团队之前，一般需要安排一次项目启动会议，这对于产品开发项目尤其是大型项目来说十分重要。项目启动会的主要阐述内容包括项目目标、项目团队的人员结构以及需要的资源支持等。项目启动会的内容构成了整个项目的大背景，也决定着后续项目计划的走向。

2. 产品原型确认会

项目启动阶段需要以产品原型确认会的形式对交付的产品流程和产品原型方案进行最后的确认。在确认会上，产品经理必须特别强调：后续阶段如果要变更需求，必须按照规定的流程进行变更；原则上，已经确定的需求不允许随便变更，除非会造成可预见的、严重的不良后果。

（二）项目计划阶段

完成了项目的启动，接下来就要开始实施项目计划。所谓项目计划，主要工作就是对项目包含的工作任务进行分解，做出优先级安排，完成资源、工期、成本估算并制定风险规避方案等。

1. 分解工作任务

可以从项目目标开始逐层分解，直至不能再分解。项目分解所得的各个任务必须全面、清晰，每个子任务都要能够估算工作量和工期并且能够分配到个人。

2. 确定任务优先级

确定任务的优先级主要是确定任务完成的重要程度、前后顺序以及依赖关系。分解后的子任务当中，有的任务是决定性任务，有的任务是依赖性任务，只有决定性任务完成之后，才能实施依赖性任务。在项目时间有限的情况下，梳理出所有决定性任务是非常有必要的，这些决定性任务是决定项目完成最短时间的关键任务路径。

在项目交付开发之后，负责开发的项目经理会给出正式的排期表。排期表经常采用甘特图的形式进行展示，有时候是按功能来安排，有时候是按人员来安排，与开发经理的排期习惯有关。

3. 估算资源、工期、成本

根据以上的分析结果以及项目限制条件来估算项目所需的资源、工期以及成本。

4. 制定风险规避方案

任何项目都存在一定的风险，而且风险的来源以及严重程度各不相同。产品经理作为项目管理的负责人，能做的就是在项目实施之前尽量识别出可能出现的风险并制定相应的规避方案。

（三）项目执行和监控阶段

这个阶段主要是针对项目执行的情况进行沟通，对整个项目的执行进度进行监控，使项目进度在时间、质量、成本之间取得一定的平衡。一般来说，项目的执行和监控阶段包括以下内容。

1. 过程跟踪

主要是跟踪团队成员在项目运行过程中的执行情况、任务的进度以及资源、财物等的开支情况。对于产品经理来说，需要基于前期制定的排期表把握产品上线时间并根据排期表进行节点任务的跟进与检查，确保计划中的工作均按时按量完成。

2. 例行项目会议

例行项目会议常以日常晨会或每周例会的形式进行，其中前者较为常见。例行晨会的时间往往很短，一般不超过 10 分钟，但成效很大。全部项目参与人员都应参加例行项目会议，主要是对前一天的工作问题进行总结，涉及配合的问题也可以当面直接沟通交流。会议之后，产品经理应对产品开发过程中出现的问题及需要改动的地方及时调整并进行记录。

组织例行项目会议要注意避免形式主义，本质上，会议是为团队成员提供一个定期、固定的沟通渠道，以及时反馈项目执行过程中出现的各种问题，避免逐一进行通知，从而有效提高效率。

3. 阶段性成果审核

一个长期的项目计划通常被拆解为好几个阶段来实施，所以每完成一个阶段都要通过审核阶段性成果来判断项目的运行情况。

4．提交里程碑报告

里程碑代表项目生命周期中的重大事件，是衡量项目总体进展的一种高层次方法，能用于向项目利害关系者和项目组报告高层次的进展情况。

5．变更管理

项目运行过程中可能会出现变化，为保证项目目标的实现，需要对项目计划进行一些调整，由项目经理或兼任项目经理的产品经理来执行。

（四）项目收尾阶段

这一阶段主要是对项目的各项指标进行评估、验收，对项目进行经验、教训总结。这个阶段的工作涉及项目团队所有成员的自我检查和项目检查，具体包括项目测试、验收和项目收尾总结。

1．项目测试、验收

项目测试包括功能 bug 测试、开发人员的排查、交互和设计排查、产品运营人员的排查等。在项目测试阶段，对于不符合需求的问题，要进行清晰的记录并将问题反馈给相应团队成员，以便及时找到问题、解决问题，再次进行核查。对于产品来说，测试环境下就能把可能存在的问题提前解决掉，能够最大程度地保证产品或功能的顺利上线。

2．项目收尾总结

项目上线一段时间后，需要对项目的全过程进行一次总结汇报。总结的内容可以根据产品开发项目完成过程及上线后的实际情况安排，一般涉及项目目标实现情况、花费成本、遇到的问题和解决方案、可提供给后期项目的经验教训以及产品之后要迭代的方向等。

项目管理工作是一项比较复杂的工作，在具体项目推进过程中，产品经理有各种各样的棘手问题需要协调和处理。尤其是在一些相对复杂的项目中，很多工作相互关联、互相依赖，协调管理起来更为复杂。

二、产品内部测试

在产品经理的协调推动下，产品经开发人员初步开发完成后，还不能立即上线运行和对外发布，而是要先经过内部测试，确定产品达到上线标准。对于规模较大、预算充足的公司或者产品团队而言，一般会有专门的测试部门；而小团队往往需要产品经理和技术开发人员共同参与内部测试。但不管是哪种情况，测试都是控制产品质量的最重要的一道关卡，都应该由产品经理来组织测试工作。

新媒体软件产品测试主要是对产品的样式、功能和性能进行测试验证，看看是否与最初的设计初衷一致，是否能够稳定、流畅地持续运行。所谓样式测试，是指检查页面样式是否与用户使用场景下的硬件设备或浏览器兼容，即页面布局中的各种元素和效果是否能在不同环境下都得到正确显示。功能测试主要检查产品的业务流程是否能顺畅进行、操作过程中是否存在报错等问题。性能测试主要测试服务器主机的稳定性、安全性，确保达到为预期规模用户稳定提供服务的要求。

由此，新媒体软件产品的内部测试工作步骤可以分为技术测试、功能测试和用户测试。

（一）技术测试

技术测试主要由技术开发人员或专门的测试人员负责，需要对产品的编码进行逻辑覆盖测试，遍历程序遇到的所有情况，捕获异常情况并进行处理，模拟访问做高并发的压力测试。该阶段可以发现产品需求中的疏漏或逻辑错误，排除程序员编程失误而出现的算法、逻辑错误。bug 在技术团队内部进行修改，反复测试确保无误后再打包提交给产品经理，进入下一阶段测试。该阶段可以排除大量产品 bug，特别是逻辑性很强的工具性产品，如果这个阶段把控得好，产品经理的后期测试工作量将会大大减少。

（二）功能测试

功能测试主要由产品经理主导在公司内部进行，视觉设计师验收 UI 效果是否符合预期，产品经理模拟多套用户数据按照流程图对产品进行操作测试，确认所有功能都与产品文档中的需求一一对应。在这一过程中，还可以邀请其他部门的同事充当对产品不具备前期了解的普通用户进行产品体验。测试后，收集所有人的整改意见，进行归类和排序。对于基础性 bug，可以马上安排技术开发人员进行完善修改，出于效率考虑，有争议性的修改意见或不重要的问题也可以等到下一阶段的用户测试结束后集中修改。

（三）用户测试

用户测试同样由产品经理主导，但需要拓展到产品的运营部门或市场部门，多方配合。用户测试分为两个阶段。

（1）第一阶段。在用户测试的第一阶段，需要寻找固定的用户群体进行多次测试，即每一次修改完善产品后，都邀请同一批用户进行测试。这一阶段，对于用户意见的收集主要以问卷或者一对一深度访谈的方式进行，从而获得他们对比新旧版本后的直观感受和对产品好坏的判断。之所以要强调固定的用户群体，是因为不熟悉测试流程和测试反馈调研人员的用户往往会出于从众心理或访谈压力而隐藏真实想法，在表面上以更宽容的态度对待所测试的产品。

（2）第二阶段。在用户测试的第二阶段，基于前期测试的成果，适当扩大参与测试的用户规模，一般采用灰度测试的方式。所谓灰度测试，又叫作灰度发布，指的是在同一个时间段内存在两个不同的产品版本，其中一个版本叫作黑色版本（原始版本），而另一个版本叫作白色版本（承载着产品优化或下一步规划的改进），分别将两者提供给不同的用户使用，从而收集用户的反馈意见。产品经理通过观测两个同时存在的版本在用户端的表现来调整黑色版本和白色版本中不同功能所占的比例，如果一切顺利，随着逐步调整，所有用户面对的产品都会从黑色版本过渡到白色版本。

灰度测试的方式广泛应用于新媒体软件产品测试，尤其是针对产品团队内部有争议或存在顾虑的功能的改版。例如，微信团队在 2021 年 1 月 27 日发布了《服务号订阅通知灰度测试》公告，宣布将在 1 月 27 日 0:00 至 4 月 30 日 24:00 进行服务号订阅通知功能的灰度测试并在灰度测试结束后另行公布订阅通知和模板消息功能的调整策略。

新媒体软件产品的测试是一项对专业能力有较高要求的工作，在实际工作中，产品经理在测试阶段并不需要亲力亲为地做每一个细节的测试，更重要的是筹划、把控测试工作的大方向，制定测试方案并负责协调推进。

三、产品上线准备

当完成对整个新媒体软件产品的测试工作，在验证产品没有明显缺陷和错误且可以稳定运行后，即可上线对外发布。但在产品正式上线发布前，产品经理还需要完成一些发布的准备工作，包括产品说明书、用户使用手册等资料的编写，以便产品上线后，用户能够方便地使用产品。

（一）产品说明书

产品说明书随产品正式上线一同发布，它是关于产品目标、产品功能特性、产品特色等的说明性文件，用于对产品进行解释说明，让用户了解产品是为谁设计开发的、主要具备什么功能（见图 8-11）。

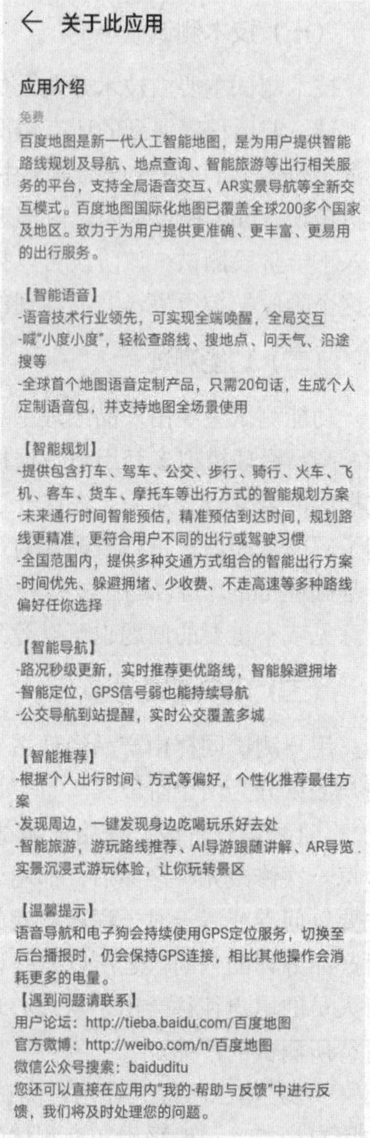
← 关于此应用

应用介绍

免费

百度地图是新一代人工智能地图，是为用户提供智能路线规划及导航、地点查询、智能旅游等出行相关服务的平台，支持全局语音交互、AR实景导航等全新交互模式。百度地图国际化地图已覆盖全球200多个国家及地区。致力于为用户提供更准确、更丰富、更易用的出行服务。

【智能语音】

-语音技术行业领先，可实现全端唤醒，全局交互

-喊"小度小度"，轻松查路线、搜地点、问天气、沿途搜等

-全球首个地图语音定制产品，只需20句话，生成个人定制语音包，并支持地图全场景使用

【智能规划】

-提供包含打车、驾车、公交、步行、骑行、火车、飞机、客车、货车、摩托车等出行方式的智能规划方案

-未来通行时间智能预估，精准预估到达时间，规划路线更精准，更符合用户不同的出行或驾驶习惯

-全国范围内，提供多种交通方式组合的智能出行方案

-时间优先、躲避拥堵、少收费、不走高速等多种路线偏好任你选择

【智能导航】

-路况秒级更新，实时推荐更优路线，智能躲避拥堵

-智能定位，GPS信号弱也能持续导航

-公交导航到站提醒，实时公交覆盖多城

【智能推荐】

-根据个人出行时间、方式等偏好，个性化推荐最佳方案

-发现周边，一键发现身边吃喝玩乐好去处

-智能旅游，游玩路线推荐、AI导游跟随讲解、AR导览实景沉浸式游玩体验，让你玩转景区

【温馨提示】

语音导航和电子狗会持续使用GPS定位服务，切换至后台播报时，仍会保持GPS连接，相比其他操作会消耗更多的电量。

【遇到问题请联系】

用户论坛：http://tieba.baidu.com/百度地图

官方微博：http://weibo.com/n/百度地图

微信公众号搜索：baiduditu

您还可以直接在应用内"我的-帮助与反馈"中进行反馈，我们将及时处理您的问题。

图 8-11　华为应用市场中百度地图的产品说明书

完整的产品说明书一般应包括以下内容。

（1）产品概况：产品定位、适用对象。

（2）产品功能列表：产品的主要功能清单。

（3）产品特色：产品区别于其他类似产品的特色。

（4）产品运行环境：产品的适用平台、运行环境要求等。

（5）产品联系方式：产品团队或客服人员的相关联系方式等。

（二）用户使用手册

用户使用手册是关于用户如何使用产品的说明性文件，主要是从用户的角度描述产品能帮用户解决什么问题以及该如何使用产品去解决用户的问题。用户使用手册一般包括以下内容。

（1）产品介绍：产品的基本定义、解决的核心问题。

（2）产品术语解释：产品中涉及的某些专业名词的解释说明。

（3）产品使用操作方法：一般按用户的使用场景与遇到的问题介绍如何使用产品以解决相应问题。

（4）产品 Q&A：产品常见问题问答等。

从定义上来说，产品说明书是从产品自身角度出发说明产品是什么，而用户使用手册是从用户角度出发说明产品能帮助用户做什么以及用户该如何使用产品。但在新媒体软件产品开发的实际工作中，通常把产品说明书和用户使用手册合而为一或者用产品新手教程以更加简单直观的交互形式实现用户使用手册的功能（见图8-12）。

图 8-12 手机游戏"王者荣耀"新手教程

站在产品经理的角度，不能忽略的问题就是合理考虑用户的使用场景与问题场景，按用户视角描述产品的使用，从而让用户快速感知到产品对于自己的价值。

第三节 新媒体软件产品开发设计工具

一、思维导图常用工具

如前文所述，思维导图是构建产品框架、梳理产品功能结构的一种常用工具，是对新媒体软件产品功能和内容进行梳理的有效手段。常用的思维导图绘制工具包括 Xmind 和百度脑图等。

（一）Xmind

Xmind 是一款较为实用的商业思维导图绘制工具，除了可以绘制普通思维导图，还能够绘制鱼骨图、树形图、组织结构图等不同展示形式的图表对信息进行轨迹整理，并且可以方便地在这些展示形式之间进行转换。除此之外，Xmind 还将思维导图与头脑风暴的工作方法相结合，通过可视化方式帮助产品经理厘清产品设计思路、管理复杂的信息，常被用于会议管理、项目管理、信息管理、计划和时间管理、企业决策分析等。Xmind 的页面布局简洁，有助于产品经理在使用过程中将精力更多地集中在重要的基础功能上（见图8-13）。

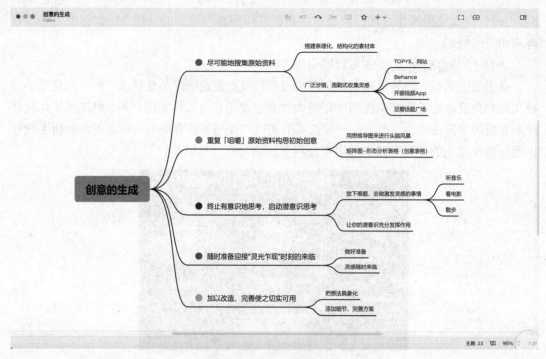

图 8-13　Xmind 官网示例

主题是 Xmind 中最重要的功能，选中画布中的主题后单击"子主题"按钮，可以快速添加子主题，从而创建出一个思维导图（见图 8-14）。各个主题的样式可以在样式面板中进行修改，以区分不同级别的主题，从而优化视觉效果、提高工作效率，使用者也可以根据自己的喜好调整主题的样式，把字体、线条和颜色设置成自己喜欢的样子，保存后就可以重复使用了。

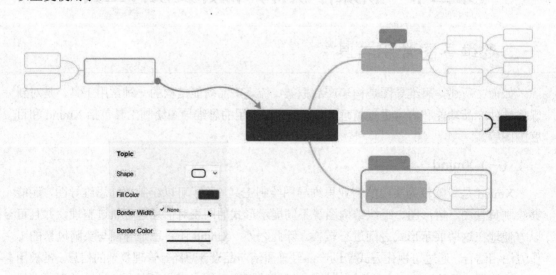

图 8-14　Xmind 思维导图示列

除此之外，Xmind 还可以由思维导图模式转换成大纲模式，有助于产品经理对信息进行整理与规划（见图 8-15）。

图 8-15　Xmind 大纲视图

Xmind 支持多终端同步，不仅可以在 PC 端（包括 Mac 操作系统和 Windows 操作系统）使用，还支持移动端（iOS 操作系统和 Android 操作系统），可以实现多系统、多平台的无缝连接。

（二）百度脑图

百度脑图是百度公司开发的在线思维导图平台，与 Xmind 相比，它最大的优点在于不用安装软件或移动客户端，直接使用百度账号登录对应网站就可以使用，非常适合思维导图新手与低频使用的用户群体。此外，相较于复杂的思维导图软件而言，百度脑图的操作非常简单，只涉及思维导图绘制中的常用功能（见图 8-16）。

百度脑图最重要的功能同样是主题，思维导图中每一个边框都是一个主题，而其又分为同级主题和下级主题。单击菜单栏的"功能"按钮插入主题或对主题的优先级进行设置，就可以很容易地绘制出需要的思维导图。

虽然功能简单，但百度脑图也可以选择不同的形状或对所绘制思维导图的样式进行基本的调整与设计，同时用户能够将绘制好的思维导图免费导出为多种文件格式并保存在云端或本地，也能够读取多种其他思维导图软件所保存的格式。

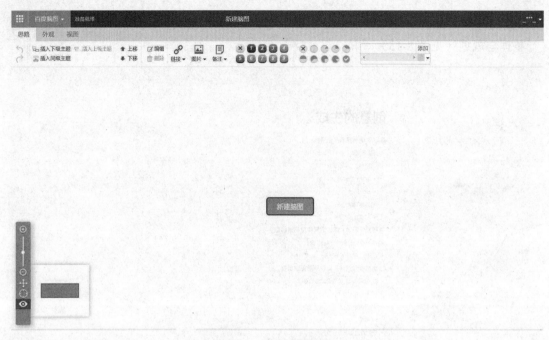

图 8-16　百度脑图页面

二、流程图常用工具

流程图是梳理复杂关系、明确产品业务流程的必要工具，可以帮助产品经理在产品设计过程中用直观的方式描述产品功能实现的具体步骤与逻辑关系，通过图形表达出流程思路。常见的流程图工具包括 Visio 和 Process On 等。

（一）Visio

Visio 是微软公司推出的一款用于流程图绘制的工具软件，是 Office 系列工具之一，也是目前产品经理最常用的一款流程图工具。一方面，它本身有很多组件库，可以方便地完成各类流程图、结构图和网络图的制作。另一方面，Visio 提供非常丰富的绘图模板，自带的流程图符号可以帮助产品经理快速、简洁地完成流程图的绘制，把业务流程、系统实现流程展现出来，令信息形象化、直观化（见图 8-17）。

Visio 作为一款专业级的流程图绘制工具软件，在使用过程中拖动形状模块时界面上会自带参考线且连接线会自动对齐，这些都极大地方便了用户的使用。因为同属 Office 系列工具，将使用 Visio 制作出的流程图导入 Word 文档也十分方便，甚至可以在 Word 中直接对流程图进行修改和完善，这是 Visio 具有的其他流程图软件不具备的优势。

Visio 目前只能在 Windows 系统中正常使用，在 Mac 系统中只能查看，无法编辑。

（二）Process On

Process On 将自己定位为一款面向垂直专业领域的作图工具和社交网络，实际上它是一个在线作图工具的聚合平台、在线作图的协作平台（见图 8-18）。

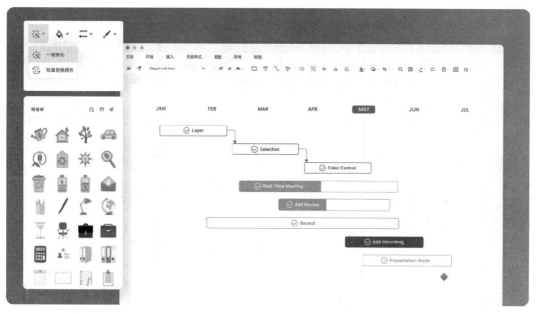

图 8-17 Visio 页面展示

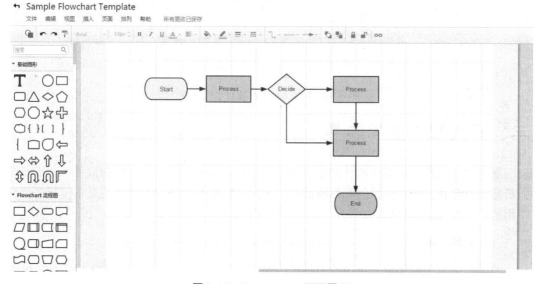

图 8-18 Process On 页面展示

Process On 主要用于在线绘制流程图，也可以用来绘制思维导图、UI 原型图、网络拓扑图、组织结构图等，还可以方便地把绘制好的作品分享给团队成员或平台好友，和他们沟通交流或一起对所绘制的流程图进行编辑、阅读和评论（见图 8-19）。

从绘图功能的完整性和产品的稳定性角度来看，Process On 比起 Visio 还有一些进步空间，但对于产品经理而言，Process On 同样具备自身的优势。首先，作为一款在线工具，Process On 自然也具有跨平台的属性，可以方便地在 Windows、Mac 等不同操作系统之间自由切换，甚至可以实现移动办公。其次，Process On 的在线储存功能可以避免因为断电、设备故障等突发情况导致的文件丢失。再次，Process On 功能有限的另一面就是操作简单，它吸取了以 Visio 为代表的常用绘图软件的操作特点，因此对于有绘图经验的用户而言，学习成本几乎为零。最后，Process On 结合了互联网的社交特性，学习流程图绘制的用户可以轻松地在平台上分享自己的作品或对公开的作品进行搜索，同时平台支持多人协作，适合团队内部协同办公。

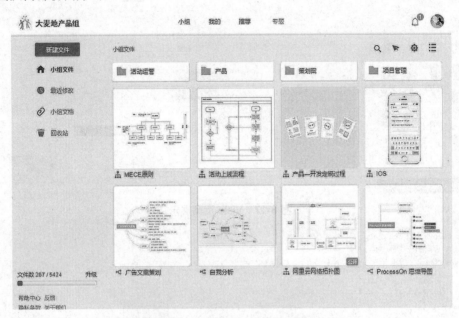

图 8-19　Process On 项目小组示例

三、原型制作常用工具

原型设计在整个新媒体软件产品的设计与开发过程中处于非常重要的位置，产品设计人员需要对此具有绝对的控制和驾驭能力，因此绘制原型图是产品经理的必备技能之一。常用的原型制作工具包括纸、笔，Axure RP 和墨刀等。

（一）纸、笔

绘制产品原型最简单、快捷的工具是传统的纸和笔，产品经理使用纸张和笔能够快速地勾勒出大脑中对产品的想法，而不会因为工具使用不便的原因延误想法的表达。利用纸、笔绘制原型可以做到所画即所得，脑中怎么想，手上就怎么画，不用考虑工具的操作方法、使用步骤这些额外的东西。通过纸、笔方式绘制出来的产品原型就是前文提到的手绘草图；若需要绘制低保真原型和高保真原型，则往往需要通过一些原型制作工具来实现。

（二）Axure RP

Axure RP 是一款专业级产品原型设计工具，主要应用于 Web 产品、App 产品以及其他软件产品的原型设计与制作，是互联网产品设计开发的必备软件之一，也是目前产品经理群体应用得最广泛的一款原型设计工具（见图 8-20）。除了基本的产品原型，它还能够实现交互演示、原型细节设计以及规格说明文档创建等功能，可快速地帮助交互设计师、产品经理等相关人员创建产品的原型，同时支持多人协作设计和版本控制管理。

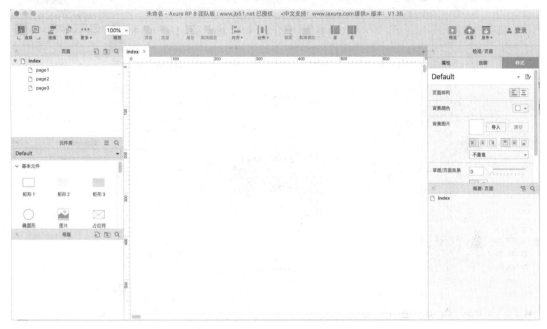

图 8-20　Axure RP 页面展示

Axure RP 最大的特色就是具有强大的交互动效制作功能，其中的动态面板、中继器、函数、变量等可以高度还原产品的交互动态效果，如轮播页面、登录注册、购物结算等（见图 8-21）。此外，Axure RP 中自带的元件库也可以帮助相关人员快速完成线框图和流程图的绘制，极大地提高工作效率。

图 8-21　Axure RP 官网高保真原型实例模板

Axure RP 支持 Windows 操作系统和 Mac 操作系统，能实现多系统、多平台的无缝连接。

（三）墨刀

Axure RP 功能的强大提高了初级产品经理与原型图绘制初学者的学习难度，而墨刀作为一款功能简捷、上手简单的在线原型设计与协同工具，非常适合作为起步工具。同时，在进行对交互演示、原型细节设计要求较低的原型制作工作时，墨刀也是资深产品经理节约时间、提升效率的有效工具（见图 8-22）。

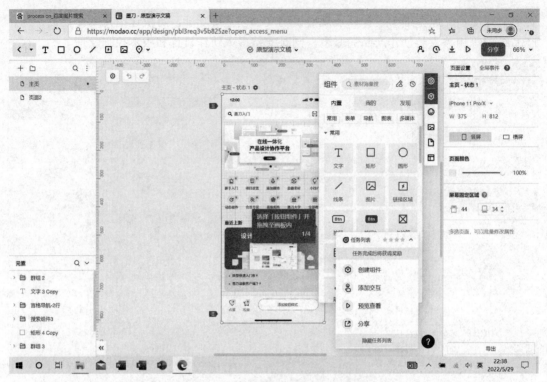

图 8-22　墨刀页面展示与新手教程

墨刀支持多种手势及页面切换特效,可以实现元素间相互切换、界面跳转、动画平滑的效果,还可以调试参数,但对于条件判断复杂的交互逻辑则无法实现。它可以快速构建出适用于移动端的应用原型和线框图并保存到云端,支持手机端的实时预览,具有多种手势、主题可供用户选择。

墨刀同样具备一定的分享功能和社交属性,云端的在线保存功能使产品团队成员间能够及时分享和讨论,使创建交互原型的协作变得更加便捷。

早期的墨刀只有网页版,但目前已开发了客户端,需要联网使用,同时支持 Windows 操作系统和 Mac 操作系统并支持移动端(iOS 系统和 Android 系统)预览。

-----案 例 借 鉴-----

10 个不容错过的飞行 App 设计

认知测试

问题拓探

1. 在新媒体软件产品设计中，怎样理解产品功能模块和产品业务流程之间的区别？
2. 手绘草图、低保真原型、高保真原型分别有什么特点？它们分别适用于新媒体软件产品设计的什么阶段？绘制三种类型的原型图时分别会用到什么工具？
3. 新媒体软件产品开发项目管理分为哪些阶段？产品经理在每个阶段具有什么作用？
4. 新媒体软件产品内部测试包括哪些内容？为什么要进行产品内部测试？

实践任务

1. 选择一款喜欢的新媒体产品，从产品底层逻辑、产品功能模块和产品业务流程三个方面进行分析，思考为什么该产品能够吸引用户使用。
2. 模拟项目训练：根据市场需求，设计开发一个全新的新媒体软件产品并说明如何顺利完成这个项目、全流程的注意事项有哪些。

第九章

新媒体产品运营

> **问题导航**
>
> 新媒体产品运营与新媒体运营有何不同？新时代新媒体产品运营岗位的职责和具体的工作内容有哪些？新媒体产品生命周期不同阶段的运营目标是什么？各阶段要采取哪些运营手段？通过本章的学习，读者可学会新媒体产品不同生命周期的运营策略，从而更好地连接市场与用户，不断提升新媒体产品的价值及品牌美誉度。

第一节 新媒体产品运营概述

从产品项目管理的流程来看，新媒体产品运营处于新媒体产品设计与项目管理中相对靠后的一个环节。新媒体产品开发，无论是从 0 到 1 还是从 1 到 n，都要经过市场调研、用户调研、需求挖掘、功能设计、原型设计、界面设计、交互设计、产品测试等前期工作，而待产品上线后，就进入了新媒体产品运营阶段。对于这一阶段的转换，有人做了形象的比喻：产品设计是生孩子，产品运营是养孩子。"生"重要，"养"更重要，产品经理只有花大力气进行产品运营，才能架起新媒体产品与目标用户之间的桥梁，才能在用户对产品的使用及验证中收集各种反馈数据，为新媒体产品迭代及优化提供可行性依据，才能让产品成为一款令用户喜爱的好产品。

一、新媒体产品运营的含义

《现代汉语词典》对"运营"的解释有两种：一是（车船等）运行和营业；二是比喻

机构有组织地进行工作。结合前文对"新媒体产品"的解释，可大致地把"新媒体产品运营"理解为运营者围绕新媒体产品有组织地进行工作。

由于没有更确切的定义，可以参考与之相近的互联网产品运营的定义来理解"新媒体产品运营"："互联网产品运营是以产品为价值基点，吸引、激发、维系、服务用户，以实现用户和产品价值最大化的所有行为过程及驱动行为过程所需要的智慧性思想理念和策略方法的总和。通俗地讲，就是不断促使用户和产品的关系由陌生到知晓、理解，再到使用、依赖，以至友好共生的过程。"[①]

互联网产品（网络产品）是范畴较小的新媒体产品，不过，这一定义也道出了新媒体产品运营的某些内涵，所以结合工具书的解释，本书将新媒体产品运营定义为：利用各种手段，促成更多的用户使用或购买新媒体产品，以实现产品价值最大化的一系列活动。所谓利用各种手段，主要包括用户、内容和活动三个层面的运营措施，而产品价值最大化是运营活动的核心诉求。

产品运营是新媒体产品价值逐渐实现的过程。运营者必须想方设法地吸引用户为产品买单，帮助企业实现产品价值最大化的核心诉求。常见的价值有四类：经济价值、互动价值、引入新用户的价值及品牌价值。经济价值就是直接借助新媒体产品运营去挣钱。互动价值的目的是延长用户停留时间，互动的形式有答疑、调研、投票、抽奖、话题 PK、签到、打卡、H5 小游戏等。运营人员可以通过数据证明互动的价值，不断调整合适的互动运营策略，找出与产品契合的互动玩法并沉淀下来，从而获得更大的互动价值。引入新用户的价值主要是指产品新注册用户有多少，通过各种渠道使用产品的用户量有多少以及每天的用户活跃数据、产品销售额、客单价等。在运营过程中还需要考虑品牌价值，应开通更多的渠道，达成品牌的大体量曝光，不断为产品积累品牌价值。

二、新媒体产品运营与新媒体运营的区别

提起新媒体产品运营，人们就会想到另外一个经常被提及的概念：新媒体运营。那么，这两个概念是否相同、有什么不同？产品经理只有弄清楚这两个概念的联系和区别，才能明晰新媒体产品运营的范畴，更好地从事新媒体产品运营活动。

相关学者对"新媒体运营"的定义有很多，下面选择三种加以介绍。

勾俊伟从三个角度对"新媒体运营"加以解释：战略角度的"新媒体运营"是指"借助新媒体工具，实现对产品研发、产品推广、用户反馈、产品优化闭环的精细化管理"；职能角度的"新媒体运营"是指"利用新媒体工具进行产品、用户、内容及活动四大运营模块的统筹与运作"；操作角度的"新媒体运营"是指"负责新媒体工具或平台具体的工作，基于运营数据不断优化改进的过程"。[②]

肖凭认为，"新媒体运营可以理解为，借助各类新媒体平台推广品牌、营销产品的运

[①] 苏海海. 互联网产品运营教程[M]. 北京：中国铁道出版社，2018：8.
[②] 勾俊伟. 新媒体运营：产品运营+内容运营+用户运营+活动运营[M]. 北京：人民邮电出版社，2018：6.

营方式"。①

苏海海认为,"新媒体运营就是通过利用基于互联网的微信、微博、今日头条为代表的新兴媒体平台工具进行产品宣传、推广、营销的一系列运营手段和过程""新媒体运营的本质是互联网运营,它是根据运营所依赖的媒介渠道的不同而界定的一种运营类型"。②

从上述这些定义可以看出,它们的共同点是都认为新媒体运营需要"利用"或"借助"新媒体"工具"或"平台"。从这一意义上说,新媒体运营和新媒体产品运营有相同之处,但是需要区分的是,新媒体产品运营是在一定范畴内"利用"或"借助"新媒体"工具"或"平台"。具体而言,新媒体产品运营和新媒体运营的区别有如下两点。

首先,二者虽然都需要"利用"或"借助"新媒体"工具"或"平台"进行运营,但传播的产品不同。新媒体运营可以传播新媒体产品,也可以传播其他非新媒体产品;而新媒体产品运营只能传播新媒体产品。可以说,只要"利用"或"借助"新媒体"工具"或"平台"传播了新媒体产品或非新媒体产品,都可称为新媒体运营。例如,2017 年 12 月,OPPO 手机在其官方微博@OPPO 发布了最新的宣传海报"周杰伦的 2000W 个故事",随后围绕该主题展开了一系列运营工作。OPPO 公司利用了微博这一新媒体工具来传播名人视频短片,宣传推广 OPPO 手机新品 R11s 这一新媒体硬件产品。所以从运营模式上看,既是新媒体运营,也是新媒体产品运营。再如 2011 年"杜蕾斯""雨夜鞋套"微博传播案,传播的是非新媒体产品,但它是通过微博这一新媒体工具进行宣传推广的,所以可以称之为新媒体运营且被称为新媒体运营的典范案例。③与此相对,"杜蕾斯"这一活动却不能称为新媒体产品运营。

其次,新媒体运营和新媒体产品运营所依赖的传播渠道不同。前文介绍的三个关于新媒体运营的定义都强调新媒体运营需要"借助"或"利用"新媒体"工具"或"平台",由此可见,三者是把新媒体当作运营的渠道所开展的活动。换句话说,只要是通过新媒体这种工具或平台,无论是宣传推广企业品牌还是营销产品,都属于新媒体运营;而新媒体产品运营可以"利用"或"借助"新媒体"工具"或"平台"进行运营,也可以不借助新媒体"工具"或"平台"运营。例如,2015 年,微信红包利用央视晚会推广"红包"这一新媒体产品就不是新媒体运营,而是新媒体产品运营,因为这一产品传播的主要渠道虽然是传统的电视媒体,但传播的是新媒体产品。

相反,即便运用了新媒体传播渠道,传播的产品不是新媒体产品,虽然可称为新媒体运营,但不能称为新媒体产品运营。

三、新媒体产品运营岗位介绍

做好新媒体产品运营,不仅需要了解目标用户,还需要了解与用户相关的人(如企业

---

① 肖凭. 新媒体运营[M]. 北京:中国人民大学出版社,2020:9.
② 苏海海. 互联网产品运营教程[M]. 北京:中国铁道出版社,2018:176-177.
③ 冯丙奇,王罡,杨婷婷,等. 病毒式营销传播受众品牌认知情形——杜蕾斯"雨夜鞋套"微博传播案例研究[J]. 现代传播(中国传媒大学学报),2015,37(4):119-125.

同事）和与生意相关的人（产业上下游），最合理地配置资源，消灭信息不对称，创造增量价值（在现有价值体系上提供额外的价值产出）。因而，新媒体产品运营岗位的职责是提升产品的销售额、拓展渠道、维护用户（服务）、建立品牌、口碑传播以及内容投放等，从而获得更多的新媒体产品用户，提高产品的社会效益和经济效益。

新媒体产品运营岗位分为三类，它们的具体工作内容如下。

（1）市场运营（又称业务运营）：主要工作内容是通过花钱的或不花钱的方式对产品进行宣传、曝光、营销等一系列活动。

（2）平台运营（包括用户运营、内容运营、社区运营）：主要工作是利用各种新媒体平台与用户沟通，维护用户喜好，获取用户反馈；根据用户所需产出高质量的内容，刺激有相同想法的用户进行互动交流并沉淀行为数据。

（3）商务运营（business development，BD）：主要工作内容是与意向用户洽谈合作并售卖产品。商务运营角色通常是传统企业中比较常见的运营岗位，他们存在的价值就是获得用户并留住用户。

新媒体产品运营岗位的特点可以从两个方面来理解：对于偏工具型新媒体产品，用户客群相对较大、客单价较低、销售成交周期短、频率快，产品成功进入市场后，运营模式偏线上；对于偏管理型产品，用户客群相对较小、客单价高、销售成交周期长，产品成功进入市场后，运营模式偏线下和轻咨询。在新媒体产品设计过程中，如果能用最简单的操作以及最明确的语言将复杂的逻辑表达出来，就说明设计人员思考得够深入、分析得到位。新媒体产品经理和运营岗位人员同时服务于用户和市场，他们之间的协作方式如图9-1所示。

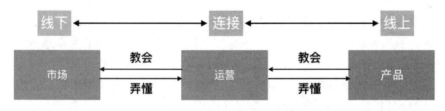

图9-1　新媒体产品的运营逻辑

从0到1设计新媒体产品时，运营需要做的事情是针对某一具体业务场景进行试水，快速获得反馈以进一步了解市场，完成最低成本的投入和尝试。在业务中期，用户逐步开始使用产品，运营要做的是通过各种渠道和手段获取更多的线索，跟进线索的转化过程，发现产品存在的问题并快速反馈给产品部门进行迭代优化。在业务发展期，用户快速增长，企业开始盈利，这时运营要做的就是协助产品设计人员持续打磨产品细节。因为发展迅速，用户规模升上来后，必然会暴露出新的需求，新需求需要新的产品功能来满足，自身功能不足的情况下需要企业与外部合作。在业务稳定期，产品已经有大量稳定的用户积累，有稳定持续的需求来源，这时运营需要做的就是守住阵地，服务好销售打下的天地。新媒体产品运营是帮助产品传递核心理念，辅助产品应用于市场。

第二节　新媒体产品运营策略

一、启动阶段运营策略

在新媒体产品生命周期的启动阶段，需要准备的运营工作有项目上线，收集产品反馈——在保持长期合作关系的前提下，定期获取优化诉求，从而提高用户黏性。同时，运维团队应确保产品的使用稳定性。在产品运营初期，最大的难题是冷启动，就是用户从0开始到100、到1000、到10 000的过程，也就是第一个用户从哪里来的问题。如果正处于产品运营启动阶段，又没有大量面对面的机会与用户直接沟通，要如何进行用户洞察呢？产品往往是通过"实验和数据驱动"逐步打磨成型的。下面通过"构建—度量—学习"创意落地过程，结合新产品的用户洞察来进行分析。

（一）基本运营指标

说到线上产品启动阶段的运营，首先想到的是访客数量（UV）、浏览量（PV）以及注册用户转化率，但UV、PV过于笼统，要找出问题，则需要对数据进行分析，包括日活跃用户数量（DAU）、月活跃用户数量（MAU）、渠道来源（channel）、搜索关键词（keyword）。如果产品已经有较多的模块或页面数量，还需要进一步分析入口页面、停留时间等。

（二）建立度量体系

有了基本的运营指标并实施了访客跟踪（可以利用百度统计和Google Analytics），很快就有了第一手产品数据。对于新媒体产品，如社交、通信以及电商类新媒体应用产品，DAU、MAU比率是重要的指标。普遍认为，如果DAU、MAU达到20%，就是一款足够好的产品，而如果达到50%以上，就是一款世界级产品了。但随着越来越多的活动被数字化，DAU、MAU已经不能准确反映产品的好坏了。

例如，对于爱彼迎（Airbnb）、缤客（Booking）等旅游网站，每个人可能一年只用一两次，所以不能仅仅根据其日活跃用户数或者月活跃用户数的高低来判断产品的好坏。虽然Airbnb、Booking等旅游网站的DAU、MAU数据并不是很好，但它们的交易量已经达上亿级别。事实上，SaaS[①]产品最不适合用DAU、MAU等进行评估，如Salesforce、Dropbox、Workday和Google Analytics的DAU、MAU数据一般，但产品交易量表现优异。因此，针对不同的新媒体产品，需要建立起合适的度量体系，合适的评估方式就是始终围绕商业与用户目标，测量产品达成商业目标与用户目标的程度来判断一款产品表现的情况。

（三）从数据发现问题

以一款需要用户注册才能使用的新媒体产品为例，因需要成为注册用户才能使用，所

---

① SaaS是software-as-a-service（软件即服务）的简称，是用户通过Internet访问软件的软件分发模型，又叫"软件即服务"。在SaaS中，服务提供商在其数据中心托管应用程序并且用户通过标准Web浏览器访问它。

以注册转化率是其度量指标之一,又由于产品名称和首页都包含用户画像,所以在百度搜索引擎上用户画像关键字的搜索排名很高。通过对比直接访客和搜索访客的注册转化率发现,搜索访客的注册转化率几乎为零,于是运营人员辅助产品经理展开分析,寻找原因。结果显示,新访客达到90%,但是跳出率高达65.85%,需要进一步查看漏斗[①]数据,找出问题,如图9-2所示。

PV	UV	新访客	跳出率	平均访问时长	平均访问页数
-	-	90%	65.85%	3:39	2.59

图9-2 某新媒体产品启动阶段的访问量数据

如表9-1所示:以排名前五的省份做深入分析,可以发现四川的访客网站跳出率相对较低,访问深度为3.66页,访问时长7.01分钟。北京、上海、浙江的跳出率较高,北京地区访客的跳出率为80%,上海地区访客的跳出率为73.33%,浙江地区访客的跳出率为80%,由此可见,高跳出率大多出自北京、上海、浙江。

表9-1 某新媒体产品访客转化漏斗数据

省、直辖市	跳出率	平均访问时长/分钟	平均访问页数
四川	41.46%	7.01	3.66
北京	80.00%	5.35	2.53
上海	73.33%	4.42	1.47
广东	53.55%	3.46	2.55
浙江	80.00%	3.20	1.6

(四)分析访客动机,挖掘用户需求

运营人员需要进一步分析访客的动机,即访客登录网站希望获得什么。访客动机可从两个部分进行深入分析:一是探寻网站目标用户画像人群的动机;二是进入产品网页的访客动机。然后,绘制目标用户画像。通过进一步的数据、动机与需求分析,总结出初步的用户需求,针对目标用户群制定启动阶段的运营策略。在这个阶段,运营人员需要掌握系统的学习方法和路径,涉及用户画像的意义、流程、学习方法;熟练使用建立用户画像基本流程的软件,涉及存储用户信息、构建标签体系等功能。收集案例和数据来源,一方面可以为团队提供调研资料,另一方面可以助力有用户调研需求但没有数据来源的公司。

二、增长阶段运营策略

产品与运营是不可分割的两个主体,一款产品需要运营才能被推向市场,运营需要借助产品才能发挥作用。产品就像一把剑,产品运营是用剑,胜负不仅取决于剑,还取决于

---

① 全称为"搜索营销效果转化漏斗",漏斗的五层对应企业搜索营销的各个环节,反映了从展现、点击、访问、咨询直到生成订单过程中的客户数量及流失。

如何用剑。产品之剑是硬实力的展现,产品运营之用剑就是软实力。研发出一款新的产品之后如何使其快速占领市场呢?做好新媒体产品增长阶段的运营工作成为产品项目的工作重点。如果把这个阶段比作一个飞轮,良性运转之后就会越转越快。此阶段的运营工作要注意以下三点策略。

(一)提高转化率

用户转化率的计算公式为

$$转化率 = \frac{期望行为人数}{总人数}$$

其中,总人数在一定范围内是固定的,那么提高转化率最主要的就是如何提高期望行为人数,期望行为就是希望目标用户做出的行为。如何提高转化率呢?可以通过以下三种方式:第一,明确数据的来源,知道带来主要流量的原因是什么,明确新的用户为什么会流失,通过流失的链接去了解用户离开的因素,辅助新媒体产品经理进行优化,流失高于转化就需要进一步调整产品。第二,从细节到转化。新用户都会注意什么、新用户离开的因素是什么、一般一个新用户比较关注的点都有哪些、值得考究的点在哪里,这些都要提前规划。第三,了解用户的渠道。总体的转化很高,不代表每块的细节都能转化到具体到位,知道每块的细节后才能去进行优化,由点到面才能提高整体的数据。

(二)换位思考

新媒体产品运营人员应该学会换位思考,这是很重要的一点。因为立场不同,观点就不同。运营人员不能先入为主,应从用户的角度和利益出发思考问题,揣摩用户的心理,让用户不用思考就能立刻有"啊,这就是我想要的东西"的感觉,这样生产出的产品肯定会更容易让用户接受,进而营销效果也会更显著。

(三)摒弃预设立场

运营人员需要跳出数据看数据,摒弃预设立场。运营人员应意识到,数据分析的核心不在于证明自己的观点,而是要从数据里洞察可以增长关键绩效指标(KPI)的方向和突破点,研究数据的波动和波动的节点。因此,运营人员要具有严谨负责的态度,保持中立的立场,客观地评价数据所反映的问题,通过整合关键数据,分析造成数据变化的原因并总结、改善或者促进数据变化的方法,以便下次有类似情况时可以直接应用对应的处置与预案。

举个例子,某品牌电商最近的成交量下降,运营人员需要看的数据如下。

(1)页面流量变化、各渠道入口流量变化。

(2)登录用户的浏览行为、加入购物车但未购买的用户数、商品类型。

(3)支付订单页面的跳出率。

(4)其他:竞品平台同类商品价格、竞品平台同节点流量变化、网站最近的异常监控报告等。

三、稳定阶段运营策略

稳定阶段是指新媒体产品已经处于较成熟的阶段,基本满足了用户需求,用户体验不断上升的阶段。这个阶段的产品运营工作要更加注重构建新媒体产品的线上生态系统。也就是运用所谓的生态策略，让用户通过社区实现自主生长，再具体点，就是让用户在社区里实现交友、赚钱、购物、娱乐等。生态策略的核心就是要在用户之间建立关系链，对所有用户进行分层并实施不同的用户激励机制。另外，所谓的构建更丰富的线上生态系统其实就是利用产品机制来提高内容运营和用户运营的效率，最终构建完整的内容生产—消费—变现生态。

在前期的运营过程中，因为用户量小、用户行为不稳定，新媒体产品运营人员针对不同的业务目的会设计很多零散的运营策略去引导、激活用户。然而，随着产品的不断发展，功能增加，用户量越来越大，用户类型也越来越丰富，产品的运营策略也越发复杂，对于后续的新用户不太友好，也不利于运营思路的整理与运营策略的制定。因此，需要对零散的运营策略进行梳理，在现有用户数据积累的支撑下，重新构建成一套完整、清晰、有效的用户运营体系。

（一）梳理产品商业通路和用户价值成长路径

商业通路主要是指商业交易总额（gross merchandise volume，GMV）。GMV 是期望用户有良好的付费习惯，产品内需要给用户提供一个付费行为转化通路。基于此设计，通过对产品进行拆解分析，根据经验对产品中不同类型的用户进行角色划分，如图 9-3 所示。运营人员通过注册时间找出留存用户，抓取他们的行为特征，如登录次数、使用时长、付费额度，找出高价值的用户进行深层次的用户培养。

用户类型	用户行为特征
新手型用户	当日已注册并活跃但无深度使用行为的用户
内容消费型用户	熟悉产品日常使用，浏览并进入直播房间的用户
内容创造型用户	对产品认同度高于其他用户，自己会为产品创造内容或贡献其他价值的用户（不包含平台签约主播）
付费消费型用户	在平台完成付费行为，贡献直接收入的用户

图 9-3 新媒体产品用户分层示意

通过将注册时间在 15 天以上的留存用户提取出来，抓取他们在 15 天内的登录次数、使用时长、付费额度进行分析，运营人员可找出高价值的用户。

（二）基于用户分层搭建用户成长阶梯和运营模型

结合之前定义好的个性角色分层与生命周期分层，可以将用户分为尝试使用的新人用户、内容持续创造用户、轻度内容消费用户、重度内容消费用户、轻度付费用户、重度付费用户，绘制用户价值成长阶梯，如图 9-4 所示。

通过上面的一系列分析，运营人员可以得到对不同层次用户进行提升的思路，接下来需要对每个路径的各个不同节点进行运营策略的设计，也就是对用户的行为进行引导与激励，让用户按照运营人员预设的路径去走，进而完成对用户价值的提升。在新媒体产品运营的稳定阶段，针对新媒体产品使用一次性行为用户（一般主要存在于主路径，即首次达成某个目标，如第一次送礼、第一次开播等）的运营策略为：对用户累积性行为进行激励，如签到 10 天、点赞超过 1000、在线 30 分钟等。针对新媒体产品使用持续性行为用户的运营策略是进行里程碑式激励。总之，这个阶段的运营策略既要考虑全局，构建新媒体产品的生态系统，又要细分，设立重点目标，针对不同层次的用户制定不同的策略，培养用户忠诚度的同时细化用户成长路径、提升用户的终身价值。

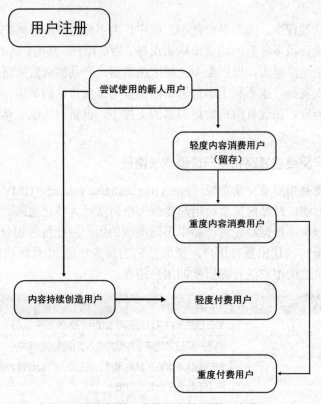

图 9-4　新媒体产品用户价值成长阶梯

四、衰落阶段运营策略

当更新的技术出现，用户将不再需要既有产品提供的服务，如随着网速的提升，用户再也不需要通过迅雷下载视频。这时候，产品进入衰落阶段，此时运营策略的重点是对用户流失规模、流失速度、流失原因等数据的分析，同时要设计一定的挽回策略并不断地验证效果。

面对处于衰落阶段的产品，运营人员需要认真地研究、分析该采取什么策略、在什么时间退出市场。通常有以下几种策略可供选择：① 继续策略，即继续沿用过去的策略，仍在原来的细分市场采用相同的分销渠道、定价以及促销方式，直到产品完全退出市场为止。② 集中策略，即把企业能力和资源集中在最有利的细分市场和分销渠道上，从中获取利润。这样不仅有利于缩短产品退出市场的时间，也能为企业创造更多的利润。③ 收缩策略，即抛弃无希望的用户群体，大幅度地降低促销水平，尽量减少促销费用，以增加利润。这样可能导致产品退出市场的速度加快，但也能从忠于产品的用户处得到利润。

④ 放弃策略，即对于衰落得比较迅速的产品，应该当机立断地放弃经营。可以采取完全放弃的形式，如把产品完全转移出去或立即停止生产；也可采取逐步放弃的方式，将衰落产品所占用的资源逐步转向其他产品。

第三节　新媒体产品运营手段

新媒体产品运营手段体现在用户运营、活动运营和内容运营三个方面，各种手段在新媒体产品运营过程中都发挥着不同的作用。在新媒体产品运营的实际应用中，运营人员经常综合使用多种手段，由此衍生出许多其他运营手段，如社群运营手段、网站运营手段、流量运营手段、平台运营手段及店铺运营手段。

一、用户运营

（一）用户成长路径规划

用户处于成长路径的不同阶段，相应的运营重点也不同，只有做到针对性运营，才能促进实现用户价值最大化。

按照运营策略期望达到的目标，可将用户成长路径划分为五个阶段。

（1）激活：激活用户，即让潜在的用户及流量实现从访客到用户的转变，通常是指用户完成下载注册并真正使用过产品的核心功能。

（2）转化：让用户完成转化动作，如首次购买、首次发布信息等。

（3）留存：提高用户的留存率，让用户更喜欢使用产品，愿意花更多时间使用产品。

（4）唤醒：对"沉睡"的活跃用户采用挽回措施，引导其重新使用产品，重新活跃起来。

（5）召回：让已经流失的用户重新访问网站或者App，通过推荐一些新功能或者产品亮点吸引这类用户重新喜欢产品。

（二）不同阶段的用户运营手段

1. 激活阶段

什么是用户激活？用户激活虽与新用户获取最接近，二者却存在着很大的差异。用户激活是指用户真正使用过一次产品的核心功能，如购买、上传、体验演示、绑卡等。要让更多用户愿意激活产品，关键在于产品价值引导，即让用户在最短时间内发现产品价值：要么是"多快好省"地购买了一件商品，要么是发现了让自己愉悦、满足的内容。如此，用户会在一次次与产品价值交互的过程中对产品产生认可和依赖。

如何提高用户的激活率？提高用户激活率的核心方法就是扫除用户体验产品核心功能的障碍，让用户更早地、更容易地体验核心功能点，具体有如下方法。

（1）减少干扰项。用户从认识产品到体验核心功能的过程跟西天取经一样，要经历

"九九八十一难"才能到达终点，很多用户会在中途就放弃。这一点在产品上的体现就是为了获取用户信息而设置过多的门槛，如填写大量的表单、多环节复杂的交互，这些都是阻碍用户体验核心功能的障碍。解决办法主要有两种：其一是减少阻碍，将整个获取用户信息的过程分散、拉长，如在解锁更多功能的时候提示用户进行信息补充；其二是价值前置，这个方法在 to C 领域比较常用，如在加入购物车之后才会有注册的环节，因为用户本就完成了购买决策，显然此时放弃的成本更高。此外，也可以通过用户行为分析工具，结合事件分析和漏斗分析，发现并改善阻碍用户激活的环节或操作，从而提高用户激活率。

（2）鼓励前进。例如，在游戏场景中，玩家完成任务后，非玩家角色（non-player character，NPC）会奖励玩家各种装备与海量的经验奖励，从而引导玩家完成更多任务，推动剧情的发展。这种具有鼓励性质的信息或互动大多是从心理学角度出发设计的，可以有效提高用户激活率。

2．转化阶段

促进用户产生更多的转化动作、激励用户产生下一步行动可以利用很多种办法，具体如下。

（1）新手优惠券。以用户从注册到首单购买举例，常见的手段就是注册后发放含有优惠券的新手礼包和新手任务，如银行类在线业务会在用户注册之后赠送其部分虚拟理财金，让注册用户提前感受投资理财的收益。这部分资金不能提取，但是可起到新手引导的作用，通过虚拟理财金，注册用户可以模拟体验正式投资的流程，从而打消用户对于投资理财的生疏感，促进注册用户进入核心环节的转化率提高。

（2）优化转化流程。用户从注册到真正完成转化会经历完整的交互流程，良好的交互和有重点的引导会让用户更容易进入运营人员规划好的核心路径，也就是所谓的行为召唤（call to action），当知道整个用户的转化漏斗后，运营人员就有能力去优化整个转化流程了。

3．留存阶段

留存用户的核心是产品足够优秀。一款优秀的产品可以做到让用户每天使用，甚至每天使用很多次，如人们熟知的微信和抖音。但是对于非现象级的产品，该如何提高用户的留存率，让用户更愿意使用呢？

除了将产品做到极致，找到用户最爱使用的功能点也很重要，可以通过两种方式：第一种是通过给关键功能埋点[①]的方式；第二种是利用用户行为分析工具的留存分析模型进行不同功能之间的留存判断。通过用户行为分析工具的留存分析模型，运营人员可以通过选择初始行为和后续行为来判断两个行为之间产生的相互影响，如初始行为选定要分析的功能点，而后续行为选择打开 App 或网站，这样就可以判断用户是否基于某个功能或行为而选择多次体验产品。

4．唤醒阶段

"沉睡"用户的唤醒是用户运营的重要环节。所谓"沉睡"用户，是指在一段时间内

---

① 埋点分析是网站分析中一种常用的数据采集方法。数据埋点分为初级、中级、高级三种方式。数据埋点是一种良好的私有化部署数据采集方式。

与产品无任何互动的用户。唤醒这些"沉睡"用户的流程可以划分为以下两个部分。

第一部分，识别用户。对于如何识别"沉睡"用户，其实每款产品都有自己不同的判定规则，如 3 个月没有打开网站，3 个月内访问网站但没有登录、下单等行为，可以基于用户行为和用户属性，精准、快速地找到沉睡用户并对他们进行唤醒。

第二部分，唤醒内容。开展一次成功的运营活动是将正确的内容发送给恰当的人、实现内容打开率最大化的最好措施。那么，什么才是正确的内容？即给关注 A 的用户发送关于 A 的内容，也可以通过一些智能化手段让内容更加匹配用户的兴趣。

准备好合适的内容后，如何让内容安全、快速地到达用户？很多时候我们认为发送成功了，用户就会收到，但是真正到达用户终端的内容不足 50%，可以通过多种触达方式进行互相补位，如对于手机端来说，常见的触达方式有手机 Push、App 内推送、短信和邮件等形式。当一条消息首次通过 Push 发送失败后，可以选择其他通道继续尝试，同时排重机制可以避免用户多次收到相同的信息。

5. 召回阶段

哪些行为意味着用户已经流失？不同的场景下，判定方法不同。对于 App 来说，用户卸载了 App 算是流失；对于游戏来说，用户很长时间没有登录游戏则可判定为流失。不同的运营人员对流失的判定标准不同，召回动作却有很多相似之处。针对已长期不活跃的用户，召回策略跟唤醒一致。对于已经卸载了 App 的用户，还是要分为触达和内容两部分予以召回，可以选择短信、公众号等方式进行触达，也可以选择重定向，打通头条、广点通等投放平台，基于重定向的方式唤醒用户重新下载。当然，要有针对性地给予召回内容，这也是召回成功的重要因素。

二、活动运营

新媒体产品有偏工具类产品和偏运营活动类产品。与工具类产品相比，运营活动类产品的时间跨度更短、更加灵活，更需要针对活动的不同阶段进行运营设计与分析。对一个运营活动做设计、分析之前，可通过以下六个要素对其进行比较全面的了解：活动目的、活动时间、用户激励、活动机制、传播、活动评估。每种要素下都有不同分类，分类相互重组，可产生不同的活动，如图 9-5 所示。

活动目的	活动时间	用户激励	活动机制	传播	活动评估
拉新	固定周期	用户激励	竞争	传播时机	评估指标
维护	节日	名气	征集	传播渠道	预估效果
促活	热点	从众	红包	正反观点	评估周期
曝光		使用特权	抽奖转发	传播素材	

图 9-5 运营活动类产品六要素

举个例子，公司将举办一场 21 天英语听力学习活动：活动时间为 21 天，活动目的是促活，活动机制是竞争打卡机制，传播方式包括 App 内社区贴传播、微信朋友圈分享，激励方式是公司英语听力产品的 VIP 特权，评估指标是 DAU 或人均使用时长得到一定的提升。若将上述英语听力活动的目的由促活变为拉新或将 21 天变成一小时，目标用户、页面的氛围、比赛倒计时、活动宣传流程等也会大不相同。

因此，新媒体产品运营活动的六要素相当关键，要素不同，活动的特点也不同，深刻影响着运营策略的制定及物料的设计。当确定了活动的六要素并大致了解活动后，可通过用户体验地图，结合峰终定律①，对用户在活动中不同阶段的接触点进行分析。一个运营活动大致可分为三个阶段：活动开始前、活动进行中、活动结束后，一些特殊活动可能还有其他阶段。活动不同阶段的页面功能优先级不同，注意事项亦不同。

（一）活动开始前

活动开始前一般会有一段活动预热时间，重在吸引用户主动参加活动。很多运营首页喜欢用大标题或鲜艳的色彩吸引用户的注意力。图 9-6 是对活动开始前惊喜点、用户接触点和问题点的分析。

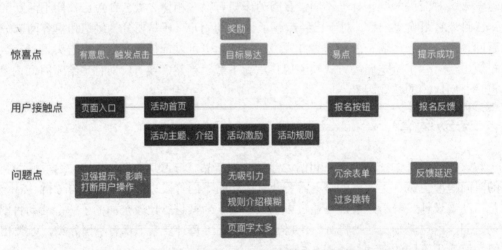

图 9-6　活动开始前惊喜点、用户接触点和问题点的分析

活动开始前注意事项包括：活动宣传入口不可干扰用户正常操作；报名流程尽量简短；活动首页应简练地描述活动主题、规则、奖励情况；需要精炼文字——好的标题文案、好的宣传图片更能提高转化率。

（二）活动进行中

活动进行中已参加活动用户和未参加活动用户的关注点不同：已参加活动的用户更关注自身当前成就，如离最终目标还有多远、当前排名、获得奖励机会如何；对于未参加活动的用户，运营依旧重在吸引其去报名参加活动。图 9-7 是对活动进行中惊喜点和问题点

---

① 峰终定律是指如果在一段体验的高峰和结尾处体验是愉悦的，那么对整个体验的感受都是愉悦的。

的分析。

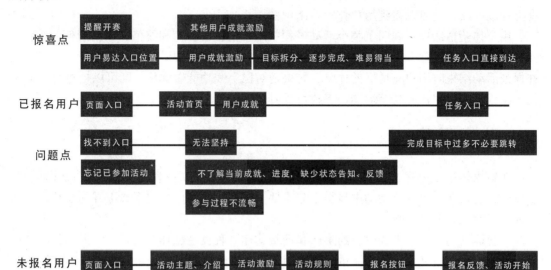

图 9-7 活动进行中惊喜点和问题点的分析

即使用户已经报名,活动开始后,用户还是很容易离开,因此活动开始时可适当提醒用户。产品设计上需注意将目标拆分为难易得当的任务,及时反馈,及时激励用户,及时告知用户进度,可在活动页透出用户完成目标的一些任务入口,以减少不必要的跳转,同时提高转化率。

(三)活动结束后

活动一结束,用户最关心的是自己的最终成就、是否获得奖励、奖品的发放情况以及何时到达自己手中。图 9-8 是对活动结束后惊喜点、用户接触点和问题点的分析。

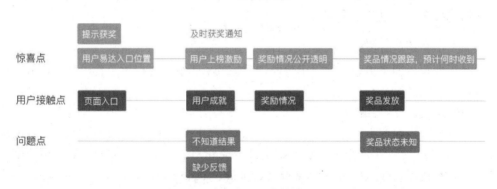

图 9-8 活动结束后惊喜点、用户接触点和问题点的分析

活动结束后要让奖励情况公开透明,告知用户其当前成就,如果失败了则告知用户其与目标的差距有多大,让参与的用户在活动结束后尽量感到愉悦。

按照活动开始前、进行中及结束后三个阶段分析运营活动,能发现整个过程中用户关注的点一直在变化,每个阶段都有其惊喜点(设计机会)和问题点。将涉及的问题点和惊喜点连成曲线,就可以得到用户体验情绪地图。

用户体验情绪地图表明了整个活动过程中用户情绪的峰值和终值,即用户何时愉悦、何时感到糟糕,运营人员设计时应尽量强化或放大惊喜点、规避问题点,合理安排惊喜点并保证活动结束时用户有良好的体验。如果是对已上线功能做优化,则可以把每个点的转化率数据带入用户体验情绪地图,寻找可提升优化的地方。[1]

三、内容运营

在新媒体产品运营过程中,内容的重要性无须过多阐述,内容即流量,而流量即成交,所以内容运营在整个运营活动中显得十分重要,任何运营岗位其实都离不开内容运营。那么内容运营应该怎么做呢?

内容运营的核心是围绕内容的生产和消费构建一种良性循环,从而持续提升各类与运营相关的数据,最终达成吸引流量、培养用户、实现转化的目的。运营人员做内容运营的目的就是吸引流量、培养潜在用户和促成转化。很多运营新人总是容易混淆内容运营和新媒体运营,其实两者的区别很明显:内容运营是从新媒体产品出发,以产品为第一优先级,关键就是把产品卖点提炼出来,然后用讲故事的方式表述出来;而新媒体运营则是以账号为第一优先级,关键是把账号做大做好。

任意打开一个门户网站,就会看到各种文字类、视频类、图文类的内容。在搜索引擎中搜索关键词,就会出来上百万个结果,这些也是内容。此外,链接地址、icon 图标也是内容的一种呈现形式,各类贴吧、论坛上也有各类兴趣主题,如生活类、游戏类、动漫类内容。当然还有大大小小的电商网站,那些琳琅满目的商品,在商品详情页中的商品标题、图片、详情介绍,甚至各种好评文案都是内容,这些内容的运作都属于内容运营的范畴。不管是门户、企业官网还是搜索引擎、电商、贴吧论坛,都是通过内容为用户提供服务,这之间的区别只是内容类型不一样,用户可以参与和互动的方式不同,不同的新媒体产品内容运营的侧重点可以完全不同。

(一)内容运营三阶段

内容运营可以简单地划分为三个阶段,如图 9-9 所示,这也对应着运营人员能力提升的三个阶段。

1. 第一阶段:内容编辑

内容编辑要以内容生产作为工作重点。内容生产主要包括用户生成内容(user generated content,UGC)、专业生产内容(professional generated content,PGC)和专业用户生产内容或专家生产内容(professional generated content + user generated content,PUGC)。不管是哪一种,其核心目标都是解决持续供给内容的问题,能确保供给的稳定和高效率生产。内容编辑有两个关键维度:内容撰写和内容分发。

---

[1] 3 个阶段,解析运营活动类产品的设计要点[EB/OL].(2019-12-27)[2022-12-08]. https://www.woshipm.com/pd/3251592.html.

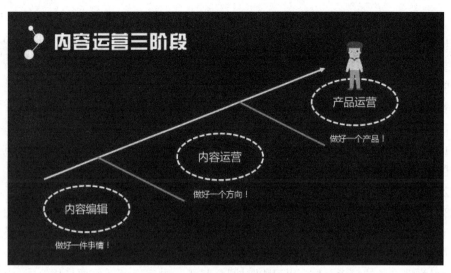

图 9-9 内容运营三阶段

内容撰写可以说是内容运营从业者最基本的技能，包括确定内容形态（文案、图文、视频、音频等）和内容调性（偏娱乐性、偏理性分析等），具体就是在文章标题、内容描述以及配图上下功夫，重点要学的知识包括爆款标题技巧、文案写作技巧、高清配图的搭配等。

内容运营从业者最大的误解就是只知道埋头生产内容而不懂得分发。内容分发的核心目标是要建立内容消费路径，从而提高内容运转的效率。内容分发有三个要点：第一，列出主流媒体发布平台，进行等级分类（需要了解各平台的相关政策），从中选出最合适的发布渠道。选择渠道时不能一味地追求高阅读量，尤其不要盲目地只盯着"两微一抖"，虽然这几个平台的用户基数最大，但有时候效果往往比不上很多垂直门户。此外，还要综合考虑投入精力、投入/产出比、私域导流难易度、用户互动、活跃度等。第二，通过一定时间的数据测试，根据数据反馈情况再来进一步地筛选、确定。第三，预留埋点，无论是在垂直门户网站还是在搜索引擎，抑或是在贴吧论坛等，都要学会埋点，只有这样才能实现长期、有效的引流。新媒体内容运营平台的类型如图 9-10 所示。

图 9-10 新媒体产品内容运营平台类型

2. 第二阶段：内容运营

无论是 PGC 还是 UGC，对于公司或者投资方而言，内容的生产其实并没有那么重要。他们看重的关键是能否把用户留住并让这些用户实现转化，从而最终实现效益。所以，当有足够的内容生产之后，运营人员需要思考的就是根据不同的发展阶段，用不同的内容运营策略实现商业价值。对于运营者而言，不管处于什么发展阶段，在进行内容运营时首先需要解决以下四个问题。

（1）确立内容供应链的架构，即通过系统去解决内容从哪里来、到哪里去的问题（这里需要区别第一阶段内容编辑对于内容采集、整理的区别）。

（2）确立内容面对的初始用户群（种子用户）。

（3）想清楚每个阶段需要侧重于哪类内容，如社交类首先要解决如何留存种子用户并通过运营方式确保这类种子用户的活跃；电商类则要清楚不同商品描述又以哪类表达方式展现最好，同时能提供有效的工具便于商户与用户间产生交易等。

（4）关键路径的梳理。除了思考以上四个问题，内容运营还需要考虑：① 内容消费者定位问题，主要包括平台定位+受众定位+运营目标；② 内容标准的确立问题，如哪些属于热门内容、如何展现这些内容以及内容质量评判的标准等。

另外，在这一阶段也需要考虑内容推送的渠道问题，主要考虑的因素包括渠道是否覆盖推送对象（以目标用户为核心）、推送内容的时效性。具体如何操作呢？可以依据三个点来判定：一是过往的推送数据；二是竞品选择的渠道；三是用户兴趣点所涉及的渠道。推送完成后，还需要分析推送效果：通过用户行为检测判断渠道推送效果。可以用数据漏斗进行分析，如图 9-11 所示。

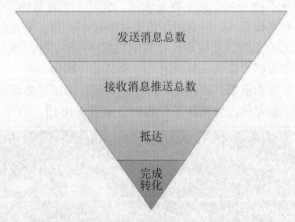

图 9-11　数据表现：漏斗模型

对于基于用户生命周期的内容运营这一阶段，需要补充的一点就是：无论何种形式的内容平台都会经历一个生命周期，所以在这个阶段的内容运营也应该符合生命周期的逻辑，如图 9-12 所示。

在新媒体产品运营过程中，最常用的生命周期通常分为用户生命周期和产品生命周期，这两种周期还是有一定区别的，这个阶段的内容运营以用户为基础。无论产品发展到什么阶段，对于一个新用户而言，通常会经历五个阶段：新手期、成长期、成熟期、衰退期和流失期。针对用户的不同阶段，内容运营人员需要采用不同的运营策略。

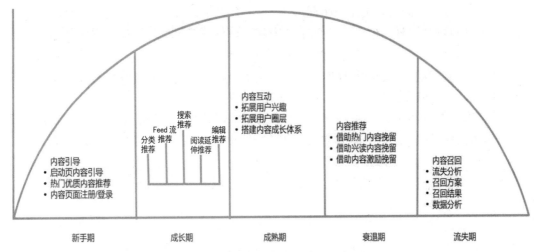

图9-12 基于用户生命周期的内容运营

（1）新手期。无论新用户来自什么渠道，内容运营都应该先为其进行内容引导，如启动页内容引导、热门优质内容推荐等，让用户快速地了解产品。

（2）成长期。在用户使用一段时间后，可通过数据分析对用户进行标签，然后进行分类推荐、阅读延伸推荐等，增强用户黏性。

（3）成熟期。在这一阶段，用户的使用频次、忠诚度等都是相对较高的，所以此时的内容运营以互动为主，通过拓展用户兴趣、用户圈层等方式加强用户之间的联系，同时搭建内容成长体系。

（4）衰退期。任何一款产品或者内容型平台都不可能永远让用户感兴趣，所以用户在成熟期之后必然进入衰退期。进入衰退期，内容运营人员需要拓宽用户兴趣边际，通过热门内容的推送来激发用户新的兴趣点。

（5）流失期。如果对用户新兴趣点的激发失败，那么必然导致用户流失。为了避免用户流失，需要分析用户流失的原因，根据不同的原因制定不同的召回方案，然后根据召回结果，进一步优化内容和机制等。

3．第三阶段：产品运营

内容运营的第三个阶段就是产品运营。如果说内容运营是做好一个方向的内容，那么这一阶段是要以"面"的思维去做好多个方向的内容，把内容当作桥梁去连接产品和用户；当然在实际工作中，这一阶段的很多工作会和内容运营相似，只是两者的出发点或者围绕的核心点不同，前者更偏向用户，而后者更偏向产品。产品运营基本上适用于所有内容型产品，就是依靠内容来驱动的产品，典型的有知乎、微博、小红书等。

（二）内容角度的产品演化路径

依靠内容驱动的产品，其演化路径基本可以分为四个阶段：冷启动、单品策略、多品策略和生态策略。

1. 冷启动

在这个阶段，关键需要确定三个问题。

（1）通过细分差异的内容，找到市场突破口，从而获得流量，如知乎深耕于问答社区，通过认真、专业的知识问答构建友善的社区氛围。

（2）明确内容生产机制是 PGC 还是 PUGC，抑或是 UGC，如喜马拉雅就是典型的 PUGC 模式，而优酷、抖音、小红书算是 UGC。

（3）确定内容的分发机制，即分类/推荐机制，典型的有"带标签的信息流"，如今日头条的信息流就是根据个性化推荐算法来进行内容的推送；另外还有分类专题，如喜马拉雅则是通过内容分类来让用户使用。

任何一款依靠内容驱动的内容型产品在冷启动阶段都需要思考清楚这三个问题。

2. 单品策略

在单品类内容下，通过获得核心竞争力和认知度来探索商业化路径。其内容的生产机制，不管最初是什么模式，最后都会逐步过渡到 UGC。在互联网强者越强的影响下，单品策略的产品其实并不多，毕竟为了满足用户的更多需求，任何内容型产品都在不断地拓宽自己的内容边界。即使是聚焦于某个行业的社区，也都演变成所谓的大单品策略，即通过聚焦领域的影响来增加社交、资讯等，以满足用户的需求，如很多小说网站都从原来的单纯更新网文延伸出了社交等功能。

3. 多品策略

在单品或多品的基础上，再进一步扩展覆盖品类并不断扩展内容边界，内容形式也从单一向多元化发展，如文字过渡至音频、视频等，从而加强用户体验、获取更多流量、扩大商业化价值。多品策略最核心的其实并不是品类的扩展，而是更多内容的整合；其 UGC 的内容生产机制必然带有一定的激励，通过用户激励从而打磨出高效、高品质的内容。

除了整合各类内容，多品策略的另一个关键点就是内容的分发机制。今日头条能发展到如今的规模，其最大的核心点就是其推荐机制，基于用户规模的扩大而不断增加的个性化算法推荐，让用户一打开 App 就能看到自己想看的内容。

4. 生态策略

所谓生态策略，就是让用户通过社区实现自生长，就好像一颗种子种下去，自己能够生长一般。再具体点，就是让用户在社区里可以实现交友、赚钱、购物、娱乐等。生态策略的核心就是要在用户之间建立关系链，对所有用户进行分层并实施不同的用户激励机制。另外，所谓的构建更丰富的商业化机制，其实就是利用产品机制来提高内容运营和用户运营的效率，最终构建完整的内容生产—消费—变现生态，如图 9-13 所示。

对于以上策略，很多时候未必只能选择一种很多大的内容型产品通常会在发展的不同阶段选择以不同的策略为主，因此，内容运营人员对这几个策略都应该有所了解并掌握。具体的工作方法就是找到潜在红利空间，首先占据身位，然后对标竞争对手，通过内容上的核心差异点，不断放大来进行对标打击；同时不间断地生产头部爆款内容，建立杠杆，放大势能，这就是构建内容竞争力的整体路径，打造新媒体产品运营的生态系统。

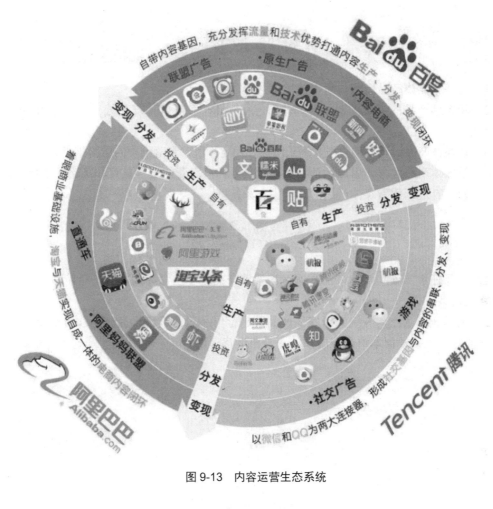

图 9-13 内容运营生态系统

---- 案 例 借 鉴 ----

小米有品 App 运营现状分析

---- 认 知 测 试 ----

问题拓探

1．列举新媒体产品运营与新媒体运营的异同点。
2．新媒体产品的生命周期如何划分？怎样判断一款新媒体产品处于其生命周期的哪一个阶段？
3．新媒体产品运营启动阶段、增长阶段、稳定阶段、衰落阶段的运营重点各是什么？
4．新媒体产品运营、用户运营、活动运营、内容运营的运营重点和策略各是什么？
5．如何打造一款新媒体产品的运营生态系统？

实践任务

1．选择任意一款新媒体产品为例，谈谈该产品处于生命周期的哪一个阶段，以及如何制定运营策略。
2．选择一家企业，围绕其新媒体产品链进行单品运营策略、多品运营策略或生态运营策略的分析，并根据本章内容的知识点给出运营建议。

第十章
新媒体产品项目迭代管理

> **问题导航**
>
> 无论是硬件产品还是软件产品，一款产品从最初的创意到实际展现在用户的面前，都要经历一个漫长而复杂的过程。但是，产品正式上线也不意味着万事大吉，还需要对初步完成的新媒体产品进行持续的优化与改进，这就是产品迭代。新媒体产品迭代的原则是什么？新媒体产品的版本号是如何确定的？数据在新媒体产品迭代的过程中扮演怎样的角色？人们每天使用的新媒体产品都是如何进行迭代的？上述问题正是本章学习的重点与难点，也是新媒体产品设计与项目管理中不可或缺的内容。

"迭代"一词的意思是更替，常用于计算机领域，指重复反馈过程的活动，其目的通常是逼近所需目标或结果。在新媒体产品设计与项目管理的过程中，产品迭代意味着对初步完成的新媒体产品进行持续的优化与改进。产品迭代是产品生命周期中非常重要的一环，好的产品迭代能够让产品结合市场、用户需求等因素实现进一步优化，达到延长产品生命周期的目的，甚至可使其成为一款优秀产品。

第一节 新媒体产品迭代概述

一、产品迭代的含义

无论是百度、新浪等搜索引擎和门户网站，还是手机淘宝、微信、今日头条等各类移动端 App 或小程序，人们在使用这些新媒体产品的过程中往往会碰到版本升级更新，更新之后的用户体验往往越来越好，这些越来越好的变化可能体现在很多方面，包括功能的完善、操作过程的流畅、页面设计的美观等，这种让新媒体产品全方位变得越来越好用的过程就称作产品迭代。

新媒体产品的出现可能源于某个想法，也可能源于公司某方面的资源，但不管是基于什么原因，最初出现的产品离真正的好产品都有很远的距离。好的产品之所以能够在能用、易用、好用的层次上不断发展，就是因为在功能可用但不完善的情况下，通过迭代优化产生的。正如乔布斯所说的，"用户其实不知道自己想要什么"，在产品上线之前所做的用户需求调研常常基于想象，真实的用户需求总是在用户使用产品的过程中才不断地被发现和满足的，用户总会有新的需求。产品经理需要明白，好产品不是从无到有地进行创造，而是从有到优地进行迭代。

任何一款产品的成功都离不开迭代，下面以苹果公司为例予以说明。对于一台电脑来说，如果没有操作系统，那么它就什么都不是，智能手机也一样。在 2007 年，苹果同时发布了 iPhone 手机和 iOS 系统，两款产品的配合在市场上取得了极大的成功，也在一定程度上改变了人们的生活。从产品设计与项目管理的视角回头审视苹果公司这款优秀产品发展至今的历程会发现，无论是 iPhone 手机，还是在背后提供支撑的 iOS 系统，都经过了多次迭代，一直在不断完善。自 iPhone 发布以来，已经进行了近二十次不同的迭代，在苹果的产品中，iPhone 的迭代策略非常典型：iPhone X 出现以前，始终保持着一年"数字更新"、一年"S 更新"的节奏。这一策略反映在具体的产品迭代上，就是一年对模具和设计进行改动、一年保持模具不变而主要对性能和功能进行改进。与之相对应的，iOS 系统也在不断完善。从 2007 年与第一代 iPhone 一并推出的以触控操作为核心的移动系统 iOS 1 开始，苹果持续为 iOS 系统增加新功能，如在 iOS 2 中加入 App Store、GPS 地图和邮件推送等功能、在 iOS 5 中加入苹果智能语音助手 Siri，后者极具代表性，被其他类似新媒体产品争相模仿。这些随着软件版本迭代而新增或优化的功能和硬件产品的迭代更新齐头并进，为用户的生活带来了更多便利（见图 10-1）。

图 10-1　从 iOS 1 到 iOS 5

与苹果公司类似，谷歌也提出了自己的迭代战略，就是"永远的 beta（测试）版"，强调产品没有完美，永远可以更好。而对于国内用户而言更加熟悉的小米公司，则基于产品迭代的理念，采取了"单点突破—试错—用户反馈负面口碑—再迭代—再试错—用户反馈正面口碑—顺势而为"的产品迭代模式，这一模式强调以用户为中心，据估计，小米产品迭代中所优化的约 80%的问题来源于用户的发现。

在互联网时代背景下，市场的不确定性与用户需求的多样化大大增强了新媒体产品设计的复杂性和风险性，产品迭代作为一种科学有效的方法，除了在国内外众多企业中得到有效实施，也受到了众多学者的广泛认可与研究。尤其是在互联网及新媒体行业，以"迭代思维"和"创新"相结合的"迭代创新模式"已逐渐发展为新媒体产品设计与项目管理的重要指导思想之一，影响着新媒体产品的生存和发展。这里所说的迭代创新与本章所指新媒体产品迭代不谋而合，即以满足用户需求为核心，根据用户体验的不断反馈，快速改进产品的过程。[1] 国外学者 Dong 等认为迭代创新是一个持续改进的过程，力求通过高效的多次迭代周期实现产品功能的螺旋式上升。[2]张腾、王迎军提出迭代创新过程不同于传统线性模式，包含了用户参与、快速试错和多次迭代的特点。[3]席涛、郑贤强则认为新媒体产品迭代应当包括微创新和快速迭代两个方面，微创新强调以用户思维为前提，目的在于改善用户体验；而快速迭代是指针对用户反馈意见以最快的速度进行调整。[4]结合上述学者的研究成果与企业的实践经验，本章将新媒体产品迭代定义为：产品经理和技术团队在一个产品上线之后，根据测试情况与用户反馈的综合考虑，通过反复的反馈、验证与衡量，对产品设计进行综合的增加、减少和优化，通过版本迭代，最终实现产品升级，优化用户体验，达到产品目标的过程。也就是说，产品迭代要求新媒体产品快速地适应不断变化的需求，不断推出新的版本满足或引领需求，永远快对手一步。

二、新媒体产品迭代方式

在新媒体产品设计与开发的过程中，面对市场的不确定性，以迭代创新为核心思想的产品设计与项目管理过程会首先向市场投入一个极简的原型产品[5]，通过多次用户体验，再根据用户反馈迭代改进产品。由此，新媒体产品迭代也是由原型产品开发、用户体验和迭代改进三个环节组成的（见图 10-2）。其中，原型产品是快速试错的初始条件工具，用

---

[1] 高锡荣，邓飞，高露. 迭代创新模式下互联网产品迭代改进点筛选研究——基于用户满意度体验[J]. 科学与管理，2018，38（4）：29-41.

[2] DONG B, SIVAKUMAR K, EVANS K R. Effect of Customer Participation on Service Outcomes: the Moderating Role of Participation Readiness[J]. Journal of Service Research, 2014, 18(2): 160-176.

[3] 张腾，王迎军. 迭代式创新的研究与实践发展[J]. 现代管理科学，2016（10）：100-102.

[4] 席涛，郑贤强. 大数据时代互联网产品的迭代创新设计方法研究[J]. 包装工程，2016，37（8）：1-5.

[5] 需要注意，此处所讲的"原型产品"与第八章所讲的"产品原型图"是不同概念。新媒体产品迭代最初投入市场的极简的原型产品是指最终目标产品的近似、验证性样本，它既可以是数字模型也可以是试验制成品。例如，小米公司在小米手机正式上线之前，通过米柚论坛投放、邀请网友参与测试与开发的 MIUI 系统最初版本就是典型的原型产品。

户体验是发现问题的方法手段，迭代改进是制定策略以实现进一步优化提升的目标过程。要对产品进行有效的迭代改进，就需要对用户满意度体验进行合理分析。在本书前置章节中，已经对于原型产品的设计与开发和用户需求分析与市场调研做了详尽的说明，本章着重介绍新媒体产品迭代中的迭代改进环节。

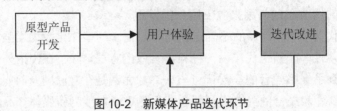

图 10-2　新媒体产品迭代环节

（一）迭代规划

在对产品进行迭代改进前，要进行合理的版本迭代规划，这样才能让产品经理在面对迭代改进时做到心中有数。对于新媒体产品迭代而言，优秀的迭代规划应该符合以下三个要求。

1. 规划的稳健性

稳健的意思是在进行新媒体产品迭代时，既不要过于激进，也不要过于消极。过于激进的产品迭代规划往往会导致产品的发展处于一种不稳定状态，具体来说，无论是在短期内进行多次产品迭代，还是在一次迭代中对产品功能改动过大，都势必导致开发周期延长或在正常开发周期内进度过赶，存在着未知变量增加等隐患，甚至导致在版本迭代过程中新版本不符合用户使用习惯、学习成本过高而损害用户体验的情况。反过来说，过于消极的迭代规划也是不可取的，会存在因需求量减少而造成资源闲置等问题。

产品迭代规划的稳健性取决于产品经理与项目经理两方面的统筹能力。作为产品经理，对团队资源要有前瞻性，既要充分考虑资源的现状，又要设想其未来发生改变的可能性。例如，开发人员的变动会相应地带来资源的增加或减少，产品经理需要认清这一点：进行新媒体产品迭代规划时，所拥有的资源并非长久稳固存在的，但对产品迭代的规划是可以趋于稳健的。

2. 规划的综合性

综合意味着多样化，主要包括两个方面的含义：第一，需求的来源是多样化的。也就是说，某一类用户对产品的需求减少或者用户对产品某一类功能的需求减少不会使产品迭代无计可施。第二，需求的组成结构也是多种多样的，各种产品迭代中所满足的需求带来的结果既有立竿见影型的，也有需经过时间考验的，这属于新媒体产品迭代的不可控因素之一。

要实现产品迭代规划的综合性，可采取金融投资中司空见惯的方法，即"不要把鸡蛋放在同一个篮子里"。例如，在投资时，一般专家会建议投资者在不同风险收益等级的理财产品中按照合理比例进行选择，同样的道理，在产品迭代规划中也应考虑各种需求的合理安排。倘若一个产品迭代规划中存在 70%甚至更高比例的实验型需求，需要大规模的开发资源才能实现，那么无论是对公司来说还是对产品经理个人来说，均是存在很高风险的。

3. 规划的可持续性

一个优秀的产品迭代规划不仅要服务于当下，还需要满足未来发展的需要，这就是可持续性。面对日新月异的新媒体产品，只有具备可持续性的产品迭代规划才是可靠的。仅满足于当下需求，缺乏对可持续性的考量，也许从短期来看没有问题，但经过版本的多次迭代，最终很容易被市场和用户所淘汰。

（二）迭代方法

完成产品迭代规划之后，如何进行新媒体产品的迭代更新？如何合理构建产品迭代中的各类需求？可以尝试采取以下方法。

1. 规划版本中的明确需求

所谓版本中的明确需求，要从新媒体产品迭代过程中当前版本的重心说起，这类需求往往是一个版本中的必选项，不管产品经理的主观意愿如何，它们都是需要去完成的需求。具体而言，这类需求常常是需求文档中优先级排在第一或第二的，如上级领导的要求、行业趋势或者团队共同确定的关于下一个版本的关键点。

以互联网医疗领域的诸多新媒体产品为例，如果对其每个版本的功能进行详细梳理，就会发现医改正是贯穿产品发展的一条主线。医疗行业市场空间大，却存在严重的信息不对称、效率低下等问题，而在其他传统产业具备提高效率、解决信息匹配价值的"互联网+"同样可以运用到医疗领域。2009年，国家启动新一轮医改，《中共中央国务院关于深化医药卫生体制改革的意见》指出"我国城乡和区域医疗卫生事业发展不平衡，资源配置不合理"，这是新医改要着重解决的一个问题。2010年开始，互联网加快向医疗领域渗透，挂号网、春雨医生、平安好医生等知名平台相继成立，主要功能则以在线挂号、轻问诊、医生工具等减少医患间信息差、帮助合理配置资源的环节为切入点。互联网医疗平台在这个阶段沉淀了医生和医院资源，成为此后迭代升级的基础。2015年，《国务院关于积极推进"互联网+"行动的指导意见》（国发〔2015〕40号）指出，互联网与经济社会各领域的融合发展进一步深化，发展基于互联网的医疗卫生服务。网络医院、云医院等互联网医疗场景应运而生，在挂号、轻问诊等的基础上前进一步，能在一定程度上解决患者看病买药的便利性问题。由挂号网转型而成的微医也是在2015年12月创办乌镇互联网医院，开创国内融合式创新医疗服务的先河。互联网医疗发展至今，无论是2019年国家卫生健康委、国家中医药管理局印发的《关于推进紧密型县域医疗卫生共同体建设的通知》（国卫基层函〔2019〕121号），还是《国务院关于实施健康中国行动的意见》（国发〔2019〕13号）与"健康中国"战略，都是上述互联网医疗领域新媒体产品的转型创新重要方向。而实际产品迭代升级过程中，为实现上述最终目的更新的个别功能，如医生与患者的在线即时通信功能、患者在平台挂号与购买药品的支付功能等正是典型的规划版本中的明确需求。

需要注意的是，虽然明确需求对产品迭代中的一个版本来说是相当关键的，甚至可能在极大程度上影响产品的下一步走势、决定产品的成功与否，但切勿因此贪多。实际的版本规划工作中，产品经理需要结合自身资源情况与产品发展阶段来决定，一般一个版本以1~3个实际需求为最佳。

2. 对可行的方向进行预测

规划好了版本中的明确需求，还需要对可行的迭代改进方向进行预测，这一点往往非常考验一个产品经理的预判能力。在新媒体产品迭代过程中，并非所有的需求都具有直观可视性，还有一部分需求是实践性的，要用一段时间来验证。也就是说，在确定这类需求时，产品经理经常凭借的是从业经验与个人直觉，而无法精准确定结果。因此，针对此类需求，最好交替安排在各个版本中或者作为关键需求安排在没有其他较大需求的版本中，数量同样不宜过多，两个以内为好。

3. 借鉴更优秀的产品设计

对于产品经理而言，如果忌惮迭代改进方向的风险，那么借鉴更优秀的产品设计则是一种事半功倍且不容易出错的方式。但所谓的借鉴，并非在同类型新媒体产品中原封不动地照搬，而是需要立足自身产品的特点，审视其他优秀产品的迭代更新路径，分析其迭代规划理由与迭代效果，从而给出更加适合自身产品甚至有所超越的方案。

美国跨境在线支付产品 PayPal 第一任营销总监埃里克·杰克逊在《支付战争：互联网金融创世纪》一书中讲到一个竞争对手 dotBank，当时后者不仅仅是在某些方面抄袭了 PayPal，它的服务功能甚至比 PayPal 还要好。dotBank 虽然没有适用于掌上电脑的软件，但是它有两个在线功能保障了它的增长前景：第一，账单功能可以使用户向第三方发送电子发票；第二，团体支付工具可以让用户立刻给好几个人发送账单并且追踪哪些人付了款。这种直观的方式帮助人们更容易支付会所的年费或者餐饮账单，从而使用户在与他人涉及金钱往来时轻松容易得多，同时这一过程会将潜在用户吸引到 dotBank 的网站中。竞争对手的强大使 PayPal 一度陷入恐慌，而 dotBank 的功能可以被复制，则是令产品经理稍感宽慰的事。PayPal 团队立刻行动起来，将原本规划靠后的版本需求提前，一周之内就在 PayPal 的网站上添加了与 dotBank 相似的功能。[①]

4. 对面世产品进行细节优化

新媒体产品迭代是一个持续改进的过程，因此在迭代过程中，除了那些更加明确、显著的需求，细节的优化同样重要。任何一款新媒体产品的任意一个版本面世之后，一定存在值得优化的地方，如一些交互点、前端设计等小细节。怎样去发现这些需要优化的小细节呢？可以通过三种方式。

首先，亲自体验肯定是最有效且最直接的办法，这就要求产品经理尽可能多地使用自己的产品，以用户视角，在使用的过程中发现值得改进的地方并及时记录。

其次，除了自己使用从而发现问题，观察其他用户的使用感受也很重要。这就需要产品经理在日常的使用场景下多去观察、留心一些小细节。例如，观察用户是怎样操作产品的、这些操作对用户而言是不是得心应手、可能存在哪些会让用户感到困惑的地方等。也许用户作为实际使用者，虽然觉得产品并非尽善尽美，却很难明确地说出哪里不对，作为产品经理，需要在观察的过程中以专业视角分析出问题所在。

最后，新媒体产品是基于互联网技术实现功能的，因此通过各类技术手段获取用户反

---

① 埃里克·杰克逊. 支付战争：互联网金融创世纪[M]. 徐彬，王晓，译. 北京：中信出版社，2015：49.

馈也是相对容易的，除了产品后台数据分析，如产品社群、产品公众号评论区以及微博、抖音等社交软件都是产品经理能够捕捉到用户信息反馈从而分析用户需求的工具。互联网环境下，产品经理需要多关注用户的留言，这对产品的迭代改进会有很大帮助。

对于产品经理而言，产品迭代是一项很重要的工作，需要跟进项目进度、协调团队资源。在进行新媒体产品迭代时，产品经理同样要做好项目管理工作，让所有项目相关人员对产品迭代时间、迭代内容、迭代状态有充足的把握，协调资源、做好配合，用项目过程文档对迭代路径进行跟踪，做好产品规划、版本控制和需求管理，确保迭代成功。

三、新媒体产品迭代版本

除了新媒体产品迭代的概念及其一般方法，作为一名产品经理，要合理展开产品迭代工作，还必须掌握新媒体产品迭代版本的概念。

（一）版本号命名规则

新媒体产品初始版本应该如何标注？新版本上线之后又该如何命名？2.3.9 之后再进行优化更新就是 2.4.0 吗？关注新媒体产品迭代的人一定会注意到，许多产品经理都会使用类似的一组数字来区分产品的不同版本，这就是所谓的新媒体产品版本号。不同的产品经理面对不同的项目时，对于版本号可能会有不同的命名规则，但每一种新媒体产品都有自己的习惯命名方式。

1. 新媒体软件产品版本号命名规则

新媒体软件产品命名方式较为统一，常见的版本号都是三段式的，即 X.Y.Z。X 表示大版本号，一般当产品出现重大更新，不再同旧版本兼容时，就会在 X 上加 1，而开发或测试阶段的 X 则为 0。每次 X 增加 1 时，后边的 Y 和 Z 就会清零。第二位的 Y 表示功能更新，与 X 的变动同理，当 Y 增加 1 时，后边的 Z 也会清零。最后的 Z 则表示小修改，例如，对当前版本当中的 bug 进行修复、对页面的布局做了修改调整等都会在 Z 上加 1，但要注意，当 Z 等于 10 时并不增加到 Y，而是将 X.Y.10 更新到 X.Y.11。

除了版本号，在新媒体产品迭代中对于迭代版本还有一些常用的表述，如 alpha 代表内部版本、beta 代表测试版、rc 代表即将作为正式版发布的版本等。

2. 新媒体硬件产品版本号命名规则

相较而言，新媒体硬件产品的版本命名规则更加多样化。直接面向消费者的新媒体硬件产品往往由开发该产品的公司依据行业习惯自行设计一套严谨的版本号命名规则。

以用户最熟悉的智能手机为例，不同品牌有不同的版本命名方式，如 iPhone 11 Pro、华为 Mate 20、nova 5 Pro，乍看眼花缭乱、不知所云，实际上，这种命名是有一定规律可循的，不同的字母、单词作为前缀或者后缀，对于手机品牌来说代表着不同的产品定位。手机前缀（形式包括数字、字母、单词等）代表各品牌不同手机产品线，如华为 Mate 为商务旗舰，P 为拍照旗舰，而麦芒则是主打与运营商合作的中低端产品线（见图 10-3）。

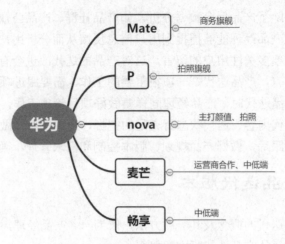

图 10-3 华为品牌手机产品线梳理

后缀中的 Pro、Plus、Max、S、A、C、T、SE 等代表相应产品线中的不同型号。例如，Pro 可以称作"专业版"或"顶配版"，是目前各大手机厂商最爱用的后缀，表示更强大、定位更高，一般是各个产品线最顶尖的机型，带有部分新科技。而 SE 则为特别版，经常用于在基础版的基础上改进为小屏幕的版本。

对于更加专业化、工业化的新媒体硬件产品，如智能操作系统、智能家居等，开发该产品的公司在设计命名规则时同样会参考传统行业工业设计领域已经成型的命名规范，如《中华人民共和国国家军用标准》中的《产品标识和可追溯性要求》（GJB 726A—2004）。

（二）版本目标确定

作为一名产品经理，在日常工作中常常会面对来自四面八方的需求，每个提出需求的人都希望自己的需求能够尽快得到满足，但产品团队具备的开发资源是有限的，这就会让产品经理陷入进退两难的局面。面对这种情况，确定需求的优先级成为非常重要的工作。要合理确定需求的优先级，产品经理就需要尽可能地明确每一次迭代改进的版本目标，同时为产品团队树立共同目标。

关于产品生命周期与用户增长的 AARRR 模型[①]有助于帮助产品经理确定版本目标，这个模型将产品生命周期的发展分成五个阶段，即获取用户（acquisition）、激活用户（activation）、提高留存（retention）、获取收入（revenue）和自传播（referral），这种划分方式适用于绝大多数产品（见图 10-4）。

具体来说，这里的获取用户是指用户如何发现并接触产品，激活用户是指关注用户的第一次使用体验，提高留存是指评估用户是否会重复使用产品，获取收入是指分析产品怎样通过用户赚钱，自传播则是看用户是否愿意将产品推荐给其他用户。这五个阶段相互依

---

① AARRR 模型又称海盗模型，是一种以用户为中心的着眼于转化率的漏斗型分析模型。该模型有两个要点：第一是以用户为中心，以完整的用户生命周期为线索；第二是把握产品整体的投入产出关系，用户生命周期价值如果大于用户获取成本和用户经营成本之和，就意味着产品的成功。

托形成循环,也将产品的整体目标分成了五个部分。那么,AARRR 模型对于新媒体产品迭代的版本目标确定有什么样的指导作用呢?

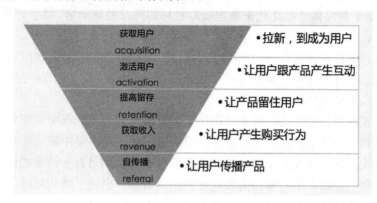

图 10-4　AARRR 模型

　　成功的产品迭代往往有两个特征,即没有脱离用户的需求和没有脱离数据的迭代。而 AARRR 模型正是以用户为中心的用数据说话的模型。例如,获取用户实际就是运营中常常说到的拉新,以用户的注册、下载、关注等行为数据作为考量指标。而从产品迭代的版本目标来看,若产品正处于上线之初,那一定避不开这个环节,因此产品经理要在满足了核心功能后,重点关注并优化用户的注册路径,甚至通过技术手段不断获取数据优化需求。回想最初新浪微博的注册流程,用户需要在第一次注册时完成绑定手机号和身份证号码、输入账号和密码、设置密保邮箱等非常多的步骤,当时的产品经理在后台数据中发现,因为步骤的烦琐导致不少用户在注册到一半的情况下就跳出了页面。随着版本的不断迭代,再去注册新浪微博,只需要输入账号和密码即可,等到用户形成使用习惯、涉及核心功能时,才会提示绑定手机号和身份证号码等相关信息。这种功能的迭代优化显然让获取用户变得更容易了。

　　同样的道理,AARRR 模型中的激活用户也可以理解为运营中常说的促活,一般以用户的在线时长、与其他用户的互动频次等数据来考量。激活用户在获取用户之后,对于以内容为核心的社区类产品格外重要,甚至对产品的未来发展有着长远的影响,这一阶段产品迭代的版本目标就是提升初期用户的活跃度。

　　在这里可以思考一个问题,一款产品上线了一个月时,运营部门提出一个通过用户签到获得奖励的需求并要求在一周内上线,作为面对诸多不同需求的产品经理,是否应该按照上述要求将这一需求列入产品迭代计划?结合 AARRR 模型划分的阶段与版本目标确定可以知道,新产品上线一个月左右时,大多仍处于模型中的获取用户阶段,运营重心相应地应当放在拉新上,而签到功能在更多情况下有助于提升用户留存,对于拉新的效果并不明显,因此在这一阶段并非版本目标中的重点,在开发资源有限的情况下理应为其他需求做出让步。

　　提高留存阶段处于获取用户阶段的拉新取得一定成果且这些新用户的激活基本稳定之后。通俗地说,可以理解为在经过一段时间后有多少用户留下来。一般以月、周、日的时间维度中仍然使用产品的用户数量作为考量。获取收入阶段则要放在前三个阶段均取得显著进展、产品具备一定用户基数与用户黏性时，一般情况下可以将获取收入理解为产品变现，但对于基于新媒体产品迭代来确定版本目标的产品经理而言，除了开发方获得收入，这一阶段也要思考用户所获得的利益，才能确保产品在迭代改进过程中长远稳健发展。最后就是激发用户的自发传播行为，让用户向身边的亲朋好友推荐他所使用的产品，拼多多就是采取了拼团模式下让用户获取折扣和优惠的方式，激发用户将产品分享给身边人的动机，加强了产品本身的传播性和用户贡献度。

在版本开发前，计划好这一版本要做什么，能够帮助产品经理明确需要多少资源、多长时间来完成这次的计划；在版本开发时，明确这一版本需要集中解决哪些问题、达成什么样的目标会让产品经理及整个产品团队的工作拥有共同的目标和清晰的侧重点；而在版本开发后，明确上一版本中有哪些需要重点关注的数据、出现了哪些问题，对于产品经理验证需求有很大的帮助。总而言之，合理确定版本需求能够保证新媒体产品迭代的合理性与可靠性，也能够帮助产品经理对大部分功能的优先级心中有数。

第二节 新媒体产品迭代原则

一、用户需求驱动

在产品发展的不同阶段，产品迭代的目的是不同的，要在产品生命周期中阶段性地完成产品目标，让产品能更好地适应环境变化。但无论是从 0 到 1 还是从 1 到 100，无论处于哪一个阶段，新媒体产品迭代的根本目的都是提高每个迭代周期的效率，让产品快速响应市场需求。因此，新媒体产品迭代必须围绕用户的核心需求，即用户的痛点是什么、使用的场景是什么、需要解决什么问题，基于充分的市场研究，再做出系统、有效的分析，让产品优势与市场机会相契合并提出针对性解决方案。

例如，汽车这款产品所面对的核心需求就是解决用户的出行问题，面对这一核心需求，汽车只是一个表现形式而已，滑板、自行车也是可以满足这一需求的，只是对应的用户群体与使用场景不同。站在产品设计与开发的角度分析，造车的成本与难度一定比造滑板大，若是在前期就花很长时间去打造一辆汽车，却忘记验证核心用户需求，即用户是否需要一辆汽车来解决出行问题，就很容易导致汽车造出来市场却变化了的结果。更加正确的方式应当是，专注于核心用户需求，依据用户需求的变化，从滑板开始，到后续的自行车、汽车，持续满足用户需求，解决用户的出行问题（见图 10-5）。[1]新媒体产品的迭代也是一样，首先要遵循用户需求驱动的原则，从用户角度出发。

---

[1] 硅谷创业家埃里克·莱斯在著作《精益创业》中所提到的"最小化可行性产品"理论，把产品做到"自我感觉完美"了再推出和推出产品后根据用户喜好修改到让用户感觉"完美"，后者带来的优势是巨大的。这一理论常被应用于商业创新。

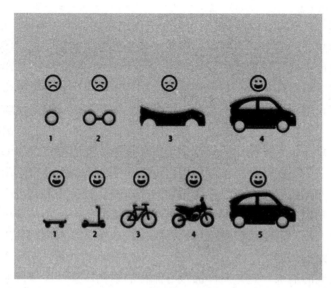

图 10-5　产品迭代路径与用户需求

确立了用户需求驱动的原则，下面从用户本身和用户需求两个方面来分析产品迭代。

(一) 用户本身

对于一个产品而言，用户是分层的。简单来讲，用户可以分成种子用户、主流用户、普通用户三大类。其中，种子用户也可以理解为潜在用户，即对产品感兴趣但尚未对产品产生忠诚度的用户。主流用户则是当前使用产品的用户中黏性较强、忠诚度较高的核心用户，这一用户群体往往对产品具备较强的消费意愿与推广意愿且对当前产品存在的问题有较强的包容性。普通用户，顾名思义，就是愿意使用产品但对于产品缺乏满足使用需求以外的连接，在产品使用体验不佳或产品不能再满足需求时，比较容易被同类型竞品吸引而离开，这一类型的用户在全部用户中占绝大多数。

在实际工作中，可以通过调查问卷、客户反馈、客户访谈等渠道获取来自以上三类用户的需求。汇集的需求往往比较多，那优先满足哪类用户的需求就是产品经理需要考虑的问题了。这里需要结合产品所处的阶段来思考这个问题。如果产品刚刚上线，还处于成长阶段，产品目标是不断获取新的用户。在此目标下，种子用户的价值是最大的，因此种子用户的需求是要优先满足的，具体表现可能是产品不断推出新功能。如果产品已经具有了一定的用户规模，产品目标是提升用户留存率和活跃度。在此目标下，普通用户的需求是需要优先满足的，具体表现可能是着力提升功能和优化用户体验。

事实上，仅仅确定了优先满足哪类用户需求是不够的，还需要进一步确定需求的优先级。因为在实际工作中，公司的资源不一定能支撑同时开发多个需求。如果不确定需求的优先级，很有可能严重拖长项目开发周期，导致产品迟迟不能上线。

(二) 用户需求

那怎么确定需求的优先级呢？在回答这个问题之前，我们还有一个工作需要做，那就是给需求分类。

第四章中介绍过的 KANO 模型常常用来作为用户需求分类的借鉴，概括地讲，模型中涉及的基本型需求、期望型需求和兴奋型需求就是最常见的用户需求类型，不同类型的需求会对用户满意度造成不同的影响。

其中，基本型需求是满足用户基本使用的、产品理所应当必须要具备的属性，当这类需求没有被满足时，用户会对产品乃至其提供者产生强烈不满。期望型需求是用户希望产品实现的需求，相较而言，这类需求对于用户而言并非必需的，但若产品能够在某些方面满足这类期望，用户会认为产品比同类竞争者更加优秀，期望型需求的满足程度与用户满意度呈现正相关的关系。兴奋型需求则是用户没有想到的，是产品带给用户的惊喜，满足这类需求的功能在产品的日常使用中经常被用户所忽略，被认为可有可无，甚至用户本身并不能注意到这种功能所带来的满足，因此当用户享受到了产品所给予的兴奋型需求满足，就会极大地提升用户满意度、增强用户黏性。按此定义，对用户需求进行梳理分类，然后再来思考优先级的问题。

首先，优先实现的需求一定是对产品核心流程的强化，其目标是最大程度地满足用户的基本型需求，提升产品的核心竞争力。其次，优先实现的需求一定是和商业目标相契合的。例如，当前产品的商业目标是占据市场份额，那么优先满足期望型需求，使用户认为产品优于市场其他竞争者就能够取得较好的效果；产品的商业目标是针对主流用户实现商业变现，则应当通过合理的用户调研与分析，挖掘主流用户的兴奋型需求，进一步提升用户满意度与黏性并针对实现该类需求的功能寻求变现的可能。虽然我们强调用户需求驱动的迭代原则，但最终目标还要落实到商业目标上，这样才能保证产品的可持续发展。最后，优先实现的需求一定是公司资源的最优分配，再好的需求，也需要真正上线了才能发挥价值，而这都取决于如何调配公司现有资源。

二、合理的迭代频率

正如新媒体产品的迭代要结合用户类型和用户需求来思考一样，合理的迭代频率也是为了保证产品在不同生命周期更好地满足用户核心需求。因此在确定迭代频率时，也要从用户的角度出发。

产品的生命周期可以分为启动期、成长期、成熟期和衰退期。

（一）启动期

在启动期，对于产品而言，最重要的核心用户是种子用户，他们最大的特征是忠诚度不高，但有很强的好奇心。面对这类用户，新媒体产品迭代过程中要做的就是验证产品功能是否符合市场需求以及在市场需求验证成立之后进行拉新，尽可能多地积累目标用户。其中，对于产品功能与市场需求的匹配度是基础，如果市场中根本没有相应的需求或者市场中有需求，但产品在迭代过程中所添加的功能满足不了这种需求，那么即使成长期能够成功拉新，也无法实现有效的留存。因此，这个阶段的新媒体产品迭代适合小步快跑，产品迭代改进是一个版本接着一个版本进行的，一两周就推出一个版本，不断开发新功能，优化体验，核心是快，并且主要围绕产品的主要功能展开。

例如，微信早期的产品迭代策略就是如此，马化腾曾经在一次采访中提到，腾讯当时为了应对雷军率领的米聊在即时社交领域的侵袭，很多内部团队都在做移动社交项目，深圳总部至少也有两个团队在做相似的研发，可深圳团队忌惮新产品的功能与QQ有太多的相似性，始终缩手缩脚，这让张小龙负责的广州团队的微信异军突起。实际上，当时张小龙团队做出来的微信后台就是邮件系统，只不过快到让用户感觉是在进行即时通信，由此可见，在启动期进行产品迭代的主要目的就是完成产品核心功能、尽快上线、验证市场需求。

（二）成长期

强调快为核心，不代表可以完全忽略质量，在满足用户需求的基础上形成功能闭环也是非常重要的。在基础市场需求被验证成立之后，产品在市场中进入成长期，这个阶段除了尽可能地拉新目标用户，还需要通过产品迭代优化用户体验，这样才能形成口碑传播、吸引更多用户。所谓的用户体验，就是要超出用户预期，让用户觉得产品比同类竞争者好用，从而介绍给身边的朋友。很多成长期的产品没有花费大量的金钱进行传播，却有爆发性增长，就是通过这种途径实现的。例如，墨迹天气和早期的快手都是优化用户体验，在某个体验点上给用户带来惊喜，然后又和社交场景打通，如微信、微博、QQ、论坛等，从而导致它的产品有爆发性增长的。

前面说到的微信也是一样，尽管米聊和微信在上线之初都是以手机通信为基础、实时对讲为特色，可在后面的版本中微信便开始寻找新的突破口，打造与其他社交工具有差异的功能。在产品迭代的过程中，微信比米聊更能抓住用户的痛点，从2.0版本开始，微信陆续开发了附近的人、摇一摇、漂流瓶等功能以及随后加入的朋友圈、微信红包等，把米聊狠狠地甩在了后头。

成长期的新媒体产品迭代一般以周或者月为周期做版本迭代计划，如两周一个小版本、四周一个大版本、紧急功能走加急版本。在实际工作中，产品经理往往会提前一个月做出规划，即在当前版本的实施阶段，开始做下一个版本的迭代计划，这样交替迭代可以在当前版本上线后，充分利用等待开发和测试当前产品需求时被闲置的空窗期。

（三）成熟期

成熟期的产品发展进入稳定阶段，产品功能和用户规模逐渐成形，这个时候的产品很难再获得突破性增长。这个阶段最重要的用户是主流用户，他们更加注重产品的体验和稳定性，同时最重要的目标则是保持活跃和创造营收。因此在成熟期，新媒体产品迭代可以以稳为主，就像公司发展到一定阶段后求稳而不求快一样。具体来说，成熟期的迭代频率适合大小结合，即以小步快跑的节奏完成小需求，如某些既有功能的优化、产品bug的修复以及配合运营活动添加的临时性功能等；以定期的节奏做大需求，如新模块的添加、产品UI设计的改版等，需要注意的是，大需求的时间周期不能太短，一般保持在一年2~3次。

（四）衰退期

人有生老病死，产品也有成熟衰落。每个产品的生命周期都是有限的，随着产品在市场中的成熟发展，最终会走上由盛转衰的道路，逐渐进入衰退期。衰退可能是大势所趋，历史潮流滚滚向前，无法阻止，这个时候就要积极创新，寻求转型的新机会；有的时候，衰退可能是因为产品自身存在问题，那么就要积极研究竞品，对流失的用户进行调研，通过优化改版挽回颓势。但总体而言，衰退期最重要的用户是相对"固执"的主流用户，这类用户不会轻易更换已经形成使用习惯的产品，可以说只要当前的产品还能满足他们的需求且使用体验有保障，他们就不会轻易放弃这一产品。因此在这个阶段，新媒体产品迭代是相对慢节奏的小需求迭代，迭代频率可以保持在一个月一次左右。除非是基于对市场的精准判断而采取的创新转型策略，否则切忌在产品迭代中对现有功能与产品形式做较大的改变，因为这种改变一定会在极大程度上损害"固执"的主流用户的使用体验。

三、用数据驱动产品迭代

在新媒体产品迭代的过程中，出于种种原因，负责制订迭代计划的产品经理会天然地带有主观性，适度的、经验积累基础上的感性与主观性能够打造出不俗的产品亮点，过度主观则会给产品与用户造成不小的损害。那么在产品迭代时，该如何降低主观性所带来的损害呢？借助数据是一种不错的方法，因为数据不会撒谎。当下，利用数据驱动新媒体产品迭代已经逐步成为业界的一个共识，原因就是依据用户行为数据、事件数据，借助漏斗分析等分析方法，让迭代效果变得更有确定性的效果显著，有效地弥补了单纯凭借产品经理自身经验进行产品设计与迭代方案制定时效率低、成本高的问题。

一般来说，数据驱动新媒体产品迭代可以分为发现问题、提出假设、确定评估指标、增加埋点、分析数据结果五个方面。

（一）发现问题

新媒体产品迭代必须围绕用户的核心需求，基于充分的市场研究，再做出系统、有效的分析，让产品优势与市场机会相契合并提出针对性解决方案。要实现这一点，第一步就是要发现现有产品存在的问题。从数据驱动的角度来看，一般有两种问题，即用户侧的问题与产品侧的问题。其中，用户侧应该是最主要的问题来源，即来源于用户的，经过市场验证后的声音，如用户反馈、用户调研和问卷所收集到的数据资料等；而产品侧相比用户侧的问题会少一点，但也同样重要。

在新媒体产品迭代的过程中，产品经理要注意从产品侧主动发现问题。正如前文所说的，"用户其实不知道自己想要什么"，用户调研过程中所获得的数据未必绝对真实可靠，而用户实际使用过程中在数据库留下的一系列行动轨迹能够帮助产品经理发现那些言行不一的地方，从而更加准确地发现当前产品的问题，甚至有可能颠覆对于用户的认知。

例如，对于负责一款电子商务平台的产品经理而言，可以很容易地从后台获取的用户数据包括商品列表页浏览量、商品详情页浏览量、商品下单页浏览量以及实际下单成功页用户的数量，通过这一系列数据就可以对平台转化率进行分析（见图10-6）。

平台转化率为从上一页面转化来的用户数量与上一页面用户数量的比值。以图10-6中数据为例，可以看到比起其他环节，从商品详情页跳转到商品下单页这个环节的用户数量大幅下降，远低于其他环节的转化率。用户为什么进了详情页之后就走了呢？这就是通过产品侧数据所发现的问题。

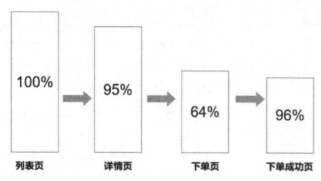

图 10-6　电子商务平台转化率漏斗

（二）提出假设

在这个阶段，无论是用户侧还是产品侧，能看到的都是问题表象，想要通过新媒体产品迭代解决问题，还需要找到问题背后可能的原因，然后据此提出针对性解决方案。仍以图 10-6 的例子来说明，就需要定位问题原因，提出假设。例如，经过分析，产品经理认为当前商品详情页的页面布局过于强调商品注意事项，反而导致用户无法感受到商品价值。提出相应假设，就能够给出对应解决方案，即优化页面布局、突出商品价值、弱化注意事项，让用户放下戒备放心购买。

（三）确定评估指标

通过既有数据发现问题并且提出假设之后，产品经理就能通过一系列产品迭代，围绕上述分析所得的问题与假设，给出解决方案。而实际执行过程中，对于这一解决方案究竟能否取得理想中的效果，需要通过确定评估指标，以数据来验证。

数据驱动新媒体产品迭代的常用评估指标包括北极星指标、方向指标、负面指标、行为指标等。北极星指标属于公司战略级指标，一般由企业管理层或产品高层制定，是长期目标，轻易不会变动。方向指标与负面指标都是项目中的关键指标，前者用来衡量问题的解决程度，与北极星指标正相关，也就是与产品大体目标一致，考察对用户问题的解决程度，提升产品效用；后者则用来衡量为了解决问题而带来的负面影响程度，与北极星指标负相关，与产品大体目标相悖，会降低产品效用。针对负面指标，要提前设定好能接受的最大范围，即为了解决问题而带来的负面影响大到什么程度时是不能接受的。相对而言，行为指标属于非必需指标，是指某个页面的访问次数、按钮的点击率等用户行为数据，常常用来分析行为背后的原因，不适合作为关键衡量指标。在实际新媒体产品迭代的过程中，通常用来衡量新版本上线效果的是方向指标和负面指标，北极星指标起到方向性作用，保证产品的大方向不会错，行为指标则用来分析问题原因。

在图 10-6 的例子中，使用方向指标与负面指标来衡量解决商品详情页跳转到商品下单页转化率过低这一问题，也就是说方向指标是转化率提升了多少，而负面指标则是为了提升转化率而造成的负面影响有多大。例如，优化方案中为了提升转化率，在调整商品详情页的页面布局时放大产品价值、弱化注意事项可能会误导用户冲动消费，从而导致退货率上升，那么针对退货率而言能够接受的最大上升程度就是这里所说的负面指标。

（四）增加埋点

确定评估指标之后，就需要通过数据埋点这一技术手段取得实际数据以对指标进行验证。数据埋点是数据驱动新媒体产品迭代的技术基础，指的是对于所有功能点的使用情况进行监控，进而了解用户的真实使用行为。每一次产品迭代都需要增加一份数据埋点与之对应，在完成产品功能的实现的同时加入数据埋点方案。

1. 有的放矢地优化迭代计划

产品经理通常会面临很多的迭代需求，如营收转化相关需求、新增注册相关需求、用户体验相关需求、紧急缺陷修复相关需求等。在制订迭代计划时，需要对这些需求进行选择和评估。不同新媒体产品所面临的产品发展周期和产品策略都会影响需求实现的优先级，但不管处于怎样的情况，都有一个确定的原则，就是优先迭代用户使用最多的功能点。数据埋点可以帮助产品经理对产品所有功能点的使用情况进行监控，进而从诸多迭代需求中找到真正需要发力的重点。

2. 一针见血地定位产品问题

前文的例子中，针对商品详情页到商品下单页转化率低的情况做出了商品详情页页面布局存在问题的假设，进而围绕这一假设制订接下来的迭代计划。但在实际的新媒体产品迭代过程中，常常无法在第一时间精准判断问题所在，如到底是商品不好卖还是商品展示页做得不好？抑或是因为购物流程不够顺畅，引导购买决策不足？针对这一情况带来的困扰，数据埋点与数据分析可以帮助产品经理一针见血地判断出问题所在，进而通过迭代改进完成产品功能优化。

例如，针对在当前商品详情页到商品下单页转化率低的情况，产品经理质疑商品详情页的页面布局，认为商品展示及购买流程存在问题。但通过数据对比发现，同样的页面布局下，用户选择了其他商品进行购买且转化率在正常范围。这就说明获客流程、商品购买流程都没有问题，迭代改进时应当优化该商品的质量和宣传物料，进而提升实际购买转化率。

3. 实事求是地评估迭代效果

每一次的新媒体产品迭代都应该有自己的产品目标，那么基于产品目标的完成程度，如何衡量产品迭代的效果究竟是好还是差呢？数据埋点可以帮助产品经理获取相关数据，确定经过迭代之后，相应功能点的点击量是不是增加了、用户负面反馈是不是减少了，很好地对应到前期设置好的评估指标上，尤其是方向指标与负面指标，把迭代前和迭代后的数据放在一起进行对比，就可以更加实事求是地、以量化的评估方式分析出这次迭代的效果了。

（五）分析数据结果

通过数据发现问题、提出假设，针对假设中产品存在的具体问题完成新媒体产品迭代并且获取了相应的评估指标与实际数据之后，最终需要做的就是对数据结果进行分析，合理评估产品迭代的实际效果，以便及时对下一步的迭代计划进行调整，更好地完善产品功能与使用体验，满足用户需求。

总而言之，用数据驱动新媒体产品迭代有助于产品经理寻找当前产品中可能存在问题的功能并验证改版之后的产品是否合理以及新的转化路径是否可靠等。

第三节　新媒体产品迭代管理

　　由于只有快速对不断变化的用户需求做出及时反应，才能够适应甚至引领需求，在"小步快跑，快速迭代"的移动互联网时代，所有人都希望在迭代速度上取得优势，第一时间抢占用户。但许多产品经理可能会因此而忽略甚至跳过一些应有的流程，一味求快，使得产品的版本迭代效果大打折扣。在日常工作中，产品经理不仅需要参与产品规划、开发到发布的全过程，还要负责处理突发情况、协调团队资源等。合理流程和快速迭代之间并不矛盾，遵循一个规范化迭代流程能够让团队成员达成统一认知、加强时间观念，从而提高迭代质量和迭代效率，保证项目顺利进行。

　　一个较为完整的新媒体产品迭代流程应该包括版本规划、需求评审、工期评估、开发测试、验收和发布等阶段（见图10-7）。

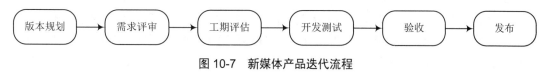

图10-7　新媒体产品迭代流程

一、版本规划阶段

　　如果把一款新媒体产品比作火车，那么产品的总体定位就是火车头，就像控制方向的驾驶员一样，产品经理也需要保证产品迭代过程中方向明确。提前做好规划是保证新媒体产品迭代方向明确、开发节奏有条不紊的前提。

　　合理的迭代节奏要求产品经理的规划比当前开发进度提前1～2个版本。这样做的好处，一方面是让团队成员知道下一步具体应该做什么，有助于开发人员提前考虑代码框架，避免后期返工；另一方面是可以快速开启下一版本迭代，同时提高项目的可控程度。在版本规划阶段，需要明确版本目的、完成哪些需求、具体怎么实现，通过团队内部讨论确认一致，避免方向性错误。这个阶段的重点在于围绕迭代目标进行需求筛选和真伪判断并按优先级进行排序，同时注意合理规划需求量，避免迭代周期太短或者过长。具体的规划方式与原则前文已有介绍，此处不再赘述。

二、需求评审阶段

　　梳理好迭代需求后，就进入需求评审阶段，工作主要分为两部分：需求确认和原型评审。

（一）需求确认

　　需求确认的目的是通过团队内部讨论新媒体产品迭代方案的合理性和可行性，及时发现问题，避免返工修改。如果时间比较紧，不方便召集团队集体讨论，就需要在版本规划阶段主动联系对接人员进行讨论确认。

（二）原型评审

方案通过后，开始绘制产品原型并召开原型评审会议。评审会议上需要明确版本目的，先讲为什么，再讲怎么做，让每一位成员都能对版本需求有较为全面的理解，减少后续的不必要沟通。对于功能复杂或在原版本基础上改动比较大的版本，在初次评审后，往往会发现较多的问题，需要会后重新确认和修改方案，进行二次评审。产品经理在这一阶段要做的是认真考虑多方意见，给出一个尽可能合理、完善的方案。

三、工期评估阶段

在需求评审通过后，一般会安排半天到一天用于评估工期。这一阶段需要评估的时间节点包括设计、开发、测试、验收和发布，如果新媒体产品的用户涉及海外市场，还需要评估文案翻译及润色所需的时间。

产品经理基于评估结果对各环节所需时间进行汇总，同时基于迭代节奏协调开发部门的时间和需求量，确认最终的需求和各个时间节点并同步给整个团队。最终需求确认之后，就可以创建当前版本的需求池并分配对应的开发人员和所需开发时间，在这个环节常常会使用第三方产品迭代管理平台进行需求管理、状态流转和进度跟踪。如有必要，产品经理还需要维护一份版本迭代文档，记录本次新媒体产品迭代相关信息，方便后续回溯。文档内容一般包括各对接人员、版本需求、相关文档（原型、需求文档、埋点、翻译文案、设计稿等）及各个时间节点。

四、开发测试阶段

确认工期后，正式进入新媒体产品迭代开发周期，测试人员开始准备测试所需方案并召集开发人员和产品经理一同讨论，确认对需求理解无误。另外，涉及海外市场时，在这一阶段，产品经理或开发人员还需要将该版本新增文案按照规定格式整理好，递交翻译。

到这一步，产品经理在前期的主要工作已经基本完成，但作为新媒体产品迭代最重要的环节，产品经理仍旧需要全程跟进，保证需求按时、按要求实现，及时发现问题并协调处理。在理想状态下，产品迭代开发测试阶段应当是在正式开发前先完成新版本设计稿，保证实际开发进度，但真实情况往往不可控，需要在资源和时间的协调上做出让步。比较折中的方法是按照优先级先完成部分页面设计，剩下的与开发协同进行。等到本次产品迭代的新版本进入测试环节后，产品经理需要跟进功能完成情况和此前版本中存在的问题修复情况，判断没有完成的功能是进一步完善还是规划到下一个版本。最后，着手准备版本更新日志，为正式发布做准备。

五、验收阶段

在实际的新媒体产品迭代实践过程中，验收阶段常常被忽略，许多产品经理认为测试通过就可以发布新版本了。事实上，产品验收是保证产品交付质量的重要阶段。因此，在测试完毕后，一般需要预留 1~2 天对新版本进行验收，确保需求按要求实现，在这一阶段中，设计人员需要进行视觉还原，保证正式上线版本的视觉效果。

六、发布阶段

在发布阶段，开发人员对验收阶段中发现的问题进行最终完善后，提交发布包，进行一轮回归测试，由产品经理审核通过，即可与相关运营人员进行对接，发布新版本。版本发布后，一般情况下还需要对正式上线的新版本进行一轮测试，验证没有问题则向用户推送版本升级通知。另外，产品经理需要整理更新日志和发布结果并同步给团队成员，整理上一版本遗留问题，进行版本复盘，准备后续效果评估及下一版本迭代工作。

在进行新媒体产品迭代时，团队内部拥有一套规范的流程能够避免很多不必要的错误。但新媒体产品具有多样性和独特性，在整体步骤的基础上，没有一套流程可以在所有细节中适用于所有产品，因此在进行产品迭代时，不能为了规范流程而规范流程，而是需要产品经理根据自身产品的特殊情况灵活调整，设计出适合产品当前阶段、经得起团队验证的合理流程。

第四节　新媒体产品迭代案例

一、案例1：微信的版本迭代与变迁

如果要选出一款与人们生活息息相关的新媒体产品，微信一定榜上有名，甚至许多人的生活已经不能离开微信了。2021 年 1 月的微信公开课中，腾讯公司高级执行副总裁、微信事业群总裁张小龙分享了一组数据，如今每天有 10.9 亿用户打开微信、3.3 亿用户使用微信进行视频通话、7.8 亿用户进入朋友圈、3.6 亿用户阅读公众号文章、4 亿用户使用微信小程序。从最早的通信工具到后来的社交平台，再到现在的移动生活场景，可以说，过去这些年，微信取得了惊人的成绩。

站在新媒体产品迭代的视角来看，微信的成功同样是一个迭代的过程。作为产品经理，应当能够从微信的迭代过程中学习一款产品是如何一步一步从免费的信息工具成长成为生态化社交平台的"神话"。微信发展至今经历了上百次迭代，其中奠定了微信移动互联网即时通信类应用霸主地位的重要版本迭代可以大致概括为以下 6 次。

(一) 1.0 时代：不起眼的微信，免费的图文聊天工具

如今回头去看，微信的 1.0 版本就是一个在熟人之间免费发送文本和图片信息的聊天工具，需要通过腾讯 QQ 或者 QQ 邮箱账号密码登录，再设置一个微信号（见图 10-8）。

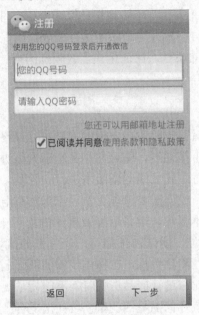

图 10-8 微信 1.0 注册界面

2010 年，腾讯 QQ 的注册用户已达 10 亿，同时在线用户数突破 1 亿，庞大的既有用户群让微信一出生就具备了得天独厚的优势。但微信的第一个版本并没有复制 QQ 成熟的基因，而是只保留了最基本的社交功能，甚至不能发送表情。如此简单的功能设置也许曾让许多腾讯的老用户感到失望，但这也正符合微信最初的定位——做一款移动即时通信软件，也为产品的后续发展留下了很大的想象空间。

从这个最简单的版本开始，微信逐渐在搭好的框架上进行内容填充。例如，在 1.1 版本中添加多人会话功能，1.2 版本支持聊天时插入表情和修改好友备注、添加黑名单等。为什么要先添加多人会话功能而不是语音或者其他功能呢？当时的微信与以 QQ 为代表的其他即时聊天软件不同，腾讯借助 QQ 已经建立起了一种与陌生人交友的社交方式，而微信的出现则给 QQ 的用户开辟了另一片空间，在这里用户可以筛选已有的好友，只将熟识的人添加进微信，像面对面一样聊天。也就是说，微信是基于已有圈子的熟人社交，多人会话就可以帮助用户快速地建立起熟人圈子。

(二) 2.0 时代：语音对讲，从熟人到陌生人

2011 年 5 月 10 日，微信正式上线后 5 个月，发布了 2.0 版本。在这一版本中，首先发布的就是语音对讲功能并陆续增加了好友验证、查看附近的人等功能。这个阶段的微信已经在有意识地向移动互联网伸出触角，开始探索起智能手机风潮下人们的行为和生活变化。

语音对讲功能可以说是微信发展的一个里程碑，充分发挥了智能手机移动端区别于PC端的语音通话功能特点，将用户的聊天体验推向一个高潮（见图10-9）。语音消息解放了用户的双手，让面对面沟通的感觉更加强烈，即使是不会打字的用户群体也可以通过语音消息实现即时沟通，降低了微信的使用门槛，拓宽了用户人群。这一阶段，微信的用户数量飞速增长。

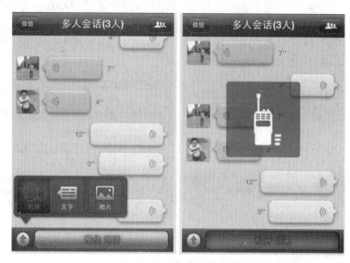

图 10-9　微信 2.0 语音对讲功能

查看附近的人是微信在 2.3 之后的小版本迭代中添加的功能，当熟人社交替微信实现用户增量的第一步后，这次功能更新又给予用户在微信上找到陌生人的可能性。但比起其他社交软件全国搜索的模式而言，微信给陌生人交友加上"附近"的限制在很大程度上削弱了距离感。事实证明查看附近的人也成为微信的经典功能之一。到这里，微信成了涵盖陌生人语音社交的工具，但还只是一个工具。

（三）3.0 时代：属性跨越，从社交工具到社交平台

3.0 及后续版本可以说是微信产品迭代发展中的一个质变阶段，一方面在 3.0 版本中发布了摇一摇和漂流瓶功能，继续通过强化陌生人社交功能来优化自己以吸引用户；另一方面则在 3.5 和 3.6 版本中连续发布了扫描二维码和微信公众号两个功能，完成了从单纯的社交工具到社交连接平台的跨越。

微信为每一个用户生成一个漂亮的专属二维码图案，只要别人扫一扫你的二维码就可以查找到你的账号，进而添加好友。这种添加好友的方式是前所未有的，带来的新鲜的用户体验自然不用多说。除此之外，微信还支持将自己独特的二维码分享到其他社交平台，对于最先尝试该功能的初期用户来说，分享也能带给他们更多的受关注度、骄傲和满足感，形成病毒式传播（见图 10-10）。

有语音、视频等优秀的聊天功能做背书，具备"永远在线"的特性，现在又有了便捷的添加好友方式，微信渐渐成为人们建立联系的首选。也正是从这里，微信开始连接世界。如今，扫码支付、扫码关注等各类操作频繁出现在日常生活的方方面面，极大地便利了人

们的生活和工作，二维码就像一扇神奇的门，只要用手机扫一扫就能开启。

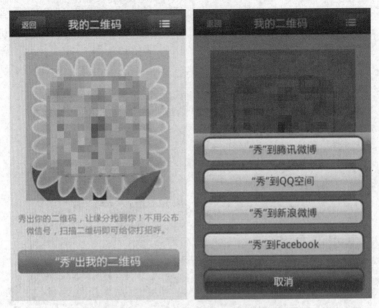

图 10-10 微信 3.5 "秀"出二维码功能

（四）4.0 时代：朋友圈，内容生态的衍化

作为微信用户，对朋友圈再熟悉不过了，在朋友圈相互点赞和评论也成了常态，基于微信朋友圈所兴起的新兴电子商务模式——微商也成为让大多数用户又爱又恨的全新商业模式。如果说之前的功能满足了用户的沟通需求，让微信成为一款很棒的社交工具的话，那么朋友圈的出现则完美地满足了用户"分享"的需求。实际上，朋友圈是微信 4.0 版本才发布的功能，一开始的朋友圈不支持对好友的评论进行回复，直到 4.2 版本的迭代更新才实现这种完整的互动。朋友圈的诞生让微信的社交真正开始生活化，微信本身也逐渐变成人们的一种生活方式。

与此同时，3.0 版本已有的微信公众号也开始发力，在微信运营团队的推动下激发了一批自媒体人参与内容创业，诞生了一大批优质的内容公众号，内容生态的衍化反过来为微信带来了更多的活跃用户，真正开启了人与信息的连接。

正如从 4.0 版本开始，微信团队给出的口号（slogan）变成了"微信，是一种生活方式"，从 4.0 时代开始，微信的生态化社交趋向成熟，标志着一个全新的战略方向的展开。

（五）5.0 时代：绑定银行卡，进入人们的生活

基于微信形成的社交关系在朋友圈的作用下变得越来越生活化，但这一阶段的微信仍旧停留在虚拟的网络中，微信的 5.0 版本迭代带来绑定银行卡的功能，实现了巨大的跃升，将微信与人们的生活紧密联系在一起，甚至逐渐形成与支付宝分庭抗礼的移动商业帝国。

为了鼓励用户主动进行软件升级，进一步增强用户与微信的黏性，拓宽绑定银行卡后的付费场景，与绑定银行卡功能一起更新的还有当时风靡全网的著名小游戏"飞机大战"（见图 10-11）。这是一款简单易上手的小游戏，升级 5.0 版本后打开微信就能玩，游戏虽

然简单，微信平台上直观的好友排名却刺激着人们的成就感与虚荣心，当时许多用户都在各类论坛社区中探讨研究如何取得高分，进而顺利接受了微信游戏平台及其后续推出的多款不同类型的游戏。

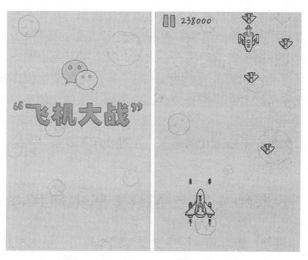

图 10-11　微信 5.0 "飞机大战" 游戏

在后续的小版本迭代过程中，5.2 版本又发布了生活服务功能，可见，微信运营团队的确致力于把微信和人们的生活进一步连接起来。但是在当时，可以提供类似生活服务的产品太多了，如线下营业厅、网上银行、ATM 机、支付宝等。微信只是一款社交平台，人们绑定银行卡进而使用它所提供的生活服务的积极性并不算高，这一问题到微信下一步的迭代更新才得到有效解决。

（六）6.0 时代：抢红包，微信的增长"神话"

在 6.0 版本中，微信首先增加了小视频和卡包功能，支持用户在聊天界面或朋友圈发布界面拍摄一段 6s 内的小视频分享给好友并将用户使用微信提供的生活服务获取的优惠券、会员卡、机票、电影票等都收纳进微信卡包中方便使用。除此之外，6.0 版本还支持为微信钱包设置手势密码，游戏中心也进行了全新改版。

但在 6.0 时代，最大程度地提升微信与用户生活联系紧密性的则是 6.1 版本中更新的微信红包功能。微信红包即使在腾讯内部也是一个偶然的创新，最初只是作为一个插件功能，并不在正式的产品迭代规划中。但该功能发布后，仅自然增长的红包用户量就达到了458 万，更不必说微信后续与 2015 年春晚一同发起的抢红包活动，直接让红包突破 1 亿用户量，创造了微信的增长"神话"。

红包功能的用户量暴增意味着绑定银行卡的用户进一步增加，微信也在原本的社交平台乃至内容生态基础上叠加了更多金融属性，现实资金的流动不仅进一步拉近了微信与人们生活的紧密关系，也让微信所打造的社交生态更加完美。

（七）6.0 后的微信时代

吴晓波在《腾讯传》里这样描述微信从 0 到 1 的三年："从 2011 年 1 月 21 日微信上

线到 2014 年 1 月 24 日的'抢红包'引爆,这三年是属于微信的'创世纪'时间,它的光芒掩盖了互联网领域里的其他一切创新。"

之后的微信又经历了一系列的产品迭代更新,陆续推出了微信小程序、视频号等一系列用户认知度非常高的创新性功能,也对微信公众号等原有功能进行了优化改版,使之更加符合用户的使用习惯,优化用户体验。而在 2021 年发布的微信 8.0 版本中,除了在春节期间因为体验线上放烟花而备受欢迎的动态表情和朋友圈状态,最核心的功能还是"附近的人"升级为"直播"和"附近",这也正体现了张小龙在微信公开课中所说的,直播有机会成为比短视频更容易被大众生产和消费的内容形态,微信的下一个迭代版本中就会设置直播入口。

未来的微信仍旧会走在不断迭代的路上,通过快速的迭代,加之精心打造的每一个细节,最终成就更大的辉煌。

二、案例 2:小米的成功与 MIUI 版本迭代之道

2020 年新冠疫情期间,雷军通过网络直播形式实现的一场大型线上发布会将小米 10 带进人们的视野,这是国内手机厂商首次采用纯线上发布会的形式,这时的小米也已经是人们耳熟能详的国民手机品牌。

每一位"米粉"都记得,小米的第一款手机是 2011 年上市的,而对于小米品牌没有特殊感情的普通消费者也大概率不会忘记当时在小米的饥饿营销下全网抢购的壮观景象。回顾 2011 年的手机市场,三星和苹果占据市场份额的前两位,诺基亚和黑莓相对 2010 年的市场份额大幅下降,新兴品牌 HTC 挤进前五,其他所有品牌共同占据了剩余 26.90% 的市场,其中包括小米和华为[①]。可以看出,当时的小米在手机市场可谓默默无闻(见图 10-12)。

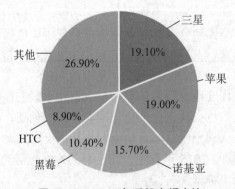

图 10-12 2011 年手机市场占比

成立之初的小米,在产业价值链条上没有任何优势:不仅没有核心零部件研发制造能力,而且产品设计水平不足、缺乏生产能力与物流能力,更不用谈品牌和服务,而这些能

---

① 数据来源于易观智库《2011 年中国手机市场监测报告》。

力的构建都不是短期内能实现的。因此,当时的小米为了站稳脚跟,暂时放弃了围绕手机硬件的竞争,而是选择另辟蹊径,从基于谷歌 Android 移动操作系统定制化开始,通过迭代和改进使之更适合我国用户使用习惯,最终开发出广受赞誉的手机操作系统——MIUI。与之相应,MIUI 系统才是小米公司最早的核心产品,这也为后来小米手机的推出和热销奠定了基础。

与很多新兴的中小型互联网公司一样,小米在初创时期缺乏足够的资源和能力对 MIUI 系统中的各个功能和设计进行快速、完整的评估与迭代,于是小米联合创始人黎万强在进行小米手机操作系统 MIUI 的开发时,在确保产品基础功能稳定的基础上,将产品设计团队的很多新想法、新功能都坦诚地公开在用户面前。比起当时很多传统大型企业在产品未上市之前采取的防范和封闭措施,小米借助互联网采取这一手段让全国各地的用户都参与到其产品设计的验证和迭代之中,从而帮助当时的 MIUI 系统快速响应用户反馈,实现敏捷的产品迭代。黎万强在《参与感》中将其称作"一个 10 万人的互联网开发团队"(见图 10-13),这一想法将当时的新媒体产品迭代推向了新的高潮。

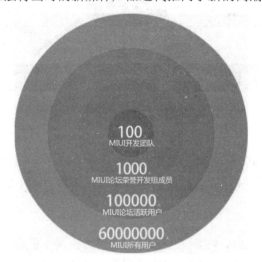

图 10-13　10 万人的新媒体产品开发团队

具体来说,为了实现这种开放式新媒体产品迭代,小米将 MIUI 系统的开发过程分为三个主要版本:体验版、开发版和稳定版。体验版每天升级迭代,外部用户没有使用权限。这一版本只要求主流程通畅、能够使用即可,对于细节功能和界面设计的精细程度没有要求,版本的主要目标是保证每天都有问题在解决,一些使用过程中存在的系统崩溃、程序无响应等问题都要在体验版中被发现并解决。开发版主要面对发烧友,在 MIUI 论坛发布,用户可以选择保留当前版本或主动升级到开发版,每周五更新。开发版在体验版的基础上,要求主流程通畅、交互界面无问题,不能出现崩溃、死机等重大问题。通过论坛中用户对于开发版的操作和反馈,收集所发现的更多问题并解决,进行产品的优化,为最终的稳定版进行稳定性测试。而最终消费者在市场上购买到的小米手机所配备的系统版本均属于稳定版,界面标准、操作流畅,在正常情况下不会出现任何问题。稳定版的更新迭代周期不定，一般为 1~2 个月升级一次。

上述三个版本中，对于当时的小米与 MIUI 系统而言，最重要的就是开发版。再次回顾 2011 年的安卓手机市场，用户最大的痛点正是对操作系统使用体验的极度不满意。尽管当时的安卓系统已经拥有了最大开放能力，让"玩机"成为可能，但其在稳定性、交互设计的友好度等方面仍然有较大欠缺，很多用户平均每个月就会刷机一次。小米的切入点正是在这里。小米主要通过三个渠道获取用户反馈信息，然后对问题进行分类和处理，解决问题，产生需求，实现高频度的产品迭代（见图 10-14）。

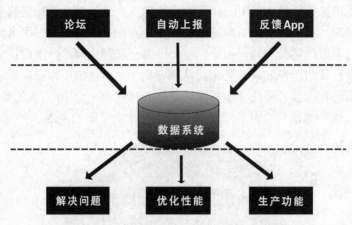

图 10-14　小米用户信息反馈渠道及处理流程

（一）论坛

毫无疑问，MIUI 论坛是国内最活跃的手机论坛之一，注册用户近千万，每天产生 25 万左右的发帖量，这些是 MIUI 系统不断完善改进的主要灵感来源。

（二）自动上报

当出现系统崩溃、死机、程序无响应等问题时，小米手机会自动上报错误日志，后台对错误日志进行分析处理，优先解决严重的崩溃、死机问题。

（三）用户反馈 App

MIUI 系统中有一个用户反馈 App，作为用户主动反馈的入口。

通过以上三种途径，开发团队每天能收集成千上万条反馈记录，通过对反馈记录进行分类和分析，不断对当前版本的产品进行优化发现新功能。

虽然今天在谈到小米时，MIUI 系统仍然是一个重点，但很多人都会忘记，MIUI 系统尤其是开发版的产品迭代是小米进行市场调研、客户引流的第一步，也是最重要的一步。通过 MIUI 论坛，开发团队得到了直接与用户交流、接收用户反馈并持续改进的机会。用户最需要什么功能、最需要优化什么，在这个过程中，小米得到了新媒体产品迭代中最重要的东西：用户痛点以及痛点解决方案并收获了第一批忠实的粉丝，这些粉丝后来也成了小米手机的忠实用户以及推广者。

----- 案 例 借 鉴 -----

"一亿人的财富App"与它的第11次迭代

----- 认 知 测 试 -----

----- 问 题 拓 探 -----

1．什么是产品迭代，新媒体产品为什么要进行迭代？
2．新媒体产品迭代的过程中，版本号是如何确定的？
3．新媒体产品迭代为什么要用数据来驱动？怎样看待产品迭代过程中数据驱动和经验判断的关系？

----- 实 践 任 务 -----

1．选择一款新媒体产品，分析其处于产品生命周期的哪个阶段并思考在不同阶段该产品是如何进行迭代的。
2．选择一款新媒体产品，通过调研收集用户需求信息，在将用户需求转变为产品需求的基础上，从产品迭代的角度判断上述需求的优先级。

参考文献

[1] 程栋. 智能时代新媒体概论[M]. 1版. 北京：清华大学出版社，2019.

[2] 周艳，吴殿义，吴凤颖. 新媒体概论[M]. 1版. 北京：高等教育出版社，2020.

[3] 乔付军，王虹垒，程淦. 新媒体概论[M]. 1版. 北京：人民邮电出版社，2020.

[4] 李卫东. 智能新媒体[M]. 1版. 北京：人民邮电出版社，2021.

[5] 钟义信. 信息科学原理[M]. 北京：北京邮电大学出版社，2013.

[6] 杜肇铭，张宇奇. 艺术设计概论[M]. 长沙：湖南师范大学出版社，2019.

[7] 凌雁. 产品创新设计思维与表达[M]. 长春：吉林美术出版社，2009.

[8] 张印帅. 产品思维：创新设计的六条法则[M]. 北京：化学工业出版社，2019.

[9] 刘剑. 产品设计理论及其创造力研究[M]. 北京：中国水利水电出版社，2019.

[10] 索玉萍，李扬，王鹏. 建筑工程管理与造价审计[M]. 长春：吉林科学技术出版社，2019.

[11] 刘征. 产品设计项目前期管理[M]. 北京：中国建筑工业出版社，2019.

[12] 舒红平，曹亮，唐聃，等. 软件项目管理[M]. 成都：西南交通大学出版社，2019.

[13] 杜肇铭，张宇奇. 艺术设计概论[M]. 长沙：湖南师范大学出版社，2019.

[14] 王浩鹏，滕尧. 一本书学会做产品经理：杰出产品经理从入门到精通[M]. 北京：化学工业出版社，2020.

[15] 苏杰. 人人都是产品经理：写给产品新人[M]. 北京：电子工业出版社，2017.

[16] 贾明华. 硬件产品经理手册：手把手构建智能硬件产品[M]. 北京：电子工业出版社，2020.

[17] 连诗路. AI赋能：AI重新定义产品经理[M]. 北京：电子工业出版社，2019.

[18] 熊友君．移动互联网思维：商业创新与重构[M]．北京：机械工业出版社，2015．
[19] 陈永东．赢在新媒体思维：内容、产品、市场及管理的革命[M]．北京：人民邮电出版社，2016．
[20] 陈光峰．互联网思维：商业颠覆与重构[M]．北京：机械工业出版社，2014．
[21] 连诗路．产品经理进化论：AI+时代产品经理的思维方法[M]．北京：电子工业出版社，2017．
[22] 周苏，王硕苹．创新思维与方法[M]．北京：中国铁道出版社，2016．
[23] 金错刀．爆品战略 39个超级爆品案例的故事、逻辑与方法[M]．北京：北京联合出版公司，2016．
[24] 周苏，张泳．人工智能导论[M]．北京：机械工业出版社，2020．
[25] 贾亦赫．人工智能产品经理：从零开始玩转AI产品[M]．北京：电子工业出版社，2020．
[26] 国家新闻出版署出版专业资格考试办公室．数字出版基础[M]．北京：电子工业出版社，2020．
[27] 黄玉兰．物联网概论[M]．2版．北京：人民邮电出版社，2018．
[28] 林子雨．大数据技术原理与应用[M]．2版．北京：人民邮电出版社，2017．
[29] 李晓妍．临界点：5G时代物联网产业发展趋势与机遇[M]．北京：人民邮电出版社，2020．
[30] 程克非，等．云计算基础教程[M]．2版．北京：人民邮电出版社，2018．
[31] 王良明．云计算通俗讲义[M]．3版．北京：电子工业出版社，2019．
[32] 黄芸芸，蒲军．零基础学区块链[M]．北京：清华大学出版社，2020．
[33] 周鸿祎．极致产品[M]．北京：中信出版社，2018．
[34] 舍恩伯格，库克耶．大数据时代[M]．盛杨燕，周涛，译．杭州：浙江人民出版社，2013．
[35] 李铮，黄源，蒋文豪．人工智能导论[M]．北京：人民邮电出版社，2021．
[36] 李建，王芳．虚拟现实技术基础与应用[M]．北京：机械工业出版社，2018．
[37] 波兹曼．娱乐至死[M]．章艳，译．北京：中信出版社，2015．
[38] 黄旦．新闻传播学[M]．杭州：杭州大学出版社，1995．
[39] 权莉．从需求到产品：0岁产品经理的进阶之道[M]．北京：人民邮电出版社，2018．
[40] 余红，张雯．新媒体用户分析[M]．北京：高等教育出版社，2019．
[41] 张晋壹．产品之光——从0到1教你做产品经理[M]．北京：电子工业出版社，2019．
[42] 王艺湘．广告策划与媒体创意[M]．北京：中国轻工业出版社，2017．
[43] 龙思思．新媒体产品设计与项目管理[M]．北京：中国人民大学出版社，2021．
[44] 陆军，梅清豪．市场调研[M]．北京：电子工业出版社，2012．
[45] 陈阳．大众传播学研究方法导论[M]．北京：中国人民大学出版社，2015．
[46] 尹义法．产品开发项目管理[M]．北京：机械工业出版社，2022．

[47] 陈初友，王国英. TOP 创意学经典教程[M]. 北京：北京出版社，1998.

[48] 弗洛伊德. 弗洛伊德心理哲学[M]. 杨韶刚，译. 北京：九州图书出版社，2003.

[49] 胡雨霞. 创意思维[M]. 北京：北京大学出版社，2010.

[50] 布朗，基利. 走出思维的误区：批判性思维指南[M]. 张晓辉，马昕，译. 北京：世界图书出版公司，2012.

[51] 科尔伯恩. 简约至上：交互式设计四策略[M]. 2版. 李松峰，秦绪，译. 北京：人民邮电出版社，2021.

[52] 王咏. 简洁的力量[M]. 北京：机械工业出版社，2017.

[53] 白仁飞. 产品设计：创意与方法[M]. 北京：国防工业出版社，2016.

[54] 熊伟，曹小琴. 产品设计创意思维方法：观察·思考·创造[M]. 合肥：合肥工业大学出版社，2017.

[55] 徐建极. 产品经理的 20 堂必修课[M]. 北京：人民邮电出版社，2013.

[56] 陈著. 媒体创意与策划[M]. 北京：中国传媒大学出版社，2012.

[57] 白晓宇. 产品创意思维方法[M]. 重庆：重庆西南师范大学出版社有限公司，2016.

[58] 缪莹莹，孙辛欣. 产品创新设计思维与方法[M]. 北京：国防工业出版社，2017.

[59] 李冠辰. 产品创新 36 计：手把手教你如何产生优秀的产品创意[M]. 北京：人民邮电出版社，2017.

[60] 谭坤，吕悦宁. 互动媒体产品艺术设计[M]. 北京：中国纺织出版社，2015.

[61] 康文科. 产品创意设计[M]. 西安：西北工业大学出版社，2010.

[62] 孙亮，梁国辉. 新手学产品设计与运营：产品经理爆品打造实战攻略[M]. 北京：化学工业出版社，2019.

[63] 萨缪尔森，诺德豪斯. 经济学[M]. 19版. 萧琛，译. 北京：商务印书馆，2017.

[64] 科恩. 硬件产品设计与开发：从原型到交付[M]. 武传海，陈少芸，译. 北京：人民邮电出版社，2021.

[65] 少宇. 智能硬件产品：从 0 到 1 的方法与实践[M]. 北京：机械工业出版社，2021.

[66] 艾菲. 直击本质：洞察事物底层逻辑的思考方法[M]. 北京：天地出版社，2020.

[67] 奥斯特瓦德. 商业模式新生代[M]. 黄涛，郁婧，译. 北京：机械工业出版社，2016.

[68] 孙陶然. 创业 36 条军规[M]. 北京：中信出版社，2015.

[69] 吕海波，陆布林，李言蹊，等. 互联网产品设计[M]. 北京：中国铁道出版社，2018.

[70] 蒋晓. 产品交互设计基础[M]. 北京：清华大学出版社，2016.

[71] 苏海海. 互联网产品设计[M]. 北京：中国铁道出版社，2018.

[72] 文哲. 伟大的小细节：互联网产品设计中的微创新思维[M]. 北京：机械工业出版社，2017.

[73] 埃亚尔，胡佛. 上瘾：让用户养成使用习惯的四大产品逻辑[M]. 钟莉婷，杨晓红，译. 北京：中信出版社，2017.

[74] 艾斯戴尔，比斯利．长期价值：百年可口可乐的经营策略[M]．高洁，译．北京：中信出版社，2019．

[75] 苏海海．互联网产品运营教程[M]．北京：中国铁道出版社，2018．

[76] 勾俊伟．新媒体运营：产品运营+内容运营+用户运营+活动运营[M]．北京：人民邮电出版社，2018．

[77] 肖凭．新媒体运营[M]．北京：中国人民大学出版社，2020．

[78] 张明琪，陆禹萌．产品运营：移动互联网时代，如何卖好你的产品[M]．北京：电子工业出版社，2019．

[79] 小米生态链谷仓学院．小米生态链战地笔记[M]．北京：中信出版社，2017．

[80] 丛勐．由建造到设计——可移动建筑产品研发设计及过程管理方法[M]．南京：东南大学出版社，2017．

[81] 杰克逊．支付战争：互联网金融创世纪[M]．徐彬，王晓，译．北京：中信出版社，2015．

[82] 莱斯．精益创业[M]．吴彤，译．北京：中信出版社，2012．

[83] 吴晓波．腾讯传[M]．杭州：浙江大学出版社，2017．

[84] 黎万强．参与感：小米口碑营销内部手册[M]．北京：中信出版社，2018．

[85] 纳普，泽拉茨基，科维茨．设计冲刺：谷歌风投如何5天完成产品迭代[M]．2版．魏瑞莉，涂岩珺，译．杭州：浙江大学出版社，2016．